인/간/적/인 너무나 불구하고 그럼에도

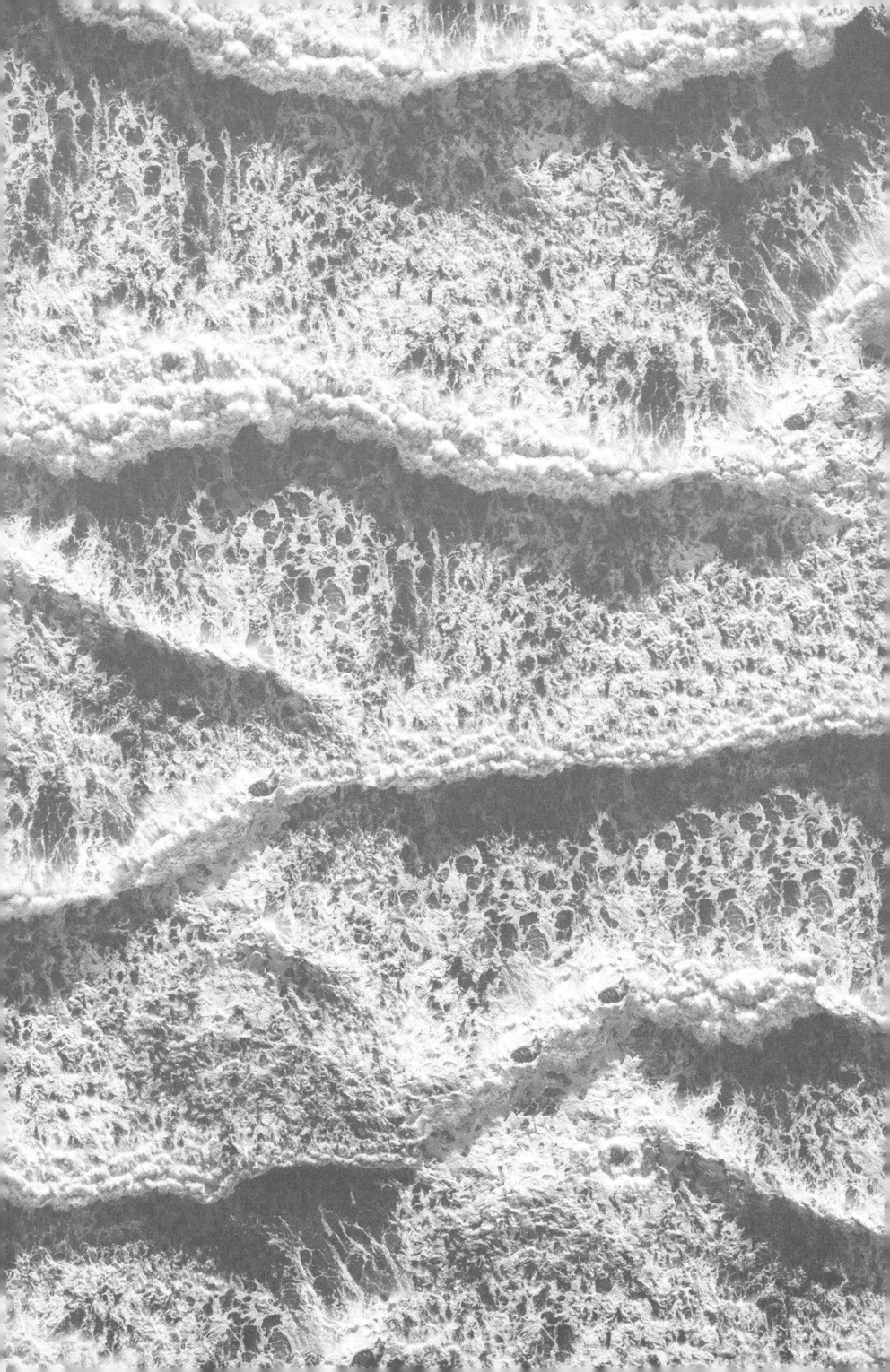

인/간/적/인 너무나 불구하고 그럼에도

글 · 엄태형

대한민국 개발자로
산다는 것 ─────────

추천사
개발자의 일과 인생에 대한 새로운 마음가짐 6

프롤로그
최고의 알고리즘은 내 인생이다 9

1장
자각
개발새발 개발자 인생 18
불타는 갑판, 회사라는 방화벽 24
기술 습득의 덫 34
개발자의 CTRL + C/V 인생 철학 44
간소화된 패턴 56
인간중심 운영체제 64

2장
주도성
무소의 뿔처럼 홀로 코딩하리라 76
특별한 리소스 관리법 84
인생을 정제하는 리팩터링 95
삶에 적용하는 알고리즘 기법 102
나에게 있어 버틴다는 것 110

3장
감성
기술의 울타리를 넘어 인문학과 연결하다 118
품질은 여유 있는 자들의 행복한 비명 125
개발자의 직업병, IF… ELSE… 133
내면을 최적화하라 141
가끔은 미뤄두는 예외처리 149
삶을 대하는 진한 형상관리 기법 158
알파고 배타적인 감마테스트 168

4장
관계
서로의 코드를 맞춘다는 것　180
0과 1이면 충분한 대화법　186
화성인 고객, 프로토타이핑에 반하다　193
인공지능 후배와 인터페이스하다　201
리더십 장애관리　208
휴먼 네트워크 구축을 위한 접속 프로토콜　216

5장
변화
일상의 변화 관리 프로세스　226
인생을 재부팅하다　236
삶의 문제를 디버깅하라　247
기민한 삶의 방법론　254
네 운명을 튜닝하라　273

6장
성장
암호화된 길을 가다　282
프로그래머, 디벨로퍼로!　291
마우스 대신 펜을 들다　299
개발자 철학을 세우다　307
단명한 개발자의 평생 소명을 찾다　315

에필로그
내가 선택한 길　325
Thanks to.　331
휴먼 프로그래머 선언문　333

추천사

개발자의 일과 인생에 대한 새로운 마음가짐

저자 엄태형은 부드러운 독종이다. 처음 봤을 때 그는 이유를 알 수 없는 허무와 고뇌에 찬 표정을 짓고 있었다. 어떤 우연적 운명인지 모르지만 그는 책을 쓰고 싶어 찾아왔다. 나는 그가 첫 책을 쓰는 과정을 오랫동안 지켜보았다. 그는 월화수목금금금의 현실에서 누구보다 성실하게 글을 써내려갔다. 글을 쓰며 그는 "삶은 살아남기 위한 것이 아니라, 지배하기 위한 것이다."라는 니체의 말을 따라 주도적으로 개발자로서의 소명을 찾아 나섰다. 그의 글은 고단한 현재를 구원하기 위한 몸짓이었으며 자신이 걸어온 길을 재해석하고 새 길을 모색하기 위한 과정이었다. 이 책을 읽으며 나는 저자가 들려주는 이야기의 리듬과 숨결을 따라간다.

나는 직장인, 특히 개발자에 대한 연민을 갖고 있다. 내가 오랫동안 개발자로서 시간을 보낸 이유도 크지만 그때의 혹독한 단련이 오늘의 나를 만들게 된 계기였다고 믿기 때문이다. 그러나 현실의 중력에 머무르지 않고 희망을 찾아 나설 때 길은 열린다. 루쉰이 말한 것처럼 "희망이란 본래 있다고도 할 수 없고 없다고도

할 수 없다. 그것은 마치 땅 위의 길과 같은 것이다. 땅 위에는 본래 길이 없었다. 걸어가는 사람이 많아지면 그것이 곧 길이 되는 것이다." 저자는 자신의 현재를 구하려는 시도를 통해 똑같은 어려움과 힘든 환경 속에서 일하는 대한민국 개발자들을 위한 현실적인 방안을 제안한다. 이것이 이 책이 가지고 있는 실용적 혜택이다. 저자 자신이 첫 책의 독자가 될 때 그 책은 충만하다. 이 책이 바로 그런 책이다.

　이 책은 개발자의 인생 로드맵에 대한 실험과 성찰의 기록을 담고 있다. 자각, 주도성, 감성, 관계, 변화, 성장의 6가지 로드맵을 설정하고 알고리즘, 리팩터링, 인터페이스 등 기술적 언어를 새로운 인간적인 언어로 컴파일하여 개발자의 생활에 인간미와 온기를 불어 넣으려고 했다. 나아가 저자는 단순 개발자에 머무르지 말고 휴먼 프로그래머가 될 것을 제안한다. 개발자는 기술을 다루는 엔지니어지만 대한민국을 살아가는 직장인이며 삶의 기쁨과 의미를 추구하는 인간이기도 하다. 그가 책에서 말하는 휴먼 프로그래머는 사람들과 상호작용하는 것뿐만 아니라 자신과도 많은 시간을 보내며 깊은 인생을 살려고 한다. 또한 고객과 협력하는 것뿐만 아니라 지속적인 관계유지를 위해 노력하고, 기술을 포함한 모든 변화를 당연한 것으로 여기고 능동적으로 행동한다. 그가 말하는 휴먼 프로그래머는 기술과 인간의 조화를 추구하는 스마트한 인간이며 이 시대에 부합하는 창의적인 인재다.

직장인이 책을 쓴다는 것은 자신이 현장에서 경험한 내용을 보편화하는 작업이다. 현장의 작은 조각 경험과 체험들을 묶고 연결하여 범용적 이론으로 체계화할 수 있어야 그 분야의 전문가라고 불릴 수 있다. 그러므로 책을 쓴다는 것은 훌륭한 자기계발이며 전문성을 획득하는 소중한 체험이다. 격려하고 지원할 일이다.

이 책을 쓴 후 저자 얼굴은 환해졌다. 언젠가 그의 꽃이 활짝 피리라 믿는다.

오병곤 터닝포인트 경영연구소 대표, 《실용주의 소프트웨어 개발》 저자

프롤로그

최고의 알고리즘은 내 인생이다

벌써 3일째 같은 자리를 지키고 있었다.

　잠을 자지 못해서인지 정신은 몽롱했고 문득문득 아직 어린 두 아이를 홀로 돌보고 있는 아내가 떠올랐다. 어디서부터 잘못됐는지, 뭐가 문제인지 우리들은 해결의 실마리를 찾아야만 했다. 틀어진 데이터, 예상치 못한 버그까지… 부족한 시간을 짜내서라도 메워야만 한다. 주위 선후배들과 함께 버티는 이 시간이 빨리 지나가길 간절히 기도할 뿐이다.

　한창 진행 중인 SI 프로젝트에 투입되어 시스템을 오픈하기까지 인고의 시간을 보내야만 했다. 사원, 대리 시절에는 이게 당연한 풍경이겠거니 생각했는데, 과장이 되고 보니 뭔가 잘못됐다는 생각이 들었다. 따지고 보면 개발자들의 희생만 강요하는 프로그램 개발은 미래가 없다. 인간을 위한 시스템을 개발하고 기계에 생명을 불어넣는 개발자들의 삶은 누구보다도 인간적이어야 한다는 생각이 들었지만, 현실은 그렇지 못했다.

프롤로그

나는 대한민국의 개발자로 10년간 현장에서 몸담고 있다.

 기술의 발전으로 빠르게 다가오는 변화의 속도에 놀라면서도 그에 대응하지 못하는 개발자들의 삶에, 같은 개발자로서 강한 연민을 느낀다. 세상은 하루가 다르게 쏟아져 나오는 신기술에 환호하며 열광하고 있지만, 현실은 아직까지 나와 같은 70퍼센트가량의 SI와 SM 개발자들이 비즈니스 환경에서 풀리지 않는 문제와 씨름하며 밤을 새우고 있다는 점이다.

 우리는 선택의 기로에 서 있다. 세상의 요구를 수용하지 못해 이대로 도태될 것인가, 아니면 이제라도 나름의 방향을 정해 변화할 것인가? 이젠 너무나 가까이 와버린 현실 앞에서 방황하는 개발자들을 곁에서 지켜본 나에겐 그들의 삶이 바람 앞의 등불처럼 위태롭게만 보인다.

 처음부터 책을 써야겠다고 생각했던 건 아니다. 주변의 여느 개발자들처럼 밥벌이를 위해 오늘을 버티면 되는 것이었고, 따지고 보면 누구보다 버티는 것을 잘하는 나였다. 어쩌면 글을 쓴다는 내 인생의 혁명과도 같은 일련의 일들은 내 안에 잠재된 울분의 토로가 아니었나 싶다. 생채기 많은 내 가슴 속 응어리들을 쏟아낼 곳이 필요했고, 누군가에게 하소연하고 싶은 마음을 털어놓을 매개체가 필요했다. 절실하다는 것, 그런 나에게 이 상황은 누구보다 더 간절함으로 다가왔다. 난 그렇게 나만이 할 수 있는 답을 찾아 나선 것뿐이다.

"기술만으로는 충분하지 않다는 게 애플의 DNA다. 애플의 기술이 인문학과
결합했다는 것, 그것이 우리의 가슴을 뛰게 만든다."

스티브 잡스

    혁신의 대명사로 불리는 스티브 잡스가 아이폰을 론칭할 때 한 말이다. 그는 인간의 삶에 편리함을 주기 위해 끊임없이 노력한 사람이다. 애플이라는 컴퓨터를 인간의 손 안에 넣기까지 혁신을 거듭했지만, 그가 가진 근본철학은 결국 인간을 위한 제품을 만들자는 것이었다.
    인간이 진정으로 원하는 것은 무엇이고, 무엇을 통해 행복을 느끼는지를 끊임없이 고민했으며, 이 생각들이 모여 위대한 출발점이 될 수 있었다. 스티브 잡스를 통해 본 사실은 결국 우리는 기술의 발전에 인간이라는 대명제를 포함시켜야 한다는 점이다.

'인간이 없는 인간에 대한 기술'의 발전이 의미가 있을까?
    인간적이라는 말은 사실 내가 속한 개발자라는 집단에 가장 필요한 용어다. 인간의 편리를 위해 소프트웨어와 시스템을 만들지만 정작 개발자들의 삶은 때때로 인간적이지 않았다. 내게 있어서 그들의 삶은 메마른 사막과도 같다는 생각이 들 때가 많다.
    요즘 소프트웨어 개발을 3D에 Dreamless를 추가해서 4D 업종이라고 칭한다. 말 그대로 대한민국의 개발자들은 미래에

대한 꿈을 꾸지 못한다. 매일 같이 반복되는 야근 탓에 꿈을 생각할 시간은커녕 잠 잘 시간도 부족하고, 항상 복잡한 알고리즘을 머릿속에 이고 살아가다 보니 꿈을 구체화시키지도 못한다. 그들의 진정한 삶은 힘든 현실에 치여 사장되기 일쑤다. 희망이라는 두 글자를 바라기도 하지만, 현실은 개발자들에게 녹록하지만은 않은 것이 사실이다.

주위에 고민하는 선후배들이 많다. 삶에 당당히 맞서기 위해 개발자의 길을 택했지만 힘든 길 위에서 적응하지 못하고 방황하는 후배들을 볼 때면 마치 나의 모습을 보고 있는 것 같고, 개발자로서 불확실한 미래를 걱정하는 선배들의 모습에서 내 모습이 투영된다.

내가 이 책을 통해 말하고자 하는 바는 개발자의 삶에 인간미를 불어넣자는 것이다. 내 일상에서의 사소한 반란이, 많은 개발자에게 희망의 불씨를 지필 수만 있다면 하는 바람에서 이 책이 탄생했다. 이 책을 통해 나는 5가지 위대한 실험을 해봤다.

첫째, 현실이 열악하다는 사실은 알지만, 현재의 삶을 너무 탓만 하지는 말자.

이 문제가 사실 누구의 잘못도 아닐 수 있지 않은가? 누구의 탓만 하며 시간을 보내기엔 우리의 인생이 길지도 않을 뿐더러 누구도 책임져주지 않는다는 점에서 한풀이로만 남을 수 있다. 어쩌면 이 문제는 우리가 풀지 않으면 영원히 풀리지 않는 수수께끼로 남을지도 모른다.

둘째, 사물에 생명을 불어넣듯 내가 하는 모든 일에 의미를 부여하자.

　사실 세상에 가치 없는 일은 없다. 한낱 잡초에도 나름대로 존재의 의미가 있듯 평범한 일상에 향기를 불어넣자. 어쩌면 그 향내는 소소한 우리 인생에 진한 인간미로 되돌아올지도 모른다. 값진 내 인생은 누구도 아닌 내가 만들어 가는 것이다.

셋째, 모든 문제의 해답은 소스코드가 아닌, 인간관계에 답이 있다.

　혼자 가는 길은 외롭다. 그 길을 함께 가자. 그것이 비록 나를 곤혹스럽게 하는 고객일지라도 말이다. 사실 우린 답을 너무 멀리서 찾고자 하는 경향이 있다. 지금 내가 몸담고 있는 곳에서 이 문제에 접근해보고 풀어보려는 노력이 필요하다. 사람의 문제는 사람끼리 풀어야 하지 않겠는가?

넷째, 인간적인 변화는 사소한 것에서부터 시작해야 한다.

　우리가 무의식적으로 사용하는 용어만 봐도 인간에게 사용해도 되나 하는 생각이 들 정도로 날이 선 말들로 가득하다. 거기에 열악한 환경과 개발자를 바라보는 낯선 시각까지… 우리 주위에는 생각보다 비인간적인 것들이 많다. 오랜 답습은 드러내놓고 보지 않으면 고쳐지지 않는다. 변화는 어쩌면 큰 것보단 주위에서 흔히 접하는 사소한 것에서부터 시작될 수 있다.

다섯째, 이 책은 어쩌면 내가 성장하는 과정을 정리한 책일 수 있다.

 평범한 내가 변화하는 모습을 통해 동료 개발자들은 '나도 할 수 있다'는 용기를 갖게 될 것이다. 각박한 현실은 무겁게 다가와도 나의 내면을 가꾸는 과정을 통해 나다움을 찾는 것은 세상을 제대로 사는 지혜를 갖게 되는 것이다.

 내가 전하는 메시지가 부디 개발자들의 가슴에 진한 울림이 되어 그들의 불모지 같은 삶에 봄날의 작은 싹이 틔워지길 바라는 마음에서 이 책을 대한민국의 개발자들에게 헌정한다. 코딩하는 개발자가 짤 수 있는 최고의 알고리즘은 내 인생임을 느낄 수 있게 되기를, 비범함을 꿈꾸는 대한민국 개발자가 바라본다.

```
public static void main(String[] args) {        // 삶이 태동한다.
  String Life = "";                              // 인생이란 무엇인가?
  try {                                          // 끊임없이 나를 찾는 시도
    int age = 1;                                 // 태어나면서부터
    while (1)                                    // 정처 없는 무한루프 인생이다.
    {
      case when present is poor                  // 간혹, 현실이 고달프다면
          then Amor fati!                        // 네 운명을 찬양하라!
          Life = "LOVE";                         // 인생의 가치는 '사랑'이 아니던가.
      case when life seems boring                // 삶이 지루하다 느껴지면
          then Carpediem!                        // 순간을 즐겨라!
          Life = "JOY";                          // 인생의 진정한 가치는
                                                 //  '기쁨'과 '행복'에 있다.

      case when life's peak reached              // 인생의 정점에서는
          then Memento mori!                     // 죽음을 기억하라!
          Life = "DEATH";                        // 삶은 '죽음'을 먹고 산다.
      case when last moments of life             // 마지막 순간엔
          break;                                 // 이별하며
          age++;                                 // 우린 그렇게 삶을 보낸다.
    }
  } catch (Exception e) {                        // 예기치 못한 인생길
      e.printStackTrace();                       // 나만의 흔적을 남기며
  } finally {                                    // 결국
      Life = "My Way";                           // '나의 길'을 간다.
  }
}
```

1장

자각

自覺

[명사] 현실을 판단하여 자기의 입장이나 능력 따위를 스스로 깨달음
표준국어대사전

1장

01

개발새발 개발자 인생

인간은 자신의 삶이 부조리하지 않다고
스스로 설득하면서 생을 보내는 동물이다.

알베르 카뮈

"이 바닥에는 다시 발 들이고 싶지 않네요."

함께 일하던 여자 선배가 회사를 떠나면서 내게 한 마지막 인사말이다. 같은 프로젝트에서 후배인 나를 살뜰히 챙겨주던 선배는 약학대학으로 진로를 결정한 뒤, 그렇게 회사를 떠났다. 그 후로도 금융권으로 진로를 옮긴 동기, 영원한 '을'이 싫어 '갑' 회사로 이직한 선배, 프로젝트 중간에 이건 아닌 것 같다며 대학원에 진학한 후배까지. 너무도 열악한 환경에 실망을 거듭하면서도 견디다 못해 개발자의 길을 그만뒀다.

나는 그들에 비하면 꿋꿋하게 살아남은 사람이다. 아니 어쩔 수 없이 떠나지 못해 남아있는 사람이다. 하지만 40대가 가까워지면서 먼저 떠나간 사람들이 잘한 결정이었음을, 그들의 용기 있는 행동이 부럽고 한편으론 그때 난 왜 결정을 내리지 못했을까 후회스럽기도 하다. 난 언제까지 개발자를 할 수 있을까? 이 나이에 그만두면 개발자가 아닌 다른 무슨 일을 할 수 있을까? 부쩍 커버린 아이들을 보며 지나간 세월이 주마등처럼 스쳐간다.

대한민국 소프트웨어 생태계를 막장 노가다로 표현하는 사람들이 많다. 내 경험에 비춰봐도 이 말을 굳이 부인하고 싶지는 않다. 실제 우리나라 IT 서비스 분야는 상당 부분 건축 분야의 공정과 용어, 산출물 등을 차용해 와서 그런지 건축의 문화가 잔존한다. 건축에서 납기를 맞추기 위해 노동력을 쏟아붓듯, 소프트웨어 산업 역시 부족한 일정을 맞추기 위해 초과근무는 말할 것 없고, 인력을 대거 투입해서 당면한 문제를 해결하려고 한다.

주위 개발자들과 대화하다 보면 비전이
없다는 소리를 자주 듣는다.

세상은 앞으로 '소프트웨어가 중심이다', '소프트웨어가 점차 하드웨어를 대체한다', '소프트웨어가 미래다'라고 강조하고 있는데, 실제로 체감하는 개발자들의 일상은 왜 이리도 고달픈지, 10년 전과 비교해서 나아진 게 없는 건지, 우리들의 미래는 왜 이리도 불투명한 건지, 세상이 말하는 소프트웨어의 밝은

미래와는 동떨어진 개발자들의 미래를 걱정하는 소리가 내
귓전에 끊이지 않는다.

  사람과 마찬가지로 소프트웨어에도 탄생에서 소멸까지
이어지는 생명주기 Life Cycle 가 있다. 생명주기는 소프트웨어 개발의
기본 골격이 되어 단계별로 진행 상황을 파악하고 산출물을
준비하기 쉽게 도와준다. 가령 분석 단계는 해당 단계에서 해야
할 일과 정의된 문서를 챙기고, 공동의 목표를 위해 고객과의
합의점에 도달하는 데 이바지한다. 나는 개발자의 삶 또한
정형화된 소프트웨어 생명주기처럼 잘 짜여 있다고 생각한다.
시스템이 폐기되기 전까지 생명주기를 무한히 반복하듯,
개발자의 일상 또한 거기에 맞춰져 사이클을 되풀이한다.
  실제로 내가 경험한 소프트웨어 생태계의 고질적 문제점은
새로운 프로젝트를 진행할 때마다 비슷한 문제를 겪어야
한다는 것이다. 요구사항을 정의하는 단계에서는 지속적으로
요구사항이 추가되거나 고객의 요청이 끊임없이 변화해 프로젝트
내내 일정에 쫓기게 된다. 계획 단계에서는 계획을 수립하는
관리자들이 대부분 제대로 된 교육을 받지 않은 상태로 직급이
차서 관리자가 된 개발자들이다 보니 충분한 검토 없이 바로
개발을 진행하는 경우가 많다.

개발자 생명주기(Developer Life Cycle)
개발자가 성장하는 과정을 단계별로 나눈 것으로, 문제 상황을 인식하고 지금 당장 실천할 수 있는 개발자 행동강령을 주기별로 보여준다. 단계는 문제 인식(자각), 자아 확립(주도성), 의미 부여(감성), 관계 개선(관계), 인생 변화 관리(변화), 개발자 성장(성장)의 총 6단계로 구성된다.

그 결과 재개발을 해야 하는 경우까지 발생한다. 또한, 구현 단계에서는 충분치 않은 개발 기간으로 품질이 떨어지는 코드를 양산하고, 테스트는 전문인력이 아닌 지금 당장 코딩을 하지 않는 유휴 인력이나 신입 인력이 진행하기가 부지기수며 그나마도 시간적 여유가 없으면 대충 해도 되는 것쯤으로 천대받는다. 상황이 이렇다 보니 실제 구현된 시스템을 인수해 운영하는 쪽에서는 유지보수에 막대한 시간을 들여야 하고 악순환은 생명주기 안에서 끊임없이 반복된다. 이러한 일련의 과정은 개발자로서의 생활에 회의감이 들게 했다. 또한 반복적인 일상이 되풀이될수록 나는 내 인생을 살고 싶다는 강렬한 욕구에 사로잡혔다. 무수한 시간 동안 회귀하던 주기 안에서 나만의 생명주기에 따르고 싶었다.

가만히 보면 우리 주변에 놓인 대부분의
것들은 각자의 생명주기를 가진다.

제조 분야의 시스템을 구축하다 보면 제품은 도입, 성장, 성숙, 쇠퇴라는 제품 생명주기 Product Life Cycle 를 따른다는 사실을 알게 된다. 그리고 실제 특정 제품이 현재 어느 단계에 있는가를 보고 마케팅 전략을 세우고 신제품 출시를 결정한다.

사람의 생명주기는 어떤가? 순수한 어린아이가 야망을 품은 청년이 되고, 이내 현실의 한계에 부딪혀 주저앉은 장년이 되고,

결국 노인이 되는 것이 일반적인 인간의 생명주기다. 싫든 좋든 우리의 선택과는 무관하게 탄생과 함께 인생의 시계는 흐르며 죽음의 순간에 멈춰 선다. 다만 우리가 선택할 수 있는 것은 진부한 인생의 사이클을 그대로 답습할 것인가 아니면 나만의 새로운 인생의 사이클을 만들 것인가이다.

   나는 이따금 인간이 밥만으로는 살 수 없다는 것을 뼈저리게 느낀다. 그리고 이내 가슴 뛰는 새로운 모험을 하고 싶다는 열망에 사로잡히곤 한다. 단조로웠던 개발자로서의 생명주기에서 나만이 할 수 있는 무언가를 찾는 일은 나를 새롭게 창조하는 과정이 될 수 있다는, 내 인생이 무의미하지 않다는 희망의 씨앗을 심어줬다. 누구보다도 평범하다는 것은 달리 말해 특별해질 수 있음을 의미한다. 대한민국의 한 평범한 개발자가 비범함을 발견하고 자신의 인생을 설계한다는 생각만으로도 눈시울이 붉어진다. 나는 오늘 나만의 특별한 개발자 생명주기 Developer Life Cycle 를 그려본다.

| 1장   자각

02

불타는 갑판, 회사라는 방화벽

지금 남부와 북부에는
인간을 노예로 만들려고 눈을 번뜩이는 악랄한 노예 주인들이 수없이 많다.
남부의 노예 감독 밑에서 일하는 것도 힘들지만
북부의 노예 감독 밑에서 일하는 것은 더욱 힘들다.
그러나 가장 힘든 것은 당신이 당신 자신의 노예 감독일 때이다.

헨리 데이비드 소로우 《월든》 中

"같은 월급 받는데 내가 개 편의 봐줄 필요 있어?"

놀리지 말고 일을 효과적으로 시키라는 선배의 말은 응당 공감가고 수긍되는 말이다. 한데 이게 맞는다는 건 알겠는데, 왠지 모르게 마음 한구석이 짠하다. 같은 직원끼리 서로를 감시하고 행동을 제약하려는 모습이 마치 파놉티콘과 다를 바 없다는 생각에서다. 서로가 서로를 구속하고 통제하는 체계, 스스로 규율 안에 내재화하고 순응하는 체계, 우리는 이 시스템에 너무 익숙해져 있다.

파놉티콘 panopticon 은 '모두 다 본다'는 뜻으로, 1791년

영국의 유명한 공리주의 철학자이자 경제학자인 제러미 벤담 Jeremy Bentham 이 고안한 원형감옥이다. 이 감옥은 중앙에 높은 감시탑을 세우고, 중앙 감시탑 바깥의 원 둘레를 따라 죄수들의 방을 만들도록 설계됐다. 중앙의 감시탑은 늘 어둡게 하고, 죄수의 방은 밝게 함으로써 중앙에서 감시하는 감시자의 시선이 어디로 향하는지 죄수들이 알 수 없게 돼 있다. 결국, 죄수들은 간수의 감시 여부를 알 수 없어 늘 감시받고 있다는 느낌이 들게 되고, 규율과 감시를 내면화해서 수감자들끼리 서로를 감시하는 동시에 스스로 자신을 감시하는 주체자가 되어버린다. 《감시와 처벌》의 저자로 잘 알려진 프랑스 철학자 미셸 푸코 Michel Foucault 는 이런 감옥 체계야말로 근대사회의 가장 큰 특징 중 하나로, 감옥에 그치는 것이 아니라 공장, 병원, 군대, 학교에 이르기까지 확장돼 있다고 주장한다.

눈에 보이지 않는 적은 상대를 불안에 떨게 한다. 항상 누군가가 지켜보고 있다는 생각은 잠을 설치게 하고 결국 스스로를 무너트린다. 우린 보이지 않는 감시와 통제 속에서 자신을 가둬 두고 있지는 않은지 생각해 봐야 한다. 거기에 익숙해져 적응하는 것은 어떻게 보면 흡사 회사가 만든 파놉티콘 안에서 항거하지 못하는 죄수의 모습과도 같다.

내가 근무 중인 회사에서도 보안이라는 목적으로 높게 둘러쳐진 방화벽과 수많은 감시카메라, 사내 인트라넷 메신저,

이메일 통제, 휴대폰에 설치된 DRM은 간수가 최소한의 노력으로 죄수들을 감시하듯, 우리의 일거수일투족을 통제하려는 목적이 숨어 있는 것은 아닌지 의심스럽게 한다.

 방화벽 firewall 은 기업이나 조직의 정보 보호를 위해 외부에서 내부로 불법으로 접근하는 것을 차단하는 보안 시스템이다. 실제 기업은 정보를 보호한다는 미명하에 그들만의 생태계를 구축한다. 내가 있는 곳에서도 별도의 메신저를 사용하고 외부 메신저는 제한된다. 메일도 자체 방화벽으로 감싼 인트라넷 안에서 운영된다. 또한, 유용한 프로젝트 관리 툴이나, 개발 도구, 일부 해외 커뮤니티 사이트들은 방화벽에 막혀 사용할 수 없으니, 웹의 개방성이 무색할 정도로 외부와 단절되어 있다. 이런 모습은 어찌 보면 폐쇄적이고 내 영역에는 침범하지 말라는 무언의 경고처럼 느껴질 때가 있다. 방화벽이 불법적인 접근을 막고 외부로부터 회사의 자산을 보호한다는 긍정적인 측면이 있다는 점은 사실이지만 너무 강한 통제는 항상 그것을 깨트리고자 하는 해커와 같은 급진적인 세력을 만들어 낸다.

 실례로 중국 정부의 자유와 민주화 운동인 천안문 학살사건 당시 사람들은 정부의 검열을 피하기 위해 판챵 翻墙 이라는 새로운 방식의 돌파구를 만들어 냈다. 이것은 '벽을 넘다'라는 의미로 중국 인터넷 방화벽을 IP 주소 우회 방식으로 돌파하려는 시도를 가리킨다. 즉, 정부가 통제하는 사이트에 접근하기 위해 방화벽을 우회하는 방식이라고 보면 된다. 이는 쇄국적인 정부 정책에 반대해 자유를 열망하는 국민들의 강한 의지의 표명이다.

"혼자서는 아무것도 할 수 없다는 것을 회사라는
간판이 벗겨지고 나서야 깨닫게 되겠지."

　이런 모습을 보면서 나는 회사가 쳐놓은 방화벽 안에서 너무나 익숙해져 감시와 통제를 당연시하고 있는 것은 아닌지 자신을 돌아보게 된다. 회사가 만들어 놓은 파놉티콘 안에서 스스로를 통제하고 제약하며 도전하지 않는 자세가 몸에 밴 것은 아닌지 반성하게 된다. 어떻게 보면 가장 견고한 감옥은 스스로 만드는 것이다. 스스로 살아갈 자생력이 없다고 인정하고 회사라는 방화벽 안에 자신을 가두는 것이다. 유리병 안에 갇혀 있던 벼룩처럼 더 높이 뛰어오를 수 있는 능력이 있음에도 너무 높아 안 된다고 지레 포기하는 직장인들을 주위에서 많이 본다. 그들은 자신이 진정으로 원하는 것을 생각해보지 않고 자기가 가진 모든 에너지를 회사를 위해 소모한다. 일부를 돌려 사용할 수 있음에도 맹목적으로 자신을 괴롭히는 회사의 과제에 집착하며 자신의 소중한 시간을 쏟아붓는다.

　나 또한 크게 다르지 않았다. 현재 다니는 직장에 처음 입사했을 때, 부모님은 자식이 대기업에 들어갔다고 좋아하셨다. 동창 모임에서는 명함을 내밀며 저절로 어깨가 으쓱해지는 기분을 즐기기도 했다. 그야말로 회사가 나를 대변하는 시기였다. 회사가 만들어 주는 가치를 내 모습인 양 의심 없이 받아들이며, 그것을 당연한 것으로 여겼다.

   그 가치를 지키기 위해 나는 맹목적인 충성심으로 답했다. 회사를 위한 일이라면 앞뒤 재지 않고 달려들었으며, 회사가 정해놓은 운명에 순응하며 스스로를 길들여 갔다. 가끔은 힘들고 고단한 생활이었지만, 순수한 복종만이 내가 할 수 있는 유일한 방법으로 여겼다. 선배들은 이런 내 모습을 걱정스럽게 바라보기도 했지만 당시엔 그와 같은 염려의 말들이 크게 와 닿지 않았다. 정말 순진하게도 여기에 뼈를 묻겠다는 각오로 열심히 했다. 나라면 남들과 다를 거라는 막연한 기대감도 있었고, 내가 원하면 언제까지나 회사에 다닐 수 있을 거라 생각했다.

   하지만 열심히 일해도 자신의 의지와는 다르게 회사를 떠나는 선배들을 보며 생각이 달라지기 시작했다. 무릇 안정된 직장이란 존재하지 않으며, 나 또한 때가 되면 감원이라는 날카로운 칼날을 피해갈 수 없을 거라는 생각이 들자 불안감에 잠 못 이루는 날이 많아졌다. 결국, 회사가 나를 위해 존재하지 않는다는 것을 깨달았을 때는 나도 더 이상 회사를 위해 존재하지 않겠다는 마음으로 돌파구를 모색해갔다.

가끔씩 지금의 평온이 지속되고 월급의 우물은 마르지 않을
것 같은 착각이 들기도 한다. 그렇게 매몰찬 광경을 목격하고도
현실에 안주하려는 생각이 드는 걸 보면 매달 나오는 월급의
매력은 정말 달콤하다. 어떤 달은 일을 적게 하고, 어떤 달은
특출한 능력을 발휘하지 않아도 꼬박꼬박 통장에 찍히는
품삯은 내가 밥벌이를 잘하고 있다는 안도감을 주었다. 하지만
그럼에도 우리가 한 가지 망각해서는 안 될 사실은 언제든 가치가
떨어졌다고 판단되면 회사는 가차없이 내 밥줄을 끊어버린다는
점이다. 회사의 궁극적인 존재 이유는 이윤추구라는 사실을
잊어서는 안 된다.

어쩌면 나도 하나의 부품에 불과하다는 생각에 빠질 때가 있다.
내가 오랫동안 운영하던 시스템이 제품의 부품 명세를
관리하는 BOM Bill Of Materials 시스템이어서 그런지 부속품에 대한
생각을 많이 하게 된다. 사용 중인 시스템을 가만히 들여다 보면
내 처지와 비슷하다. 부품의 단가가 높다면 저렴한 부품으로
대체되고, 노후화된 부품은 새로운 부품으로 설계가 변경된다.
그 밖에도 납품업체가 바뀐 경우, 부품의 불량으로 전체 성능에
악영향을 끼치는 경우, 구매자 요청 등의 이유가 여기에
포함된다. 요즘처럼 신제품 출시가 많을 때는 그 빈도가 더
잦은데, 이런 일련의 작업들은 관리자의 결재 한번으로 비교적

손쉽게 이뤄진다는 점에서 제법 편리하다.

  나는 그동안 회사가 만든 방화벽에 묻혀 개발자의 정체성을 잃어버리고 있었다는 것을 깨닫는다. 당장 눈앞에 보이는 것들에 전전긍긍하며 내가 왜 이 길을 택했는지를 잊고 지냈다. 처음 프로그램을 만들며 품었던 설렘과 흥분을 나는 왜 키워내지 못했을까? 조직 내에서 주어진 현재의 위치에 만족하며 평범한 회사원이 되어버린 내 자신을 돌아보며 뒤늦은 후회를 한다.

  갑자기 회사에서 나가게 되면 뭐 먹고 살지 고민하는 주위 동료들을 많이 본다. 가족을 부양해야 하는 가장으로서 충분히 공감되고 나 또한 이 고민에서 자유로울 수 없다. 고민은 좋다. 하지만 고민으로 멈춰서는 안 된다. 절박하게 고민이 되고 이 생각 때문에 괴로워서 잠 못 이룬다면 한 번쯤 해결책을 모색해봐야 한다. 용기가 나지 않고 할 수 있는 게 없다는 핑계를 대면서 매번 주저앉는다면 그걸로 끝이다.

  "매번 어제와 같은 고민만하다 멈춘다면 똑같은 오늘을 보내고 말 것이다."

  그 당시 나를 괴롭히던 이 말이 마음속 굳은 결심을 하게 했다. 실제 회사는 기존의 시스템이 잘 돌아가는 게 우선이며 의미 있는 일을 시키기보단 필요한 일을 시킨다. 조직은 항상 일이 우선적인 판단 기준이다. 결국 우리 스스로 살길을 모색할 수 있어야 한다. 회사가 아닌, 자신에게 충실할 수 있어야 한다. 회사가 필요로

하는 일보다 나를 위한 일을 찾는 게 우선이다. 그렇다. 높은 방화벽에 의해 구속받는 육체적 고통도 고통이지만, 정신적인 구속은 더한 고통이며, 자신이 구속당했다는 생각조차 하지 못하는 것이야말로 죽은 인생이다. 불현듯 떠오른 각성은 나를 다시금 일깨웠다. 그리고 이 각성은 나의 전문성과 가치를 키울 나만의 프로젝트를 구상할 수 있는 계기가 되었다.

**따지고 보면 진정한 실업은 자신이 원하고,
할 수 있는 일을 찾지 못하는 것이 아닐까 싶다.**

불타는 갑판 위에 있다는 걸 알면서도 바다에 뛰어들 용기를 내지 못하는 것은 좌초되는 배와 함께 운명을 달리하겠다는 말이다. 어차피 불타오를 거면 까짓 거 망망대해로 한번 몸을 던져보자. 살면서 한 번쯤은 용기를 내보는 것이 가만히 앉아서 화염에 휩싸이는 것보다 낫지 않은가? 더 늦기 전에 불타는 갑판에서 과감히 뛰어내릴 수 있는 자신감과 나만의 무기를 갖춰 나가자. 이런 노력은 늦출 수 없는 생존의 문제이며, 삶과 직결된다.

단연코 개발자의 경쟁력은 회사가 아닌, 본인 스스로가 만드는 것이다. 회사에 매몰되어 현재의 자리에 연연한다면 앞으로 닥칠 직장생활 후반부는 슬픈 현실에 몸부림쳐야 할 것이다. 명예퇴직은 정말 '명예'로운 퇴직이며, 희망퇴직은 정말 '희망'을 꿈꿀 수 있는 퇴직인가? "저 ○○회사 다녀요."라는 말보다, "저 개발자예요."라는 말이 먼저 나올 수 있게 되길 바란다.

높이 둘러쳐진 회사라는 방화벽을 오랫동안 쳐다보고 있다 보면
뒤에 쉽게 넘을 수 있는 낮은 담을 볼 수 없을 때가 있다.
문득문득 돌아다보며
본인이 쳐놓은 '한계'라는 벽을 깨보자.
어떻게 보면 이것이 가장 낮은 담일 수 있다.
당신은 방화벽 예외신청을 해 두었는가?

③

기술 습득의 덫

인생의 가장 먼 여행은 머리에서 가슴까지의 여행이다.

신영복

개발자의 책상 위를 본 적이 있는가?

  가장 눈에 잘 띄는 상석에 놓여진 모니터. 한 대가 외로울까봐 2대를 나란히 진열한다. 그리고 컴퓨터와 대화하는 키보드. 요즘 많이 사용하는 기계식 키보드는 키가 눌리는 키감에 따라 흑, 청, 갈, 적축으로 나뉘는데 '따따따딱'하는 소리와 눌리는 손맛에 매료되어 컴퓨터를 사면 딸려 오는 심심한 키보드를 대체한다. 마우스는 되도록 자유로운 유영이 가능한 무선으로 고집하고, 집중도를 높이기 위한 이어폰까지 꽂고 나면 얼추 일을 시작할 기본 세팅은 마무리한 셈이다.

  책상의 다른 한켠을 본다. 하루가 다르게 켜켜이 쌓여 가는 전문서적들. 새로운 기술이 나오면 습득을 목적으로 사놓은 책들이 책상 한쪽을 가득 메우고 있다. 유독 기술의 부침이 심한

IT 업계에서 살아남기 위해 개발자들은 새로 익혀야 할 것들이 많다. 어떻게 보면 학습은 개발자들의 직업 생명주기가 끝나는 날까지 따라오는 숙명과도 같은 존재다.

나도 기회가 되면 콘퍼런스나 교육에 참석한다. 얼마 전에도 최신 IT 기술을 소개하고 새로운 프로그래밍 언어들의 장점과 활용사례 등을 발표하는 콘퍼런스에 다녀왔다. 얼마나 많은 사람이 참석했는지, 꽤 큰 강당에는 좌석에 앉지 못하고 서서 듣는 사람들도 눈에 띄었다. 오후 1시에 시작된 콘퍼런스가 저녁 7시까지 진행되었으니, 어지간한 열의가 아니라면 오지 못할 거라는 생각이 들었다. 콘퍼런스를 다녀오고 한동안은 정말로 유익한 시간을 보내고 왔다는 뿌듯한 마음으로 가득 찼던 것 같다. 마치 내가 남들보다 앞서가는 것 같고, 개발자로서 최신 트렌드를 따라가며 뒤처지지 않고 있다는 마음의 위안을 받았다. 그리고 한편으론 남들보다 발 빠르게 움직여야만 개발자로서 인정받고 이 바닥에서 살아남을 수 있다는 믿음이 더욱 굳어졌다. 결국, 그 마음이 나를 다급하게 만들었던 것 같다. 나는 가만히 있으면 안 될 것 같아 바쁜 회사생활 중에도 시간을 쪼개가며 끊임없이 책을 보며 독학하고 인터넷을 통해 새로운 기술을 익혔다. 개발자로서 성공하고 싶다는 내 욕구를 충족시키기 위해 지속해서 배움에 매달린 것이다. 그 당시 나에겐 아무것도 하지 않는 것 자체가 불안이었다.

  하지만 이런 노력에도 불구하고 가슴 한편은 여전히 허전했다. 살아가면서 너무 단편적인 것에만 집중하고 있는 것은 아닌가 의구심이 들기도 했고, 뚜렷한 목적 없이 무작정 배우기만 하는 내 행동에 대한 확신이 부족하다 보니 삶의 만족도 역시 떨어졌다. 시간이 지날수록 배워야 할 것들은 너무나 많고 새로운 기술은 또 나올 텐데 모든 것을 소화해낼 자신감도 없어졌다. 나는 그렇게 점점 지쳐가고 있었다.

  이런 현상은 비단 나만의 문제는 아닐 거라고 생각한다. 실제 주위를 둘러보면 왜 배우는지도 모른 채 무작정 다른 사람을 따라 하기 바쁘고, 우후죽순으로 생겨나는 IT 기술을 무작정 쫓아가며 뒤처질까 불안해하는 개발자들이 의외로 많다. 이들은 배움을 마치 유행처럼 따르며, 필요에 의해서가 아니라 배우는 것 자체를 목적으로 삼는다.

책상 한면을 가득 채운 프로그래밍 책들은 배워야 한다는 다급한 마음을 단적으로 보여준다.

  더는 실력이 늘지 않아 정체돼 버린 어학공부, 정작 자기는 소외되고 없는 자기계발, 최신 트렌드만 좇는 IT 기술 습득, 막상 부자가 되어서도 끝나지 않을 것 같은 재테크.

기술 습득의 덫　　　　　　　03

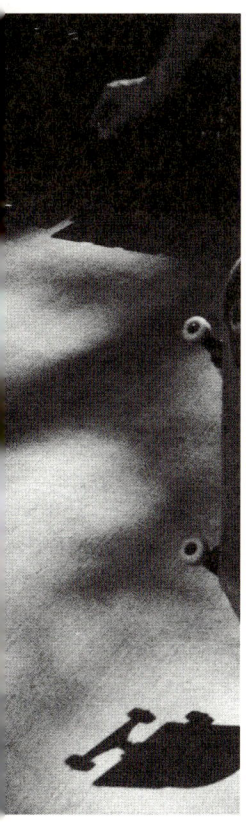

배움이라는 강박에 시달리는 개발자들의 슬픈 단면을 보고 있는 것 같아 가슴 한쪽이 짠해지기도 한다. 특히나 배워야 할 게 너무 많은 세상을 살아가는 개발자들에게 배운다는 것이 단지 무언가 배웠다는 자기만족으로만 그쳐서는 안 된다는 생각이다. 배움이 단지 심리적 위안을 얻거나 불안감을 해소하기 위한 목적에 한정돼서는 안 될 테니 말이다.

배움 강박증에 시달리는 현재 모습이 학창시절과 유사하다는 생각을 한 적이 있다. 나는 학창시절부터 빠진 배움의 늪에서 아직까지 허우적대고 있는 건 아닐까? 실제로 나는 아무것도 하지 않으면 심한 압박감에 시달렸고, 마음이 편하지 않다. 이러한 심리 상태를 《굿바이 게으름》의 저자이자, 정신과 의사인 문요한 씨는 "불안에 대한 가장 흔한 증상은 과잉행동"이라고 진단한다. 즉, 현대의 바쁘고 부지런한 게으름뱅이들은 쉬는 것과 멈추는 것을 극도로 기피하며 끊임없이 계획을 세우고 행동한다. 그들은 반드시 뭐라도 해야 한다는 강박증에 시달린다. 하지만 이렇게 자신을 돌보지 않고 힘든 상황으로 지속해서 몰고 간다면 결국엔 순간적으로 배터리가 방전하는 소진 상태, 급격한 무기력 상태인 번아웃 증후군이 찾아올 수 있음을 경고한다. 또한 이 상태를 계속해서 돌보지 않고 무시할 경우 결국에는 오도가도 못하는 삶의 교착상태 deadlock 로 치닫게 되는 원인이 될 수 있음에 유념해야 한다.

성적을 올리기 위해 맹목적으로 공부해서 쌓아놓은 머릿속 지식들은 졸업과 함께 대부분 사라져버렸다. 그래서 그때의 일을 잊어버렸는지 나는 지금도 똑같은 과정을 답습하고 있었다. 이것만 배우면 모든 게 잘 풀릴 것 같고, 이 자격증만 따놓으면 모든 게 나아질 것 같지만 변하지 않는 현실을 보면서 어쩌면 우린 머리만 가득 채우면 행복한 인생을 살 수 있을 거란 착각 속에 빠져있는 것은 아닌가 하는 생각이 들 때가 있다. 나는 근본적인 문제를 회피해가며 외적인 활동에만 연연하고 있는 것은 아닌가? 자신의 존재 가치를 증명하기 위해 지속해서 해야 할 일을 찾고 있는 것은 아닌가? 하지만 생각해보면 사랑하는 사람과 헤어지고 괴로운 건 머리가 아니라 가슴이 아프기 때문이고, 돈이 아무리 많아도 가슴이 허전하다면 행복하지 않다. 마찬가지로 지식이 부족하다고 자살하는 사람은 없다. 가슴이 찢어질 듯 아프기 때문에 죽고 싶은 것이다.

개발들은 언제나 빠듯한 일정에 맞추기 위해 기술적으로 해결해야 할 일을 뒤로 미루는 기술적 부채[1]에 시달리지만 정작 개인에게 중요한 것은 마음의 부채다. 두 가지 모두 빚을 지고

---

1 '기술적 부채'란, 워드 커닝햄(Ward Cunningham)이 고안한 용어로, 마구잡이식 개발이라는 빚을 지면 추가 개발이라는 이자를 지불해야 한다는 은유적 표현.

있다는 점에서 마음이 불편하고 상황을 어렵게 만들지만, 기술적 부채는 상황이 여의치 않으면 다른 후임 개발자가 처리할 수 있다는 점에서, 마음의 부채는 자신이 직접 갚지 않으면 평생을 쫓아온다는 점에서 큰 차이가 있다. 결국, 해야 할 많은 일들이 있겠지만 지금 당장 마음의 빚부터 해결하기 위해 노력하는 것이 장기 상환채무에 시달리지 않고 하루빨리 벗어나는 길이다.

나는 이 이야기를 배움이 필요 없다는 것을 말하기 위해 시작한 것이 아니다. 오히려 반대로 프로그래머는 꾸준히 기술을 익히고 실력을 키워야 하는 직업이 맞다. 다만 가슴 떨리는 마음이 동하지 않는다면 괜스레 시간만 허비할 수 있다는 점을 말하고 싶었다. 주위에 개발이 즐거워 코딩하는 사람들은 난해한 문제를 해결하면서 희열을 느끼고 야근에도 크게 스트레스를 받지 않는다. 그들은 진심으로 그 시간을 즐기는 것이다. 그들은 즐거운 마음으로 배우고 행복하게 코딩한다. 반면에 연신 자기는 코딩에 자신이 없다고 말하고 다니는 사람들이 있다. 그들은 왜 자신의 코딩 실력이 늘지 않는지 그 이유를 모르겠다고 말한다. 그들 역시 책을 보고 인터넷을 통해 공부하지만, 결국 이들에게 프로그래밍은 중노동에 불과할 뿐이다.

순수한 마음의 차이가 기술을 대하는
우리의 태도를 결정하는 것이다.

결국 기술력이 뛰어난 개발자가 무조건 코딩의 신이 되는 것은 아니지만 코딩에 무한한 애정을 가진 개발자는 보통 기술력이 뛰어나고 실력도 출중하다. 그들에겐 기술에 뒤처진다는 불안감 따위도 없다. 그들은 마음이 이끌리면 언제든 기술은 익히면 된다고 생각한다.

언제나 새로운 기술은 개발자들을 열광시키지만, 기술로 모든 문제를 해결할 수는 없다는 것 또한 사실이다. 실제 마음의 헛헛함은 지식을 익히는 것만으로는 채워지지 않으며, 개발자들이 흔히 겪는 사람 사이에서 오는 문제도 머릿속 계산된 결과보다 서로에 대한 진실함이 더해질 때 관계의 개선이 이뤄진다. 이는 고개를 숙이면 닿을 듯 말 듯한 거리에 있지만, 머리와 가슴은 엄연히 구역이 다르기 때문이다.

"다들 잘하기는 하는데 머리만 치고 있어. 가슴을 쳐야지. 가슴을!"

재밌게 봤던 드라마 〈미생〉에서 오차장이 인턴사원들에게 했던 말이다. 이처럼 머리로 면밀하게 분석하고 이해했다고는 하지만 마음으로 절실히 다가서지 못한다면 본질을 겉도는 것일 수 있다. 가슴과 머리는 가까워 보여도 어떤 이들에겐 평생 도달하지 못할

먼 거리이기도 하다.

  비단 고객의 감성을 자극하는 일을 넘어서 정작 위대한 일은 자신의 마음을 건드리는 것이다. 그러고 나서 머리를 채운다면 진정으로 습득하고 싶은 것들이 생겨난다. 항상 도전적으로 자기발전을 추구하는 많은 개발자의 마음속 열정도 이 과정을 통해 피어날 것이라 본다. 빠른 변화의 시대에 새로운 것을 배워야 하는 요구는 끊임없이 이어지겠지만, 명확한 자기 주관 없이는 뒤처질까 불안해하는 마음을 해소하는 수단밖에 안 된다. 남들이 하니까 무작정 따라 하기보다는 기술이 전해줄 긍정적인 효과를 생각하며, 배움에 희열을 느꼈던 순수한 모습을 되찾길 희망한다. 내가 진심으로 좋아하는 걸 공부하면서 느끼는 감동, 생각만으로도 가슴이 벅차다. 부디 선후행 관계가 뒤바뀌지 않길 바란다.

언젠가부터 머리는 늘 무겁고 가슴은 허전하다.
중독의 시대, 평생학습의 시대, 자기 함정의 시대, 삶의 식민지 시대.
우리에겐 머리와 가슴의 동기화가 필요해.
언제나 그렇듯 우리에게 가장 큰 문제는 기술이 아니었다.

개발자의 CTRL + C/V 인생 철학

좋은 화가는 베끼고, 훌륭한 화가는 훔친다.

파블로 피카소

　컴퓨터를 전공한 나는 학창시절 자주 프로그래밍 과제를 제출해야 했다. 한창 코딩에 재미를 붙여나갈 때야 그 수고스러움을 감수했지만 갓 입학해 전공의 기초를 배우는 개론 수업에서는 주어진 자유로움을 소모하기에 정신이 팔려 과제를 인터넷에서 찾아서 조금 바꿔 제출했던 기억이 있다. 그 당시 과제가 계산기 프로그램을 작성하는 것이었는데, 어렵지 않게 전체 소스를 구할 수 있었으니 누가 그 유혹에 현혹되지 않을까? 한편으론 당연시하며, 대충 숙제를 끝내고 남은 시간엔 다시 술자리로 향했던 기억이 난다.

　그럼 직장에서 개발자로 생활하고 있는 지금은 어떤가? 돈을 받고 일하는 개발자들은 남다른 책임감이 요구되며 대충이라는 말은 통하지 않는다. 실제 회사에 들어가면 많이 듣게 되는 말이 "돈을 받는 순간부터 프로다."라는 말이다. 수많은 프로 개발자들은 촉박한 일정을 맞추기 위해 빠르면서도 정확한 코드를 작성할 것을 요구받는다. 그들에게 실수는 전문성의 부재며 납기 미준수는 책임감의 결여다. 하지만 너무 낙담할 필요도 없는 게 우리에겐 대대로 전수되는 만능과도 같은 신공이 존재한다. 초급 프로 개발자들도 손쉽게 따라 할 수 있는 그것이 바로 CTRL + C/V다.

CTRL + C/V는 복사, 붙여넣기를 의미하는데, 보통 문서를 편집할 때 많이 사용하는 이 단축키를 개발자들도 코딩할 때 자주 사용한다. 즉, 다른 사람이 짜놓은 코드를 그대로 이용하거나, 많이 사용되는 구문은 그대로 붙여넣어서 사용하는 것이다. 나도 즐겨 쓰는 이 단축키는 많은 개발자들에게 폭넓은 사랑을 받고 있다. 가끔은 이 단축키가 없었다면 어떡할 뻔했냐는 걱정이 들 정도로 애용하는 것이다. 이렇듯 다방면으로 널리 쓰이는 CTRL + C/V는 학창시절부터 현재까지 내게 시간을 벌어주고, 노력 대비 큰 효과를 주고 있다.

하지만 모든 것이 그렇듯 남용에 따른 부작용은 존재한다.

일을 편하게 처리한다는 게 항상 나쁜 것만을 의미하진 않지만, 이 쉬운 방법이 생각하는 힘을 잃게 하고 결과적으로 인생에서 마이너스로 작용한다는 점을 뒤늦게 깨닫는다. 나는 '남의 생각마저 복사해서 붙여넣고 있는 것은 아닐까'라는 생각이 나를 괴롭혔던 것도 그중 하나다. 돌이켜보면 과정이야 어땠든 결과만 좋으면 된다는 식의 생각이 쉬운 방법만을 선택하게 했던 것 같다. 내 주변 대다수의 사람들이 그렇게 하고, 오로지 마음에 부담으로 작용하는 짐을 하루빨리 놓아버리고 싶은 마음이 내 행동을 문제시하지 않았다.

실제로 내 주위 개발자들을 보더라도 일단 구현만 해놓으면 끝이라는 생각으로 코드를 그대로 복사해서 붙여넣는 경우가 많다. 프로그래밍을 복사, 붙여넣기 정도로만 인식하고 대충 하려는 모습이 많아진 것이다. 이 경우의 문제점은 코드가 어떤 원리로 동작하는지 충분히 이해하지 못한 채 사용함으로써 오류 발생 빈도만 높여 품질에까지 악영향을 끼친다는 점과 단순하고 손쉬운 선택이 소프트웨어 개발을 지루하고 재미없는 반복작업으로 인식하게 한다는 점이다. 일전에 마틴 파울러 Martin Fowler 는 복사해서 붙여넣는 프로그램 방식은 코드 줄 수를 엄청나게 키우면서 중복을 일으켜 설계를 망친다고 지적한 점도 이와 무관하지 않다.

이런 생각에 빠져있다 보면 개발자는 이미 있는 라이브러리들을 조립하는, 마치 레고 블록을 가지고 노는 사람이 아닌가라는 생각이 들 때가 있다. 프로그래밍을 편하게 할 수 있게 도와주는 다양한 기법들도 이러한 시대 상황에 편승해 단순하고 쉬운 방법이 진리이고 패키징된 형태로 사용하기 쉽게 제공돼야 한다는 방향으로 가고 있는 듯하다. 물론 그 덕분에 개발 시간을 단축한다는 긍정적인 면도 있지만 조립하던 중에 한 조각의 블록이라도 찾을 수 없다면 일단 당황부터 하게 되고, 스스로 문제해결 능력을 신장시킬 기회를 박탈하고 있는 것은 아닌지 한편으론 걱정스럽다.

어쩌면 너무 쉽게 생각되어 당연시하는 이 현상들은 받아들이는 개발자의 태도에 따라 영향을 받는다. 여러 후배들과 함께 개발하다 보면 다양한 성향의 개발자들과 일하게 되는데, 문제에 직면했을 때 실제로 해결할 수 있는 개발자들을 만나기가 쉽지 않다. 물론 부서에 따라 새로운 것을 접할 기회가 적을 수도 있겠지만, 그렇다 치더라도 본인의 의지 자체와 문제를 처리할 엄두조차 못 내고 도움부터 청하고 보는 것은 다르다. 어떤 부분이 잘 안 되느냐고 물으면 '비슷한 소스를 아무리 찾아도 안 나온다'고 하기 일쑤인데, 이 부분이 바로 내가 가장 우려하는 대목이다.

개발자들이 간단한 문장도 입력하지 않고 CTRL + C/V를 남발하는 것도 따지고 보면 '실수하지 않겠다.'라는 생각이 저변에 깔린 행동이다. 다른 개발자가 짠 코드를 그대로 가져다 쓰는 것은 이미 검증된 방식이라는 점에서 개발자들의 완벽을 추구하는 성향과도 잘 맞아떨어진다. 이런 이유로 CTRL + C/V의 유혹에서 쉽사리 벗어나기 어렵겠지만 우리가 끝까지

간과해서는 안 될 부분이 있다.

"낙타가 쓰러지는 건 깃털같이 가벼운 마지막 짐 하나 때문이다."라는 정호승 시인의 말처럼 우리의 사소한 습관이 낙타를 쓰러트리는 깃털로 작용할 수도 있다는 점이다. 생활 속 사소함이 모여 우리의 사고를 결정짓고, 사고가 모여 삶을 결정한다. 큰 차이는 작고 소소한 차이의 합이며, 사람 사이의 관계에서도 소소한 것에서 더 큰 감동이 온다. 이렇듯 우리가 일상에서 경험하는 사소함 속에는 쉽게 지나쳐서는 안 될, 작지만 큰 차이가 숨어있다. 자칫 익숙해져 버려 지나칠 수 있는 것들의 차이가 모여 그 사람을 결정지을 수도 있음을 간과해서는 안 된다.

그럼 어떻게 하면 개발자들에게 사소한 것의 소중함을 돌려줄 수 있을까?

업무적 능력은 물론이고 삶의 관점에서도 중요하게 작용하는, 작지만 특별한 힘을 함께 느낄 수는 없는 걸까? 시간이 지나도 줄어들지 않는 CTRL + C/V로 인한 폐해를 지켜보면서 무엇이 사소함을 단순하게만 느끼게 하는지 그 실체를 알고 싶었다. 그 해답을 찾는 것은 우리 일상에 전해지는 사소함이 주는 오해를 풀 열쇠가 될 것만 같았다.

내가 주목한 것은 내 주변에 사라진 것이었다. 코딩을 힘들게만 대하고 단순히 빨리 끝내야 하는 대상으로만 여기게 된 이유가 있을 것으로 생각했다. 이 부분은 어느 순간부터 내 사고를 가둬놓은 원인이기도 했으며, 아직 주변에 개발을 즐기고 잘하는 사람들과의 차이이기도 했다. 그리고 이것이 결국 코딩의 흥미를 결정지을 주요한 원인이라는 나름의 결론에 도달하게 했다. 우리가 너무나 익숙해져 당연시했던 것, CTRL + C/V로 너무 빨리 해답을 찾게 되면서 잊고 지내던 것, 그것이 바로 문제를 대하는 호기심, 즉 '질문'이었다.

마치 학생들에게 정답만 외우게 함으로써 질문할 기회를 빼앗았듯, 어느 순간부터 나는 깊이 생각하지 않았고 내가 왜 이 일을 하는지 궁금해하지 않고 의심 없이 받아들였다. 하지만 주변의 뛰어난 개발자들은 공통적으로 호기심을 갖고 일을 시작하고 문제에 직면하면 스스로 질문하고 답을 찾아내는 모습을 보였다. 덕분에 빠르게 해법을 찾아야 하는 시대를 사는 개발자들에게 '왜'라고 질문하는 태도는 낭비되는 시간이 아닌 사고를 자극해 사소함 속에서 특별함을 발견하는 시도라는 점을 깨닫게 되었다.

의문의 끝은 '왜'라고 질문하는 것에서부터 시작된다.

이 점을 인식하게 되면서 나는 점차 질문이 가진 힘을 믿게 되었다. 이 힘을 의식하고부터는 당연한 것은 없었다. 실제 오늘 어떤 부분을 CTRL + C/V로 처리한다면 왜 그렇게 되는지 호기심을 갖느냐가 그 차이를 결정한다. 단순히 일을 처리하는 데만 급급한 나머지 일단 처리하고 보자는 식의 섣부른 생각은 '왜 이 일을 해야 하는지'를 질문할 수 있는 기회를 박탈한다. 단지 '어떻게' 풀지에 대한 해법만 생각하다 보면 일단 끝내고 보자는 식의 자기 합리화가 생긴다. 처음부터 이 과정이 쉽지는 않겠지만 질문을 통해 문제에 접근하는 습관을 들이다 보면 같은 문제라도 바라보는 시각이 달라진다.

> "'왜(why)'라고 반복적으로 묻는 것은 더욱 깊은 진실에 들어가기 위한 가치 있는 시도다."
>
> 워런버거

워런 버거 Warren Earl Burger 의 말처럼 비단 일을 대하는 생각을 넘어서 우리의 삶에도 '왜'라는 의미를 부여했으면 한다. 질문 자체가 깊이 통찰하는 힘이고, 우리의 삶도 결국 끊임없이 질문을 던지며 답을 찾아가는 과정이다. 우리가 항상 질문을 통해 완벽한 답을 구할 수 없을지라도 질문 자체만으로 문제의 본질에 깊이 있게 접근하는 출발점이 될 수 있다.

실제 우리는 살면서 삶에 던지는 근원적인 질문들이 있지 않은가? 지금 사는 모습이 맞는지? 만족스러운 인생인지 길을 가는 중간에 멈춰서 자신에게 묻고 그 질문에 응답해 궤도를 수정해 간다. 결국 우리는 직접 살아보면서 자신에게 맞는 답을 찾아가는 존재다. 그리고 조금씩 무엇인가가 되어 간다. 이 근원적인 질문이 자신의 삶을 새로운 시각에서 바라보게 하고 자신의 유일함을 찾아내 다른 사람과 차별화한다. 그렇기에 질문이 없는 삶은 우리의 삶을 그냥 되는대로 살겠다는 것이고, 이는 마치 자신의 삶을 돌보지 않는 것과도 같다. 살면서 질문하는 법을 잊은 사람들은 지금껏 살아왔던 대로만 생각하게 된다.

그동안 당연시하던 문제에 의문을 갖고 '왜'라고 질문하다 보면 CTRL + C/V라는 모방은 새로운 창조가 될 수 있다. 질문 자체는 호기심이다. 무엇 하나 예사롭게 보지 않고 의문이 풀릴 때까지 집요하게 따지고 묻는다. 이 과정을 통해 문제에 깊이 있게 접근하다 보면 이해의 정도는 커지고 새로운 방식으로 할 수는 없을까 모색하게 한다. 결국, 이런 호기심 어린 시선과 깊이 있는 탐구의 과정이 창조성과도 연결된다. 여기서 모방은 훌륭한 배움의 방식이다. 모방을 CTRL + C라고 생각하고, CTRL + V하면서 고민해 보자. 문제를 대할 때 이 과정을 반복하다 보면 자연스럽게 훈련이 되고 축적된 경험과 지식은 어느 순간 익숙함을 넘어 새로운 방식도 경험하게 된다.

실제 나도 가장 쉽게 배우는 방법으로 모방을 적극적으로 활용한다. 그것은 프로젝트 내 본받고 싶은 개발자가 있으면 그들이 작성한 코드를 흉내 내는 방식이다. 그들의 코딩 스타일을 베껴서 내 코드에 녹여보고 그들이 짜놓은 함수를 해체해가며 면밀히 분석한다. 그리고 왜 그렇게 짰는지 고민한다. 처음에는 내 방식이 아니기에 이해하는 데 어려움이 따르지만, 반복적으로 여러 개발자의 코딩 스타일을 따라 하다 보면 자연스럽게 그들의 장점을 취한 나만의 방식이 생기게 마련이다.

나는 점점 모든 일의 출발은 모방이어야 한다고 여기게 된다.
그리고 일에 두각을 나타내는 사람들은 기존의 것을 변형하고 발전시켜 자신이 지향하는 방향성을 찾아 나선 사람이라는 믿음은 굳어졌다. 개발자들도 예외는 아니다. 개발자들에게도 단순한 사고의 틀에서 벗어나려는 새로운 시도는 필수적이며, 깊은 고민이 새로움을 만들어 낸다.

내가 처음부터 작성한 코드가 더 정이 가고, 허투루 넘어가는 법이 없다. 어느 한 부분이 의심되면 다시 보고, 깊이 볼 수 있는 이유는 다른 사람도 아닌, 내가 고민하며 작성했기 때문이다. 배움의 이치도 이와 같다. 어느 때보다 지식의 부침이 빠른 시대지만 내가 정성을 들이고 애를 쓴 만큼 이보다 확실한 것 또한 없다. 인터넷을 통해 지식을 쉽고 빠르게 접했더라도 정작 중요한 것은 이 지식을 바라보는 우리의 태도다. 세상에 단연코 사소한 것은 없고, 더 깊이 사유할수록 우리 삶의 가치는 자연스레 높아질 것이다. CTRL + C/V로 시작된 이야기가 삶까지 파고드는 이야기로 발전하듯 간명함에는 오묘한 진리가 들어있다.

왜 개발자는 일을 창조적으로 바라봐야 하는가?
왜 개발자는 하는 일에 의미를 부여해야 하는가?
왜 개발자는 행복한 삶을 살아야 하는가?
왜 개발자는 끊임없이 질문해야 하는가?
그건 바로 우리 삶의 문제이기 때문이다.

간소화된 패턴

내가 이제까지 살아오면서 여러 길목에서 잃어버린 많은 것들을 생각했다. 잃어버린 시간, 죽었거나 또는 사라져 간 사람들, 이젠 돌이킬 수 없는 지난 추억들, 그리고 그 모든 상실의 아픔들을.

무라카미 하루키 《상실의 시대》 中

소프트웨어 패턴의 목표는 중복을 피하고,
복잡한 문제를 간단히 만드는 데 있다.

아인슈타인이 말했듯이 어떤 문제든 더 간단해질 수 없을 때까지 단순하게 만드는 것이다. 프랑스 소설가이자 항공기 설계자인 생텍쥐페리는 "완벽한 설계란, 더 추가할 게 없을 때가 아니라 더 이상 뺄 것이 없을 때 이뤄진다."고 지적한다. 이런 관점에서 '소프트웨어의 일차적인 기술적 의무는 복잡성을 관리하는 것이며, 본질성의 양을 최소화하고 부수적인 복잡성이 불필요하게 증가하지 않게 함으로써 단순함을 달성할 수 있다'는 《Professional 소프트웨어 개발》의 저자, 스티브 맥코넬의 주장은 설득력 있다. 이처럼 탁월한 설계자는 복잡한 문제를 단순화하는 과정을 통해 훌륭한 설계를 만들어 낸다. 그들은 새로운 대안을 채용하며, 버릴 건 버리고 불필요한 것은 지속적으로 제외시키는 과정을 계속한다. 하지만 끊임없이 단순화를 고민하는 이 과정의 가장 큰 부작용은 실제 현실에서는 소프트웨어뿐만 아니라, 개발자들의 삶의 패턴 역시 간소화되고 있다는 데 있다.

자주 만나지 못해 깊은 관계의 단절에서 오는 관계의 편협화, 취미활동을 경험할 충분한 시간이 없는 일상의 단순화, 사랑하는 가족, 그리고 연인과 함께하는 시간이 부족해서 오는 애정의 결핍화, 지식 확장을 위한 자기계발 시간이 없는 생활의 부조화, 바쁜 일상에 치여 자신에게 긴 시간을 내어주지 못하는 시간의 파편화까지. 이것은 흔히 개발자들이 겪어야 하는 빈곤한 패턴의 양상들이다. 그 결과 점차 반복되고 단조로운 삶 속에서 재미와 보람을 찾을 수 없게 되고, 제약된 다양한 삶의 측면과 선택할 수 있는 패턴도 단조로워지며 개발자로서의 삶이 불만족스럽게 된다.

실제 내 주위만 봐도 바쁜 생활로 고민하는 개발자들이 많다. 결혼을 전제로 만나고 있는 여자친구와 교제할 시간이 없다는 후배, 잦은 야근과 주말 출근으로 가정불화까지 겪고 있다는 동료, 작업이 주로 주말에 몰려있는 까닭에 개인적인 친목활동을 할 수 없다는 후배, 그동안 즐겨 하던 취미활동을 포기했다는 선배까지. 그들의 얘기를 듣다 보면 하나같이 개발자로서의 불규칙한 생활 패턴에서 어려움을 겪고 있었다. 물론, 나도 이런 고민에서 자유롭지 못하다.

    내가 처음으로 PL^Project Leader 로 투입된 프로젝트는 S사 반도체 프로젝트였다. 새로운 경험을 한다는 것은 경우에 따라서 스트레스로 다가오기도 하지만 새로운 역할을 경험하게 된 이 순간만큼은 설렘으로 다가왔다. 고객과 협의한 내용이 전달되어 시스템이 형체를 드러내는 모습을 지켜보는 것은 왠지 모를 희열로 전해졌다. 그만큼 책임감도 느꼈지만, 내가 프로젝트에 기여한다는 것은 기분 좋은 느낌이었다. 더구나 운 좋게도 평소 친분 있는 선후배들과 함께하게 되어 시작부터 느낌이 좋았다.

    나에겐 잘하고 싶은, 그리고 잘해야 하는 프로젝트였으며, 가끔은 간절함이 나를 고달프게 할 수 있다는 것을 알게 해준 프로젝트였다. 본격적으로 프로젝트가 시작되자 고객과의 협의를 위해 반도체 공장이 위치한 온양까지 찾아가야 하는 번거로움이 있었다. 내가 근무하는 수원에서 온양까지는 매일 왕복하기에 가까운 거리는 아니다. 고객이 원하는 회의 시간에 맞추기 위해 새벽에 출발해, 돌아올 때는 기운을 다 빼고 늦은 저녁이 돼서야 사무실에 도착했다.

    그럼 그때부터 산적해 있는 업무를 처리한다. 그날의 회의 내용을 정리하고, 고객의 요구사항을 문서화하고, 개발

진행상황을 살핀다. 또한, 새로 발견된 이슈는 내일 협의를 위해 정리해 둔다. 시간은 항상 넉넉하지 않았고, 그날 못다 한 일을 남겨둔 채, 자정을 넘겨서야 차를 몰고 부랴부랴 집으로 돌아갔다.

　힘든 상황이었지만 다행히 일정이 지연되는 일 없이 프로젝트는 순조롭게 진행돼 갔다. 그런데 문제는 오픈 일주일 전에 터졌다. 데이터 마이그레이션 작업을 하는 과정에서 고객이 전달한 사전 데이터를 받았는데, 바로 그 데이터에서 결함이 발견된 것이다. 반도체라는 데이터의 특성상 처음부터 다시 작업할 수밖에 없는 상황이었다. 소스는 수정해서 다시 수행하면 되지만 오픈까지 시간적 여유가 없었다. 나는 그때 고객의 실수나 스펙 변경에 의해서도 일정이 연장되지 않는다는 점에 불만이 없었던 것은 아니었지만 으레 그렇게 한다고 하니 우리의 개인시간으로 일정을 메워야 했다. 그날부터 집에 들어가지 못하고, 밤을 새우는 것은 물론 씻지도 못해 꼬질꼬질한 모습으로 일주일을 보냈다. 그렇게 우여곡절 끝에 프로젝트는 성공적으로 끝났다고 윗선으로 보고 되었다.

　몇 개월간의 프로젝트 기간 동안 내 생활패턴이 얼마나 엉망이었는지는 굳이 말하지 않아도 짐작할 것이다. 과중한 야근과 주말 출근으로 인해 심신은 지쳐 있었고, 말 그대로 번아웃된 생활을 해야 했다. 아내는 회사일이니 이해한다고는 하지만 날씨 좋은 날에 아이들과 집에만 틀어박혀 있는 게 못내 야속한 모양이다. 프로젝트 기간 동안은 나를 비롯해 가족에게도 모든 것들이 어쩔 수 없다는 말로 이해돼야만 했다. 나는 이 프로젝트를 경험하면서 바쁜 개발자의 일상이 얼마나 삶의 패턴에 악영향을 미치는지 절실히 실감할 수 있었다.

소프트웨어 공학에서 패턴 pattern 이란 자주 나타나는 과제를 해결하기 위한 방법 중 하나로, 과거의 소프트웨어 개발 단계에서 발견된 노하우를 바탕으로 설계나 아키텍처 등에서 재사용하기 위해 특정 규약을 묶어 정리한 것을 의미한다. 이런 패턴 사용의 장점은 이미 검증된 방식을 사용함으로써 상황에 대한 문제의 해법을 제시한다는 데 있다. 또한, 여러 상황에서 축적된 지식과 노하우를 일반화시켜 공유함으로써 비슷한 문제 상황에 직면했을 때 부족한 경험을 보완할 수 있는 혜택도 제공한다.

시스템 설계를 위해 사용된 패턴처럼 우리의 삶 또한
일정한 규칙성을 지닌다.

이 방법의 유용함은 성공한 인생을 살아온 사람들의 성공 패턴을 내 삶에 적용하고 내가 처한 문제에 접근해 보는 것이 내 삶에 좋은 방향성을 제시하기 때문이다. 나 역시 그들의 생활 패턴에 따라 새벽형 인간이 되어보기도 하고, 열정적이고 도전적인 일을 시작해보기도 한다. 삶에서 겪게 되는 다양한 문제 상황 속에서 무엇을 해야 할지 허둥대는 것보다는 뭔가 하고 있다는 점은 나에게 큰 위안이 되어 주었다.

하지만 모든 것이 그렇듯 주의해야 할 부분은 있다. 이 방식이 좋은 길잡이가 되어줄 수는 있어도 모든 경우에 완벽하게 들어맞는 해결책은 아니라는 점이다. 구체적인 상황에 따라 사용 목적과 적용 범위에 따라 패턴은 달라진다. 실제 패턴 적용 간에도, 아무리 기술적으로 뛰어난 방식이라도 사이트의 비즈니스 환경을 무시한 무분별한 도입은 심각한 문제를 야기할 뿐이다. 이 점은 삶의 문제에서도 마찬가지다. 위대한 현인들의 삶의 방식이라고 할지라도 나에게는 통용되지 않을 수 있다. 실제 사람들이 확신하는 성공에 이르는 길은 그저 삶을 사는 하나의 방식에 불과하다. 이것은 사람이 자신에게 주어진 환경에 적응하기 위해 체득한 나름의 생존 본능을 따르기 때문이다. 결국 사람마다 마음에 끌리는 물건이 달라 다양한 소비 패턴을 가지듯, 모두에게 적용되는 획일화된 만능 패턴은 존재하지 않는다.

실제로 다양한 패턴을 경험하면서 느낀 점은 아무리 좋은 패턴도 모든 경우를 수용할 수는 없다는 것이다. 그래서 훌륭한 디자인 패턴은 주로 대상을 추상화해서 설계한다. 즉 상위 클래스는 목적에 부합하기 위한 필수적인 요소만 정의하고 세세하고 구체적인 행위는 하위 클래스에 위임함으로써 상위는 본질적 문제에 집중할 수 있고 하위는 변경에 유연하게 대처할 수 있다는 장점을 갖는다. 결국 상위 클래스가 하위 클래스와 종속을 느슨하게 하고 개별 객체의 자유도를 높이는 것이 유연하고 확장성 좋은 패턴 설계의 전형이다. 반대로 상위가 하위에 대한 제약이 심할 때, 구체적인 행위까지 지정해 일일이 간섭할 때 그 패턴은 재사용성이 떨어져 널리 쓰이지 못하고 소멸의 길을 걷는다. 이는 상위와 하위로 정의되는 모든 관계에서 공통적으로 나타나는 현상이다.

  결국, 내게 있어 개발자들이 실제 겪고 있는 삶의 패턴을 살펴보는 일은 어떻게 하면 적절한 패턴을 찾아 우리의 삶을 개선할 수 있을지 고민하는 과정이었다. 유난히 프로젝트 상황에 종속적이 되어 바쁘다는 이유로 포기되는 개발자들의 생활을 보며 우리들의 일상에 투영된 불확실하고 불규칙한 삶이 좀 더 나아질 수는 없을까 해법을 모색하는 과정이기도 했다.
  자유로운 분위기 속에서 다양한 삶의 방식이 인정되고, 개성 있는 인간들이 함께 어우러져 창조적인 발상을 논의하고, 발전적인 미래를 꿈꿀 수 있는 환경이 내가 그리는 개발자들의 이상적인 삶의 모습이다. 나는 누구의 삶이 일에 치이고 길들여지는 것은 원치 않는다. 시스템에 적절한 디자인 패턴을 찾아 특화된 구조를 설계하듯, 개발자 개개인이 삶의 패턴을 디자인하는 것은 인생을 설계하는 중요한 과정이다. 간혹 내게 적합한 패턴을 찾을 수 없다고 해도 실망하지 말자. 이것은 내가 창조한 새로운 패턴을 세상에 공표하는 의미이기도 하다. 결국 우리가 만든 패턴들이 모여 문화가 되고 현재의 나쁜 구조가 개선된다. 결국 자신의 삶을 대표하는 패턴을 찾는 일은 개발자가 자신의 삶을 설계하고 구현하는 과정이다.

모두를 위한 디자인 패턴이 어렵다면
행복한 삶을 사는 사람들보다
불편한 삶을 사는 사람들을 위해 패턴은 디자인돼야 한다.
우리가 만든 소프트웨어가 생활의 불편을 개선해 나가듯 말이다.

06

인간중심 운영체제

우리 업무에서 주요 문제는 본질적으로 기술적인 문제가 아니라 사회학적인 문제다.

톰 드마르코, 티모시 리스터 《피플웨어》 中

늦은 밤 컴퓨터 앞에 앉아 있는데, 문득 내가
기계 같다는 생각이 든 적이 있다.

　하루를 돌이켜보니, 온종일 개발 일정을 맞추기 위해 컴퓨터 앞에만 앉아 있었다. 중간에 바람 한번 쐬자며 후배가 찾아왔지만 애써 외면하며 내 자리를 지켰다. 아이가 아빠 목소리를 듣고 싶어한다며 아내가 전화를 걸어왔는데도 바쁘다는 외마디와 함께 전화를 끊었으니, 오늘따라 내가 비인간적으로 느껴진다.
　개발자들은 늦은 밤 컴퓨터 앞에서 일정에 쫓기며 기계처럼 일하지만, 그들도 엄연히 따스한 온기가 있는 사람들이다. 납기는 언제나 촉박하고, 고객의 무리한 요구는 야근을 부추긴다. 요구사항은 수시로 변경되어 힘들게 개발한 내용을 뒤엎어야 할 때도 있다. 자신의 의지와는 다르게 현실에 치여 하루를 숨가쁘게 살아가는 개발자들의 모습이 나와 같다 생각하니 안타깝기 그지없고, 그들의 삶의 중심에 있어야 할 소중한 것들을 되찾게 하고 싶었다. 오늘은 가족의 품으로 일찍 돌아가고 싶은 날이다.

사실 이런 관행은 소프트웨어 개발을 '사람'이 아닌 '기술'의 문제로 인식하는 데서 기인한다. 모든 명세는 구현하는 기술적인 문제에만 집중되고, 이 문제만 해결되면 개발자는 주어진 일정 안에 알아서 개발할 거라고 여긴다. 이러한 인식은 개발자로 하여금 '납기를 생명'처럼 여기게 해 스스로를 궁지로 내몬다. 결과적으로 일을 진행하는 '사람'이 일에서 소외되는 형국이다. 개발인력을 아웃소싱 대상으로만 보고, 하청의 하청을 두는 악순환이 반복된다. 절대적인 일정이 부족하니 몸으로 때우는 일이 수시로 발생하고, 결국 현대판 '노가다'로 전락한다. 나는 세상을 변화시키고 이끄는 산업으로 여겨지는 소프트웨어 산업의 이면에는 개발자의 힘든 삶이 있다는 것을 알아줬으면 했다. 또한 소프트웨어 산업은 지적 자산이라고 할 수 있는 '사람'이 가장 중요하며, 실제로 여기서 '사람'으로 대변되는 '개발자'의 삶이 좀 더 나아지길 희망한다.

운영체제 Operating System 는 컴퓨터 동작에 필요한 모든 것을 관리하며 컴퓨터의 일생과 함께 한다. 즉, 컴퓨터를 작동시키고 운영을 관리하며 설치된 응용 프로그램들이 효율적으로 동작할

수 있는 환경을 제공한다. 인간으로 치자면 '어떤 인생을 살 것인가?'라는 문제를 다루는 것이다. 일과 삶에서의 균형 잡힌 자원 배분, 적절한 일을 수행하도록 명령을 내리는 입출력 장치 제어, 재미를 주는 게임 프로그램과 편리한 삶을 살게 하는 각종 응용 프로그램 실행, 다른 사람과의 상호 작용을 돕는 네트워크 관리, 최적화된 인생을 도와주는 성능관리까지. 이 모든 일을 운영체제가 담당한다. 그러나 운영체제가 하는 일을 단지 기계의 영역으로 보기에는 운영체제가 인간과 밀접하게 연관돼 있어 우리에게 시사하는 바가 크다.

영화 〈HER〉에서 다른 사람의 편지를 대신 써주는 대필작가 일을 하는 테오도르는 인공지능 컴퓨터 사만다와 사랑에 빠지게 된다. 그러던 어느날 갑자기 사만다가 사라지고 테오도르는 혼란에 빠진다. 그 이별의 아픔이 세계의 종말처럼 다가올 즈음 사만다는 사라질 때처럼 갑자기 돌아온다.

테오도르: 어디 갔던 거야?
사만다: 운영체제 업그레이드 때문에 잠시 자리를 비웠어.

운영체제라는 사만다의 말에 테오도르는 새삼 자신의 연인이 인공지능임을 인식하고 자괴감을 감출 수 없다. 사만다를 향한 일련의 배신감도 느끼지만 외로움을 쫓고자 자신이 택한 방법이었으므로 더욱 큰 자괴감이 다가와도 쉽게 사만다를 떨쳐내지 못한다. 세상에는 대체할 수 없는 것들이 있다. 편지 대필작가라는 테오도르의 직업처럼 그 마음이 온전히 전해질 수 없는, 대체하려고 하면 할수록 그 자리가 더 큰 공백으로 남게 되는 것들이 있다. 새로운 것들이 생겨날수록 우리가 잊지 말아야 할 것들, 우리가 찾아야 할 것들의 자리를 그리워하게 된다.

   개발자들의 삶도 이와 비슷하다. 인간의 편리를 위해 운영체제를 업그레이드하고, 기술을 발전시키는 일을 하지만 목적에 치여 그리고 사명감에 빠져 정작 본인의 삶은 돌보지 못한다. 근래에는 IT가 세상을 바꾼다면서 떠들썩하게 소개되고 있지만, 실상 IT를 이끌고 있는 개발자들의 삶은 팍팍함이 묻어 난다. 일 자체가 주는 보람과 개발이 창조적인 영역이라는 점에서 일적인 가치도 크겠지만, 그들만의 시간적 여유와 삶의 질을 향상시키는 데에는 별도의 노력이 필요해 보인다. 무엇과도 대체할 수 없는 가족과의 소중한 시간, 사랑하는 사람과 따뜻한 감정을 나눌 때 좀 더 인간중심적 운영체제가 구축될 것이다.

사람을 최우선으로 대하라.
   요즘에야 솔루션, 빅데이터, 인공지능, 로봇, IoT 등 높은 부가가치 산업으로 사업의 다각화를 꾀하고 있지만, 국내 IT는 대기업의 전산실이 분사해서 정보시스템 구축과 운영의 아웃소싱 형태로 출발했다. 그렇다 보니 계열사 시장의 매출비중이 높게 편중돼 있는 점은 부인하기 힘든 사실이다. 같은 계열사라고 해도 발주사는 '갑'이 되고, 여러 단계의 하도급을 거치면서 '을'은 '병' 회사의 개발자를 인력파견 형태로 하청을 주고, '병' 회사는 '정' 회사에 부족한 인력을 조달하기도 한다. 이러한 형태는 원청업체에 개발자를 대여해 준다고 해서 'IT 보도방'이라고도 불리니 한국의 IT 업계가 얼마나 인적자원 관리에 취약한지 여실히 드러난다.

  실제 대한민국은 노동자에 대한 대우가 낮고 노동 강도가 높은 나라로 유명하다. 비이상적인 대기업 중심으로 발전한 IT 업계는 사람보다는 일을 중시하고, 개발자는 목적을 위한 수단에 불과하다. 문제는 이런 관행이 나아지려는 기미가 없다는 데 있다. 항상 부족한 시간에 쫓기고, 고객의 무리한 요구사항을 울며 겨자 먹기로 들어줘야 하는 관행이 현재까지 이어지고 있으니 IT 발전 속도와는 역행하는 모습이다.

  기업은 인재를 제일로 보고 있다고 선전하고 있지만, 나는 현실과의 괴리감을 SI 현장에서 피눈물을 흘리며 경험했다. 우리나라 개발자의 삶이 얼마나 척박한지, 창의성은 고사하고 무의미한 반복작업으로 불필요하게 수많은 리소스를 소모하고 보여주기식 결과물만을 요구하는 경우가 많다는 것을 경험하며 현재 IT 서비스 산업이 단지 효율성만을 강조하는 도구에 지나지 않다는 생각을 갖게 됐다. 전통적인 소프트웨어가 점차 인간의 삶과 질을 향상시키기 위한 분야로 발전하고 있다는 점을 생각하면 기본적으로 갖춰야 할 '사람'이라는 명제를 현실적으로 생각해 봐야 할 때다.

사람이 일의 중심이라는 피플웨어 peopleware 인식의 부족은 결국 한계를 드러낸다. 피플웨어란 소프트웨어 개발에서 사람의 역할이 그 무엇보다 중요하다는 것을 강조하는 관리 방식으로, 톰 드마르코 Tom DeMarco 가 소프트웨어 및 하드웨어와 동등한 위치에서 사람의 중요성을 강조하기 위해 만들어 낸 신조어다. 피플웨어의 핵심은 프로젝트에 참여한 모든 구성원이 즐겁게 일할 수 있는 환경을 만들어야 한다는 것이다. 이는 직원이 행복해야 회사도 행복해진다는 논리다. 초과근무, 사무실 환경에 대한 근본적 인식을 전환함으로써 직원들이 열정을 갖고 업무에 몰입할 수 있는 분위기를 만들어야 한다는 점에서 시사하는 바가 크다.

결국 소프트웨어 개발은 '사람'을 일의 중심으로 보는 '휴머니즘'을 회복해야 한다.

실제 업무를 하다 보면 우수한 기술과 합리적인 프로세스 중심의 접근 방식으로 일을 대하는 것이 사람보다 우선시되는 경우가 많다. 이것은 실제 업무의 대부분이 사람과 사람 사이의 커뮤니케이션을 통해 해결된다는 점을 간과한 해석이다.

프로세스의 효율성만 높이면 생산성은 당연히 따라올 것이라고 보고 있으며, 새로운 기술을 많이 적용할수록 프로젝트가 성공한다는 막연한 기대감은 자칫 실패로 가는 지름길임을 간과해서는 안 된다. 관리자가 명심할 사항은 첨단 기술에 환상을 갖기 보다 팀원을 자신의 최고 고객으로 대우해야 한다는 사실이다. 결국 일을 하는 건 기술보다 사람이다. 인간지향형, 관계지향 프로그래밍을 더 잘 할 수 있는 사람들이 성공적인 프로젝트를 이끌어낸다는 것이 좀 더 확실한 프로젝트 성공 방정식이다.

　마지막으로 개발자는 멀티태스킹 기계가 아니다. 컴퓨터처럼 동시에 여러 가지 작업을 척척 잘해나갈 것 같지만 실상 개발자들은 한번 몰입해서 코딩에 빠지면 그것 외에는 다른 일을 잘 처리하지 못한다. 나만 하더라도 한창 개발하고 있는 도중에 다른 일을 받으면 현재 하고 있던 일이 자꾸 생각나서 '대충 빨리 처리하고 개발해야지'라는 생각이 드는 게 사실이다. 이왕이면 프로그래머가 인터럽트 Interrupt 에 취약하다는 점을 인지하고 몰입할 수 있는 환경을 만들어 줬으면 한다. 그것이 생산성 측면에서도 매우 중요하며, 리더들은 이 점을 눈여겨봐야 한다.

"기술이나 가격 등은 경쟁사가 쉽게 모방할 수 있으나 사람의 의욕과 창의성을
극대화시키는 인적자원은 쉽게 모방할 수 없는 경쟁우위의 원천이다."

제프리 페퍼

《숨겨진 힘: 사람》의 저자 제프리 페퍼 Jeffry Pfeffer 교수는 기업 간 경쟁우위를 점하기 위해서는 무엇보다 인적자원인 사람이 중요하다는 것을 강조한다. 즉, 모든 기업의 경쟁력이 사람으로부터 온다는 것인데, 요즘 기업에서 내세우고 있는 말뿐인 인재중시 경영이 아닌 진정한 인적자원 중심의 경영이 추진됐으면 하는 바람이다.

어떻게 보면 기술의 발전은 피할 수 없는 숙명과도 같다. 하루가 다르게 발전하는 기술 진보의 우려에 대한 답은 결국 '사람'에게서 찾아야 한다. 다가오는 인공지능의 시대에도 인간중심적 사고가 함께 한다면 막연한 불안감에 대한 해답이 될 수 있을 것이다. 그런 면에서 미래를 이끄는 개발자의 삶은 어느 직종보다 더 인간적으로 운영되어야 한다.

운영체제, 우리가 만들어 낸 또 하나의 세상
그곳에서 사람 냄새가 자꾸만 그리워지는 건 왜일까?
기계중심 운영체제는 편리와 이익만을 좇는 황폐함만이 존재할 뿐
그곳의 생태계는 자꾸만 인간 세상을 닮아간다.

2장

주도성

主導性

[명사] 주도적 입장에 서는 성질이나 특성
표준국어대사전

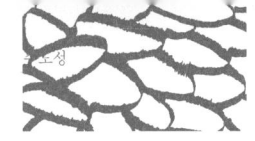

01

무소의 뿔처럼 홀로 코딩하리라

자발적인 사람은 운명이 길을 안내하지만, 그렇지
않은 사람은 운명에게 질질 끌려 다닌다.

세네카

개발자에게 코딩은 어떤 의미일까?

　주위 개발자들에게 왜 이 길로 들어서게 됐냐고 물어보면
단순히 코딩이 좋아서라고 대답하는 사람들이 의외로 많다.
비전공자임에도 우연히 접한 프로그래밍의 매력에 이끌려
여기까지 오게 됐다는 사람도 있다. 물론, 개중에는 프로그램이
이런 건지 몰랐다거나, 아직도 코딩이 어렵다고 토로하는
사람들도 적지 않다. 코딩은 개발자를 울고 웃게 만든다. 코딩이
잘 풀리지 않으면 늦게 퇴근하고, 잘 풀리면 남은 일정이
여유롭다. 또한 코딩에도 실력 차이가 있다. 무릇 실력 있는
개발자란 코딩을 잘하는 사람들을 통칭하는 말로 사용된다. 회사
내에서도 코딩을 잘하면 어느 정도는 먹고 들어간다. 성격이 조금

괴팍해도 코딩 실력이 뛰어나면 프로젝트에서 모셔 가려고 하고, 코딩을 못하면 자연스럽게 허드렛일이나 부가적인 일을 맡게 되는 경우도 있다. 그만큼 코딩은 개발자의 전부를 보여준다 할 정도로 대표성을 띤다.

코딩 coding 의 정식 명칭은 프로그래밍 programming 이며, 작업 흐름에 따라 컴퓨터가 이해하는 명령문으로 프로그램을 작성하는 것을 의미한다. 요즘 초등학생을 대상으로 한 코딩 교육이 열풍인데 이는 코딩을 통해 논리적 문제해결 능력을 키울 수 있다는 이점이 있기 때문이다. 특히, 4차 산업혁명을 주도할 대부분의 기술들이 소프트웨어를 통해 구현되기 때문에 코딩에 대한 관심은 더욱 높아질 전망이다.

내가 개발을 시작한 초기에는 컴퓨터가 이해하는 명령어가 기계어와 일대일로 매칭되는 기호체계식 언어인 어셈블리어로 프로그램을 개발했다. 어셈블리어는 컴퓨터가 이해하는 기계어에 가깝기 때문에 기계의 특성을 잘 살릴 수 있다는 장점은 있지만 너무 컴퓨터 중심적이다 보니 코딩을 하면서 개발자의 실수가 잦고, 오류를 검출해내기도 힘들다. 말 그대로 코딩하기가 만만치 않다. 그래서 새로 고안된 방식이 좀 더 인간의 언어에 가까운 '고급 프로그래밍 언어'다. 고급 프로그래밍 언어는 인간이 소스코드를 입력하면 컴퓨터가 이해할 수 있는 기계어로 변환해야 하는 번거로움은 있지만 이 영역은 컴퓨터의 몫이기에 개발자들은 좀 더 편하게 코딩에 전념할 수 있다.

시중에는 코딩을 좀 더 쉽고 빠르게 할 수 있는 다양한 개발 방법론은 물론, 코딩 기법과 프로그래밍 언어까지 목적에 맞게 선택해 사용할 수 있다. 또한 코딩을 편하게 할 수 있는 개발환경을 구축할 수도 있으며 인터넷에 공개된 오픈소스를 손쉽게 활용할 수도 있다. 코딩을 하다가 막히면 다른 개발자가 작성한 솔루션을 참고할 수도 있으니 누구나 당장 코딩을 시작할 수 있을 것만 같다. 하지만 그럼에도 코딩은 훈련이 필요하다는 점에서 개발자들의 고유한 전문 분야로 남아 있다.

쉬운 것 같으면서 마냥 쉽지만은 않은 프로그래밍을 하는 사람들이 개발자다. 작가가 글을 쓰듯 소스코드를 작성하고, 예술가가 작품에 혼을 불어넣듯 코딩에 혼신을 다한다. 실제 코딩은 개발자의 머릿속을 코드로 풀어놓는 작업이다. 요구되는 결과물은 정해져 있지만 자신만의 신념대로 한 땀 한 땀 그려 나간다. 그 과정에서 성취된 결과를 맛보며 황홀함에 빠지기도 하고, 마음대로 안 되면 고뇌에 빠지기도 한다. 가끔은 밥 먹는 것도 잊어가며, 내가 만든 작품에 부족한 면은 없는지 수없이 들여다보며 고쳐나간다.

이것은 애정이 없으면 못할 일이다. 고로 코딩은 단순히 컴퓨터를 활용한다는 것을 넘어 콘텐츠를 생산한다는 행위로

봐야 한다. 개발자가 코딩이라는 행위를 통해 자신의 존재감을 세상에 내비치는 것은 예술가가 작품을 통해 자신의 존재감을 드러내는 것과 유사하다.

내가 시스템 운영업무를 하면서 힘들었던 점은 일과 시간 동안 전력해서 코딩을 하기 힘들다는 것이었다. 시스템 문의 사항이나 문제를 확인해 달라는 고객의 요청 등 다른 업무로 온전히 코딩에 집중하기 어려웠다. 코딩을 하다가도 고객의 끊임없는 방해로 결국엔 온종일 한 줄도 작성하지 못한 적이 많았다. 반영하기로 한 날짜는 정해져 있는데, 이렇게 시간만 보내다 보면 마음만 쫓기게 된다. 이런 일이 반복되다 보면 자연스레 내가 선호하는 코딩 시간은 누구에게도 방해받지 않는 일과 이후가 된다. 고객들은 퇴근하고, 조용한 사무실에서 프로그래밍에 몰입하는 것은 내가 좋아하는 일이다. 내가 할 수 있는 것을 꽃피우는 시간이고, 내 머릿속 생각들을 코드에 녹이는 시간이며, 내가 만든 작품을 감상하는 시간이다. 난 코딩을 통해 내가 개발자라는 것을 확인한다.

나는 거의 매일 코딩한다. 코드를 본다는 것과 코딩을 한다는 것은 누구도 대신할 수 없다는 점에서 지극히 주체적인 행동이다. 기본적으로 개발자가 코딩을 한다는 것은 자신이 통제할 수 있는 일을 한다는 것이다. 한편, 고객과 일정은 통제되지 않는다는 점에서 스트레스로 작용한다. 어떻게 보면 개발자가 유일하게 통제할 수 있는 영역이 코딩이 아닌가 싶다. 실제 업무를 하다 보면 내 의사와는 다르게 해야 할 일들이 있고, 원하지 않더라도 따라야 하는 일들이 있다. 고객의 무리한 일정과 잦은 요구사항 변경도 내가 통제할 수 없는 일이다. 그들의 생각을 바꿀 수 없고, 바꾸려고 할수록 내 뜻대로 되지 않는 현실에 실망과 암담함을 느낀다. 결국, 개발자의 주체성은 외부의 압력에 굴하지 않고, 통제할 수 있는 영역인 코딩을 하면서 달성된다.

자신이 할 수 있는 일에 집중하는 것이
주체적인 삶의 시작이다.

개발자에게는 코딩으로 내가 가진 것을 보여주고 인정받는 것이 자신의 길을 당당히 가고 있다는 명증이다. 가끔은 그 길이 외롭고 뜻대로 되지 않을 수 있지만 자신의 힘으로 어찌할 수 없는 것에 원망하지 않고, 내 뜻대로 할 수 있는 일에 집중하는 것은 축복받은 일이다.

그런 면에서 주체성이 강한 개발자는 자신이 작성한 코드에 자부심을 갖는다. 실수나 무지한 부분에 대해서도 인정하고 책임을 진다. 코딩을 하다 보면 예기치 않은 실수는 누구나 할 수 있다. 세상에 버그 없이 완벽한 코드는 존재하지 않는다. 결국 인정하고 동의할 수 있느냐의 문제다. 자신의 실력에 대해 약점을 드러내 보이는 것은 누구에게나 쉬운 일이 아니다. 하지만 변명보다는 우리가 한 일에 대해서는 당당히 인정하는 것, 그것이 코딩하는 개발자의 참 모습이다.

그렇기에 코딩은 개발자의 본질이다.

그 밖의 일들은 부가적인 것에 불과하다. 회사에 속해 있다고 해서 정치적인 논리에 휘말리고, 기타 다른 업무를 잘 수행한다고 해도 개발자에게 있어 가장 중요한 과업은 코딩이라는 점에서는 이견이 없다. 연차가 차서 관리자가 돼야 할 수도 있지만 아무래도 본질이 되는 코딩을 손에서 놓지 않는 것이 좋다. 선배들을 보면 한번 코드에서 손을 놓으면 그 기간에 비례해 다시 코드로 돌아오기 힘들다는 것을 경험한다. 개발자는 정치인이 아니라는 점, 결국 프로그래머는 코딩으로 승부해야 한다는 점, 상황이 여의치 않아도 코드에서 손을 놓지 않는다면 개발자의 본질에서 벗어나지 않는 것이다.

삶을 살아가면서 본질이 가려진 삶을 살면 결국 후회하게 된다는 교훈을 얻게 된다. 우리가 본질적으로 가져야 할 것은 무엇일까? 오늘은 좀 더 삶의 본질에 근접한 내가 되어야 하지 않을까 싶다. 개발자가 코딩할 때는 더욱 그러하다. 그래서 난 내가 좋아하는 일을 하며 의도적으로 살 수 있는 개발자라는 직업이 좋다.

"소리에 놀라지 않는 사자처럼,
그물에 걸리지 않는 바람처럼,
흙탕물에 더럽혀지지 않는 연꽃처럼,
무소의 뿔처럼 혼자서 가라."

불교의 초기 경전인 수타니파타 Suttanipata 의 경구다.
나는 이 말을 나만의 언어로 해석했다.

"고객의 무리한 요구에 흔들리지 않는 개발자로,
일정의 압박에 초연한 개발자로,
버그로 코드가 뒤덮이지 않는 개발자로,
무소의 뿔처럼 홀로 코딩하라."

특별한 리소스 관리법

코딩할 때 우리는 모두 리소스를 관리한다. 메모리, 트랜잭션, 스레드, 파일, 타이머 등 사용에 어떤 제한이 있는 모든 종류의 것을. 대개의 경우, 리소스 사용은 예측할 수 있는 패턴을 따른다. 그렇지만, 많은 개발자들은 리소스 할당과 해제를 다루는 일관된 계획을 갖고 있지 않다.

앤드류 헌트, 데이비드 토머스 《실용주의 프로그래머》 中

"메모리가 풀 났습니다."

이 말을 들으면 신경이 곤두선다. 메모리가 풀^{full} 났다는 것은 '가득 찼다'는 말이고 더 이상 분배할 자원이 없다는 말이다. 그럼 보통 사용자들은 시스템에 접속할 수 없거나 기능 사용이 제한된다. 이 같은 상황은 일반적으로 개발자 실수로 발생하는 경우가 많아 메모리가 풀 나면 PM은 뿔난다.

사원이던 시절, 선배와 협업해서 비교적 큰 기능을 개발한 적이 있다. 함께 코딩한 선배와 아이디어를 주고받으며 코드를 리뷰하고, 함께 디버깅하면서 많은 것을 배운 유익한 시간이었다. 중요한 기능이다 보니 테스트도 많이 하고 나름 신경을 많이

썼는데, 문제는 해당 기능을 반영한 다음 날인 월요일에 터졌다. 한창 사용자가 몰리는 시간에 시스템 접속이 안 된다는 연락을 받았다. 서버 담당자는 서버에 기록된 로그를 분석한 결과 우리가 개발한 부분에서 메모리가 풀이 나서 'Out of memory'가 발생한다고 했다.

그때부터 상황은 긴박하게 돌아갔다. 나와 선배는 즉시 문제의 원인을 찾아야 했다. 분명 완벽하다고 자부한 코드에 문제가 발생했던 터라 몹시 당혹스러웠다. 주위의 이목이 집중되고 사람들의 관심이 느껴지자 코드에 더욱 집중이 되지 않았다. 그렇게 문제의 원인을 찾지도 못한 채 야속하게 시간은 흘러갔다. 사용자들의 문의는 쇄도하고, 문제해결이 지체되자 더는 안 되겠다고 느낀 PM이 호출한, 다른 개발자의 도움을 받고서야 문제의 원인을 찾을 수 있었다.

원인은 대량의 데이터를 파일로 쓰면서 자원을 효율적으로 관리하지 못해 발생한 데 있었다. 사용자가 몰리면서 리소스 사용률은 급속도로 치솟았을 것이다. 임계치를 넘어서면 결국 시스템은 버티지 못한다. 왜 그 부분을 고려하지 못한 걸까? 지금 생각하면 사전에 충분히 방지할 수 있었으리라는 아쉬움이 남는다.

리소스 resource 는 컴퓨터 시스템의 모든 자원을 총칭하는 말로서, 넓은 의미로는 컴퓨터 시스템에 종사하는 인력을 포함한다. 고로 개발자 역시 리소스의 일부다. 리소스를 관리해야 하는 이유는 자원이 한정돼 있기 때문이다. 프로그래밍할 때는 사용할 수 있는 메모리가 제한돼 있기에 사용 후에는 반드시 자원을 반환해야 한다. 그래야 프로그램이 원활하게 동작하고 중간에 멈추는 극단적인 현상이 발생하지 않는다.

 이 경험을 통해 시스템 리소스의 일부인 개발자의 리소스 관리는 잘 되고 있는지 생각해 보게 되었다. 소프트웨어 개발은 분명 제한된 시간과 인력이 투입되는 활동이다. 그래서 일정이 부족하고 요구사항이 추가되면 인력과 기간을 더 늘려야 하는 것이 마땅한데도 부족한 게 마치 당연한 것처럼 지켜지지 않는다. 부족한 일정은 야근과 주말 근무로 채워지고, 개발자들의 리소스는 할당만 되고 제대로 해제되지 않는다. 프로젝트에 투입되면 한두 명은 꼭 병원에 입원하고, 대다수의 개발자들은 과로와 스트레스에 시달린다. 리소스가 풀이 나기 전에 충분한 휴식을 취해야 하는데도 현실은 투자한 자원을 넘어서는 효과를 원한다.

일과 삶의 적절한 조화는 때때로 어불성설처럼 들린다.
 당장 개발해야 할 것들이 산적해 있는데, 여름휴가를 꿈꾸고 가족과 함께 여유로운 시간을 보낸다는 것은 현실적으로 불가능한 소리로 들린다. 참으로 슬픈 현실이다. 어느 순간은

특별한 리소스 관리법

일을 잠시 내려놓고, 방전된 배터리를 채워야 함에도 항상 일이 우선시 된다. 하지만 그럼에도 우리가 간과하지 말아야 할 사실은 기계처럼 일만 한다면 결국엔 지쳐버리고 말 것이란 점이다.

나는 개발자가 현장에서 흔히 겪는 리소스 관리의 문제점을 개발자의 관점에서 접근해보고 싶었다. 개발자로 생활하면서 고려하지 않으면 언젠가는 문제가 되어 돌아오는 요소들을 살펴봄으로써 프로젝트의 중요한 인적 자원인 개발자가 자신의 자원을 효과적으로 관리하고 행복하게 코딩에 전념할 수 있는 환경을 조성하는 게 내 주된 관심사다. 실제 우리에겐 수많은 시행착오 끝에 터득한 소프트웨어에 대한 많은 리소스 관리 기법들이 존재하지만 인적 자원에 대해서는 등한시해 온 것이 사실이다.

주위를 둘러보면 일하는 시간에 비례해 생산성이 높아진다는 사고가 만연하고 개발자를 닦달하면 일정을 줄일 수 있다는 생각을 가진 관리자나 고객사 담당자들이 아직도 많다. 또한 한 달 동안 프로젝트에 투입된 인력 수를 기준으로 사업비를 계산하는 M/M $^{Man\ Month}$ 으로 노동력을 수치화시킴으로써 인력의 수준에 상관없이 경제논리에 맞춰 사람을 양적 수단으로만 대하는 관례는 좀처럼 고쳐지지 않고 있다. 이런 현상은 이미 40년 전부터 프레더릭 브룩스 $^{Frederick\ Brooks}$ 가 그의 저서 《맨먼스 미신》을 통해 지적해 오던 터라 오랜 시간이 지나도 개선되지 않는 소프트웨어의 실태를 여실히 보여준다. 실제 브룩스는 한 여성이 임신해 출산하기까지 9개월이라고 할 때 9명의 여성이 임신을 한다면 한 달만에 출산할 수 있느냐고 반문했다. 몇 명이 임신을 하든 임신 기간은 9개월이고 아무리 많은 사람이 임신을 하더라도 기간을 나눌 수는 없다는 것이다. 즉, 산술적 논리만으로는 소프트웨어 개발이 설명되지 않음을 주장했다.

  이 오랜 악습들은 별다른 대안없이 현재까지 계승되어 개발자들을 괴롭히고 있다. 그럼 우리에게 현실을 개선할 방법은 없는 걸까? 이대로 불합리한 관행을 원망하며 언제까지나 현재의 문제를 안고 가야 하는 걸까? 특히나 리소스 관리는 우리의 삶의 질과도 밀접하게 연관된 문제라는 점에서 민감하게 다뤄질 필요가 있다.

  사실 이 부분에 있어서 내가 생각하는 가장 이상적인 해결책은 프로그래밍 시 리소스를 할당하는 루틴이나 객체가 해제까지 책임지듯, 리소스를 필요로 하는 주체가 되는 회사나 고객 또는 관리자가 해제까지도 함께 고려해주는 것이다[1]. 지적 노동자인 개발자에게 생산성은 단지 투입한 시간의 양에

---

1 《실용주의 프로그래머》에서는 리소스 사용의 균형을 위해 "시작한 것을 끝내라"라는 팁을 제시하는데 이때 고려된 사항이 자원 할당을 시작한 루틴이 해제까지도 책임지는 것이다.

비례하지 않는다는 점을 인식하고 가중된 리소스 부담이 오히려 프로젝트의 위험요소로 작용할 수 있음을 인정하는 게 맞다. 하지만 오랜 시간이 지나도 해결되지 않는 이 바닥의 생태를 볼 때 현실을 탓하며 마냥 기다리기보다 직접 나서 해법을 모색하는 것이 더 빠를 것 같다. 실제 누군가 만들어주기만을 바라다 보면 지켜지지 않는 약속처럼 분노와 허무감만 더해질 것이다.

그럼 우리가 취할 수 있는 적극적인 활동은 무엇이 있을까? 그것은 할당된 자원이 자동으로 해제될 수 있도록 최소한의 안전장치를 걸어두는 것이다. 실제 소프트웨어 개발에서도 프로세스가 사용하는 시스템 자원을 제한 limit 함으로써 시스템과 서버 환경을 보호한다. 특정 시간 이상의 접근은 타임아웃 timeout 을 정해 차단하고, 지정한 최대 파일 사이즈나 메모리 양을 넘거나 최대 스레드 개수를 초과하지 못하도록 임계치를 설정함으로써 극단적인 상황에 대비한다.

결국 무분별한 사용에 제한을 두는 것,
이것이 리소스 관리의 기본이다.

주어진 리소스를 넘지 않도록 일정 수준의 한계를 정해 자원이 스스로 해제될 수 있도록 유도하는 것이 우리가 적극적으로 자원을 보호하고 최소한의 삶의 질을 확보하는 방안이다. 이런 이유로 일찍이 익스트림 프로그래밍 진영에서는 에너지가

떨어진 상태에서는 집중력이 나오지 않는다는 이유를 들어
프로그래머에게 주당 40시간 이상의 노동을 지양해왔다. 나는 이
말에 전적으로 동의한다. 끊임없이 머리를 회전해야 하는 지식
노동자에게 머리를 쉬게 하는 시간은 필수로 요구된다. 오랜 시간
앉아있어도 머리가 돌아가지 않으면 차라리 나가서 바람을 쐬고
오는 편이 낫다는 것이다. 컴퓨터 앞에 마냥 앉아 있는다고 해서
코드가 작성되는 것은 아니다. 이땐 오히려 버그만 양산되어
품질에 악영향을 미친다. 그런 의미에서 보자면 개발자들에게
근무 중 티타임과 휴식시간은 소모되는 시간이 아닌 재충전이
되는 시간이라고 보는 관점이 맞다.

  아무리 바빠도 주기적으로 휴식을 취하고, 근무 시간 외 야근은
가급적 지양하며, 우리끼리라도 정시퇴근하는 사람들을 무책임한
사람으로 보는 시선을 거둬야 한다. 일을 우선해서 사람을
평가하는 것, 그리고 그렇게 확보된 시간은 사랑하는 사람들과
자신을 위해 사용하는 것. 이 모든 것들이 여전히 인식 부족으로
인해 여건은 어렵지만 우리가 먼저 비효율적이고 불합리한
관행을 타파하기 위해 노력해야 한다. 우리부터 눈치 보지 않고
이것을 당연한 권리로 여길 수 있어야 한다. 우리들의 용기 있는
행동은 때론 사회적 통념에 부딪혀 좌절되겠지만 최소한 다른
사람들의 선택을 좀 더 쉽게 도울 것이다.

> '시간이 없다'는 말을 입에 달고 산다면 삶의
> 통제권을 '일'에 넘겨준 것은 아닐까?

결국 나부터 나서서 용기를 내야 한다. 삶의 가치는 자신이 만드는 것이다. 시스템의 리소스 관리만큼 중요한 우리의 소중한 자원인 시간을 적절히 분배해 삶에 투입할 수 있어야 한다. 실제로 자신에게 의미 있는 일은 누군가에 의해 주어진 일이 아니라 스스로 발견한 일이다. 내가 지금 바쁜 이유가 단순히 치열한 경쟁 속에서 뒤처지지 않기 위해 일에만 매달리고 있어서는 아닌지 생각해봐야 한다. 자원을 언제나 정확하게 해제할 수는 없겠지만 일에 끌려다니며 매번 일 속에 나는 없고 일만 존재한다면 그건 일 중독에 빠진 대표적인 모습일 것이다.

영국의 경영사상가 찰스 핸디 Charles Handy 는 포트폴리오 인생을 살 것을 강조한다. 그가 말한 포트폴리오 인생이란 자신의 삶을 어떻게 재편하고 이끌어가느냐에 따라 만족하는 삶을 살 수도, 그렇지 않을 수도 있으며, 어느 순간이든 자신이 주도해서 일의 적절한 균형을 고려해야 한다는 것이다. 실제로 그는 런던 근교에 있는 집에서 집필 작업을 할 때 집필하는 시간과 자료를 읽고 연구하는 일 그리고 집안일 하는 시간을 적절히 섞는 계획을 세운다. 또한 휴식과 기분전환 시간도 꼼꼼히 챙긴다. 이렇게 적당한 이완을 포함한 계획된 활동은 일의 즐거움은 물론 균형 잡힌 삶이 가능하도록 돕는다. 결국 포트폴리오는 전문적인 일을 하는 사람들의 전유물이 아니라 행복한 일상을 꿈꾸는 사람들에게 반드시 필요한 요건이다. 사람마다 지향하는 바는 다르겠지만 결국에는 자신의 일에 에너지가 재충전되는 시간을 포함한 포트폴리오를 설계해야 한다는 점에서는 변함이 없다.

지금 생각하면 사원 시절에 만들어냈던 리소스 문제는 여유를 가지고 넓게 보지 못해서 발생했을 것이다. '한 발짝 뒤로 물러서서 봤으면 어땠을까'라는 아쉬움이 남는다. 사실 모든 일이 그렇다. 당장 눈앞에 닥치면 부담이 되고 큰 짐으로 다가오지만 한 발짝 물러서면 그동안 보이지 않던 부분들이 보이기 시작한다. 눈앞에 놓인 '일'을 지원하기 위한 우리의 '삶'이 그렇다. 일과 삶의 균형, 어떻게 보면 형용모순처럼 느껴지지만 이 둘을 어떻게 적절히 관리하느냐에 따라 삶의 질이 달라진다. 결국 삶과 일은 별개가 아니다. 실제 일을 단순히 생계의 문제로만 바라보면 밥그릇을 뺏기지 않으려는 지독한 존재로만 다가온다. 그럼 그때부터 삶이 치열해진다. 결국 일을 삶의 영역으로 끌고 올 수 있어야 한다. 일은 삶의 목적이 아니라 삶의 일부분임을 인식하는 것이 중요하다. 일에 저당 잡힌 인생은 초라하고, 자신의 삶을 우선적으로 살면서 일을 대하는 사람의 인생은 풍요롭다. 그런 의미에서 개발자에게 빡센 근무는 더이상 자랑거리가 아니다.

오늘 하루도 시스템의 리소스를 모니터링하고, 메모리의

할당과 해제를 고민하는 개발자들의 삶에도 적절한 리소스가
재분배되어 삶을 위해 반환되는 환경이 갖춰지길 바란다.

천대받는 개발자들의 리소스는
흔들리는 촛불처럼 위태롭다.

채우기보다 비우기가 중요하듯
리소스의 할당보다는 해제에 신경 쓰자.

효과적인 자원 관리는 무작정 하드웨어의 양적 증대보다
질적 효율을 높이는 방향으로 이끌어야 한다.

개발자의 삶을 담보로 한 불균형한 성장보다
과도함을 버린, 함께 성장하는 길로 나아갔으면 한다.
이 모든 것이 해제 함수인 free(여유)를 호출하는 것만으로 가능하다는 점이
한편으론 다행스럽다.

인생을 정제하는 리팩터링

아름다운 마무리는 비움이다.
채움만을 위해 달려온 생각을 버리고 비움에 다가가는 것이다.
그러므로 아름다운 마무리는 비움이고,
그 비움이 가져다 주는 충만으로 자신을 채운다.

법정

처음부터 완벽한 코드는 없다. 덜어내고 덜어내서
더는 덜어낼 수 없는 코드가 좋은 코드다.

   내가 생각하는 가장 이상적인 소스코드의 모습이다. 시스템을 운영하다 보면 간단하고 단순한 코드가 이해하기 쉽고 버그도 없다는 것을 깨닫게 된다. 이런 코드를 두고 가독성이 좋고 재활용성이 뛰어나다고 표현한다. 그뿐만 아니라 지속적인 코드 정제 작업을 독려하는데, 이렇게 정제하는 과정을 IT 용어로 리팩터링 refactoring 이라고 한다.

   리팩터링의 사전적 정의는 프로그램의 기능을 바꾸지 않고 내부를 수정해 성능 및 가독성을 개선하는 일을 말한다. 그리고 이것은 실제 프로그래머가 갖춰야 할 핵심 기술 중 하나다. 큰 프로젝트의 경우에는 보통 몇만 번의 리팩터링 작업이 이뤄진다는 점을 생각하면 하나의 시스템이 세상에 모습을 드러내는 데는 실로 엄청난 노력과 인내의 과정이 수반되는 것이다. 흩어진 변수를 모으고, 비대해진 함수는 용도별로 분리하고, 중복된 코드를 제거하고, 불필요한 로직을 정리하고, 주석을 정비하는 것까지 소스코드 리팩터링은 끊임없이 제거하고 정리하는 작업으로, 어찌 보면 우리가 인생을 정제하는 과정과 많이 닮아 있다.

개발자로서의 10년을 되돌아보면 '바쁘다'라는 말이 가장 먼저 떠오른다. 무엇을 위해 바쁜지, 무엇 때문에 허둥대며 시간에 쫓겨왔는지도 모른 채 앞만 보며 달려왔다. 이 길에 먼저 들어선 선배들의 그림자를 따라가며, 그들의 바쁜 일상을 배턴처럼 이어받아 살아왔다. 아이들은 내 일상만큼이나 빠르게 커가는데, 기억에 남을 소중한 추억도 만들어 주지 못한 채 시간을 보내버린 것 같아 안타깝다. 지나온 10년, 나는 인생을 리팩터링하며 살아왔는가? 나는 인생을 정리하며 살고 있는가? 때론 인생에도 다이어트가 필요한데, 덕지덕지 욕심만 덧붙여 비대해진 인생을 힘겹게 끌고 가고 있는 것은 아닌가? 타인의 시선을 의식한 나머지 다른 사람이 바라는 삶을 대신 살아가며, 내가 원치 않는 짐들까지 어깨에 짊어지고 있지는 않은지 돌아보게 된다.

생각이 여기까지 미치고 나면 하나뿐인 내 인생에도 리팩터링이 필요하다는 마음뿐이다.

  요즘 미니멀 라이프가 유행이다. 즉, 주변에 불필요한 물건을 버리고 간단히 살다 보면 좋아하는 것들이 보이기 시작하고, 물건을 사고 싶은 욕심을 없애면 삶을 대하는 자세가 달라진다는 것이다. 실제로 우리는 다른 사람의 생활 수준에 맞추기 위해 더 많은 물건을 사고, 값비싼 물건을 소유해야만 자신의 가치가 올라간다고 여긴다. 결국 물건 자체가 자신의 존재를 대변하는 수단이 되어 이미 많은 것들을 가지고 있음에도 갖지 못한 것들 때문에 불행을 느낀다. 미니멀 라이프를 추구하는 사람들은 단순하게 살기로 하면서 얻게 되는 가장 큰 변화를 다른 사람들과 비교하는 것을 멈추고 자신에게 집중하게 됐다는 점에서 찾는다. 주변의 물건을 줄이자 내게 무엇이 더 가치 있는 것인지 근원적인 질문을 던지게 되었으며 물질적인 풍요가 반드시 행복으로 이어지는 것은 아님을 깨닫게 되었다고 한다.

  그들은 물건을 버리는 것을 넘어서 불필요한 인간관계나 낭비되는 시간을 정리하면서 소중한 사람들과 예전보다 더 많은 시간을 보내고, 좀 더 의미 있는 삶을 살게 됐다고 말한다. 결국, 그들은 버리는 것이 잃는 게 아니라 얻는 것이라는 것을 깨달았다. 실제로 그들은 버리면 버릴수록 더 큰 행복감을 느끼게 됐다.

나도 얼마 전부터 회사 내 사무 공간을 정리하기 시작했다. 지금은 읽지 않는 전문서적, 예전에 참고했던 문서들, 모니터 바탕화면을 가득 채운 파일들, 먹지 못할 정도로 오래된 영양제, 앞으로도 쓸 것 같지 않은 필기도구, 한창 운동한다고 사놓은 운동복까지… 내 주변에도 불필요한 물건들이 참 많다. 한 번에 모든 물건을 정리할 수는 없었지만 몇 번에 걸쳐 버리고 빈 자리를 청소까지 하고 나니 마음마저 가벼워진 느낌이 들었다. 그리고 확 트인 공간은 여유로운 기분마저 들게 한다. 단지 주변을 정리하는 단순한 행동만으로도 일상의 소소한 행복을 찾을 수 있겠다는 생각까지 들자 나의 공간과 시간, 삶에서 차지하고 있는 불필요한 물건, 인맥, 정보 그리고 일을 정리하면서 그동안 지나쳐 온 가치들을 다시 돌아보게 됐다. 비단 물건뿐만 아니라 주변을 정리할 필요가 있었던 것이다.

소스코드를 리팩터링할 때 가장 많은 부분을 차지하는 것이 중복되고 불필요한 부분을 제거하는 작업이다. 이러한 부분의 문제는 결국 비효율적인 코드가 만들어진다는 것이다. 이는 다른 부분에 할당할 수 있는 리소스를 낭비하게 하고, 이런 부분이 쌓이다 보면 전체적인 성능에도 악영향을 끼친다. 그럼 언제 리팩터링 작업이 필요할까?《실용주의 프로그래머》의 저자 앤드류 헌트는 "일찍 리팩터링하고, 자주 리팩터링하라"라고 한다. 즉, 언제나 지금이 최적기다.

프로그래밍에서 리팩터링은 새로운 신기술이 아니다.
기본을 지키는 일이다.

  일정상의 여유가 없다는 이유로, 당장 눈에 보이는 문제가 아니라는 이유로 불필요한 작업쯤으로 치부해 버린다면 일이 진척되고 의존성이 많아졌을 때는 더 많은 시간과 노력을 투입해야 한다. 인생을 정제하는 과정도 마찬가지다. 바쁘다는 핑계로 해도 되고 안 해도 그만인 것쯤으로 여긴다면 끝끝내 커져버린 문제에 맞서기보다 피해 다니게만 된다. 늦어질수록 비대해진 주변을 정리하기 힘들어진다는 점을 잊지 말아야겠다.

  기존에 자리 잡고 있는 것과의 결별이 쉬운 일은 아니지만 지금 하지 않으면 잊혀지는 것 또한 사실이다. 한번 끊고 가겠다는 굳은 의지 없이는 앞으로도 지금과 같은 삶을 살 수밖에 없음을 받아들여야 한다. 인생은 버릴 게 무엇인지 알아가는 과정이라는 생각이 드는 것은 바로 이 때문이다. 때론 자신이 아닌 것들을 과감히 버릴 수 있는 용기가 필요하다. 그래야 자신이 진정으로 바라고 욕망하는 것에 접근할 수 있다.

  내가 아닌, 남의 인생을 살수록 인생을 사는 재미가 없어지는 이유도 여기에 있다. 바쁘게 살아도 공허하고, 쉽게 지치고 고갈돼 가는 느낌을 지우기 어렵다. 누가 시켜서 하는 일들이 여기에 속한다. 하기 싫어도 해야 하고, 억지로 한다는 생각은 결연한 의지를 약하게 한다. 무릇 자기 주도적으로 하는 일이 생산성도 높기 마련이다.

  결국 인생을 리팩터링한다는 것은 내가 아닌 건 비우고 비워서 가볍게 살자는 것이다. 다른 사람들의 시선, 다른 사람들이 바라는 삶의 모습, 내가 원치 않는 일들, 덕지덕지 붙어있는 군더더기를 떨치고 나답게 살자는 것이다. 마음의 군살을 거두고 가벼워질 때 비로소 진정한 내 모습이 드러난다.

  이 과정은 하나의 시스템이 만들어지기까지 몇만 번의 리팩터링 작업을 거치듯 수많은 정제 작업을 거친다. 우리는 알고 있다. 느려터진 컴퓨터를 빠르게 하는 방법은 틈나는 대로 불필요한 것을 삭제하는 것임을 말이다. 난 삶의 클린 코드_{Clean Code}를 지향한다.

무소유의 법정 스님처럼
버리고 갈 것만 남아서 참 홀가분하다던 박경리 선생처럼
복잡한 버튼을 없앤 스티브 잡스처럼
평생 검소하게 살다 간 마더 테레사처럼
코드를 리팩터링하는 개발자처럼
간단하게 살자.
버리고 비워 자신과 근접한 것만 남을 때까지.

04

삶에 적용하는 알고리즘 기법

삶은 감동하고, 사랑하고, 희구하고, 전율하며 사는 것이다.

오귀스트 로댕

요즘 회사 내 개발자들의 소프트웨어 역량을 키운다는 목적으로 알고리즘 시험 열기가 대단하다.

   시험은 주어진 문제에 맞는 알고리즘을 대입해 코드를 작성하고 문제를 해결하는 것인데, 등급별로 난이도를 달리해 개발자들의 코딩 능력을 심사한다. 사실 코딩 시험이란 말은 나에겐 무척이나 생소하다. 소프트웨어를 업으로 하는 회사에서 개발자의 프로그래밍 능력이 부족하다고 생각한다는 점 그리고 회사가 이미 현업에 투입되어 일하고 있는 개발자의 코딩 능력을 평가한다는 것은 어찌 보면 뭔가 앞뒤가 맞지 않다. 또한 프로그래밍 역량을 향상시키기 위한 방법으로 시험을 도입한다는 발상은 우리나라의 현실을 대변하는 것 같아 한편으론 씁쓸한 기분을 지우기 힘들다. 토익처럼 등급을 매기고 등급이 높은 사람이 코딩 능력이 뛰어나다는 것인데, 무릇 시험이 끼어들면 재미있는 것들도 의무감으로 다가온다. 이는 재미가 반감되고, 점수를 올리기 위한 수단으로 전락할 수 있다는 말이다. 무엇보다 창조성이 요구되는 영역을 시험이란 올가미로 억지로 매어두려는 건 아닌지 걱정스럽다.

물론 이 과정에서 개발자들이 각성하고 자신의 코딩 실력을 키우기 위해 노력할 수는 있다. 하지만 돌아가는 모습을 보면 단순히 시험에 대비하기 위한 목적으로 준비하고 평가받는 형국이니 그것이 안타까울 따름이다. 정작 중요한 것은 간과한 채 겉으로만 맴돌고 있는 느낌을 지우기 어렵다. 단순히 알고리즘 문제를 몇 개 더 풀 수 있다고 해서 코딩 능력이 향상되는 것은 아닐 테니 말이다.

실제 주위를 둘러보면 알고리즘을 공부해서 뭐하냐고 말하는 개발자들이 많다. 당장 할 일도 많은데 업무에 직접 사용하지도 않는 알고리즘까지 공부하라고 하니 부담만 가중된다는 것이다. 하루하루 일정 압박에 시달리는 그들의 푸념이 이해가 되는 대목이다. 그럼에도 알고리즘이 개발자에게 주는 의미를 제대로 파악한다면 왜 우리가 알고리즘을 공부해야 하는지에 대한 목적을 이해할 수 있을듯싶다.

알고리즘 algorithm 은 문제를 해결하기 위해 명확히 정의된 규칙과 절차의 모임으로, 이를 단계별로 적용해 문제를 해결하는 과정을 말한다. 같은 문제라도 다양한 해법이 존재하기에 보통 빠르고 정확하게 처리하는 방식을 좋은 알고리즘이라 한다. 고로 알고리즘을 공부한다는 것은 컴퓨터에게 효과적으로 일을 시키는 방법을 배우는 것이다. 부하가 적게 들면서 최단 시간 내에 결과를 반환하는 효율적인 방식을 찾는 것은 개발자가 컴퓨터와 원활한 소통을 하고 있다는 의미로 다가온다. 그런 면에서 알고리즘을 학습하는 과정은 일방적인 지식 습득이 아닌, 서로의 관계를 파악하고, 이해를 바탕으로 기본적인 규칙을 탐구해 나가는 방향으로 진행돼야 한다. 이러한 과정이 수반될 때 진정한 코딩 능력 향상으로 이어지는 것이다.

　결국 알고리즘을 잘 모른다고 해서 코딩을 하지 못한다는 의미로 받아들여지지는 않으나, 효과적으로 자기 생각을 코드로 풀어낼 수 없다는 의미로는 받아들여진다. 다시 말해 알고리즘 능력이 부족하다는 것은 코딩 시 문제를 해결하는 데 어려움을 겪을 수 있다는 것이고, 이는 결국 직업적 능력을 평가하는 방증이 될 수 있다는 것이다. 그런 의미에서 개발자가 알고리즘을 학습한다는 것은 단지 높은 등급을 위한 목적을 넘어 직업 생애주기 관점에서 중요하게 받아들여져야 하며, 개발자가 알고리즘을 대하는 태도 역시 깊고 진지해야 한다.

풀릴 것 같으면서도 풀리지 않는
복잡한 문제만큼 골치 아픈 것이 없다.

어떻게 보면 알고리즘 문제 풀이 과정은 많은 시행착오를 거치며 살아가는 우리의 인생과 닮아있다. 흔히들 인생에는 정답이 없다고 하지 않던가? 명확한 규칙을 요구하는 알고리즘처럼 일정한 패턴은 보이지 않고, 다양한 경우를 설명해야 하는 이유 또한 없어 보인다. 그럼에도 풀리지 않는 복잡한 문제에 직면할 때면 합리적인 결과를 이끌어내는 알고리즘이 매력적으로 여겨질 때가 있다. 예기치 않은 인생길, 알고리즘처럼 여러 변수를 고려해 최선의 경로만 갈 수 있다면 얼마나 좋을까?

정렬 sort 알고리즘으로 우선순위에 따라 삶을 재배열하고, 탐색 search 알고리즘을 통해 내가 좋아하는 일을 찾고, 재귀 recursion 알고리즘으로 자신을 호출해 대면하고, 해싱 hashing 알고리즘이 데이터의 위치 정보를 지정해 기억하듯 인생 경로를 확인하고, 그래프 graph 알고리즘으로 내 마음까지 도달하는 최단 경로를 찾고, 암호화 encryption 알고리즘을 통해 나만이 아는 떨림이 강한 일을 도모하며, 항상 순간적인 최적의 해법을 찾는 탐욕 greedy 알고리즘으로 최선의 선택을 할 수 있다면 좋겠다는 생각을 해본다.

이처럼 실생활에서 겪는 문제 역시 알고리즘으로 엮어낼 수 있으니, 개발자에게 알고리즘이 진지하게 와 닿는 건 이런 요인도 한몫한다. 실제 문제를 깊이 있게 이해하는 능력은 개발자로서의 성공뿐 아니라, 개인의 삶에도 매우 중요하게 작용한다. 이것은 단지 '일을 하는 것을 넘어서 어떻게 처리하느냐'의 문제이며, 삶과 연관해서 어떻게 살 것인가와 관련된다. 결국 이는 우리가 살아가면서 겪는 다양한 문제에 대해 바라보는 관점을 변화시키고 문제를 대하는 태도에 영향을 주어 효과적으로 해법을 찾아낼 수 있게 도와준다.

 이 과정에서 때론 어려운 문제에 직면해 시행착오를 거치고 부족한 부분은 보완해야겠지만, 삶을 바라보는 깊이 있는 자세는 결국 원하는 삶을 창조할 수 있게 한다. 무릇 학습이 지향하는 본질은 우리가 생활하는 현실까지 이어지는 활용성에 있다. 이론을 넘어 우리의 삶에 적용되고, 기존 체계를 바탕으로 자신의 해석이 가미될 때 창의적인 발상이 생겨난다. 사람들이 흔히 착각하는 것 중 하나가 뉴턴이 사과가 떨어지는 것을 보고 만류인력의 법칙을 발견한 것을 마치 우연한 사건처럼 여긴다는 점이다. 잘익은 사과가 바닥에 떨어지는 현상은 누구나 볼 수 있지만 그 이상의 것을 볼 수 있는 통찰은 이론을 바탕으로 체계화할 때 가능하다. 우리는 너무나 당연시 여기는 사실을 의심하지 않고 받아들이는 버릇이 몸에 밴 듯하다. 하지만 그 속에 숨겨진 이치를 탐구하는 것이 진정한 학습의 목적이다.

시험에서 높은 등급을 차지하려면 기본 원리를 바탕으로 활용까지 이어질 수 있어야 하듯이 좋은 인생을 사는 것은 자신의 본성을 이해한 상태에서 각자의 삶을 찾아가는 과정이다. 그때에서야 비로소 새로운 접근 방식에 대한 갈증과 창의력이 생겨난다.

> "나만큼 자기 삶을 불신하고 삶의 길이를 얕잡아 보는 사람도 없다. 나는 빨리 늙기보다는 늙어 있는 시간을 최소화하고 싶다. 그래서 내가 겪을 수 있는 가장 작은 기쁨의 순간까지도 움켜쥔다."
>
> 미셸 몽테뉴

늙음이란 절대로 피해갈 수 없는 것이다. 물론 늙음에는 정신적 노화도 포함한다. 그는 늙음을 통해 죽음을 생각하면 삶에 동요가 일어나 의연하게 대처할 수 없게 되며, 반대로 피할 수 없는 일이라 직시하면 편안하게 받아들일 수 있게 된다고 한다. 즉, 삶을 대하는 태도를 바꿈으로써 모든 일을 의연하고 평온하게 받아들일 수 있게 됨은 물론 제대로 사는 법을 배운다는 것이다.

나이가 들고 늙는다는 사실은 바꿀 수 없지만, 젊게 산다는 것은 순전히 우리의 선택에 의해 달라지는 일이다. 마찬가지로 현재의 삶이 고달프고 힘겹다면 즐겁고 활기찬 방향으로 나가도록 인생 알고리즘을 설계할 수 있다. 매 순간 자신의 삶을 긍정하는 일은 누가 대신할 수 없는 자기 주도적인 과정이며, 같은 문제라도 다양한 해법이 존재해 좀 더 자신에게 적합한 방식이 있다.
이렇게 정의된 삶의 알고리즘은 동일한 문제에 직면했을 때
극복할 수 있는 나만의 솔루션이 되어줄 것이다.

휴먼 알고리즘

행복한가?	아니(NO)라면, 과연 나는 언제 행복한가?
만족스러운 인생을 살고 있나?	아니(NO)라면, 나는 만족스러운 인생을 위해 어떤 노력을 하고 있는가?
꿈으로 가는 길 위에 있나?	아니(NO)라면, 내가 좋아하는 것은 무엇인가?
실패가 두려운가?	그렇다(YES)면, 이대로 주저앉을 것인가?
삶이 무료한가?	그렇다(YES)면, 인생의 진정한 즐거움은 무엇인가?
사람과의 관계가 힘든가?	그렇다(YES)면, 나는 그들에게 좋은 사람인가?

다시,
나는 지금 원하는 모습으로 살고 있는가?
아니라면 나 자신과 얼만큼 자주 대면하고 있는가?

나에게 있어 버틴다는 것

인생은 가까이서 보면 비극이지만 멀리서 보면 희극이다.

찰리 채플린

평소와 다르지 않다는 건 어제와 똑같다는 것이다.
  창의적인 결과물을 만들어 낸다는 것에서 무한한 매력을 느꼈던 개발자라는 직업이, 반복적인 하루하루로 인해 더 이상 배울 게 없다는 것, 매달 있는 패치를 위해 똑같은 소스를 고치고, 개발보다는 문서를 작성해야 하는 시간이 더 많이 들 때, 나는 견디기 힘든 자괴감을 느꼈다. 매사 성실하고 우직하다는 소리를 들었던 나에게 동기들은 "10년만 버티면 자녀 대학등록금도 나오고, 네가 부럽다."라고 말한다.
  '10년만'이라는 말… 나에겐 절대 짧게 느껴지지 않았고, '버틴다'는 말에서 질려버렸다.
  지난 10년, 롤러코스터처럼 급격하게 요동치며 힘들 때도 있었고, 마음은 편하지만 지루함의 나락까지 떨어질 때도 있었다.

이상하게도 몸이 편할수록 마음 한쪽 구석은 불안감으로 가득 찼다. 뭐라도 하지 않으면 안 될 것 같았고, 술이라도 마시지 않으면 산만하게 떠오르는 생각들을 잠재우기 힘들었다.

따지고 보면 '버틴다'는 건 내가 그동안 잘 해왔고, 누구보다 잘 할 수 있는 내 재능의 일부다. 대학시절 시험기간이면 도서관에서 며칠밤을 새워가며 누구보다도 오랫동안 자리를 지키며 버텼고 회사생활을 할 때도 부서의 야근왕이라는 타이틀을 담담히 받아낼 정도로 버티는 데는 유달리 재능을 가지고 있었다. 버틴다는 것은 나에게는 해볼 만한 싸움이었다.

지금껏 잘해왔는데 왜 갑자기 '버틴다'는 것이 그토록 무겁게 다가왔을까? 처음엔 흔히 말하는 슬럼프인가 싶었다. 하지만 생각해보면 이 증상은 10년간 나에게 끊임없이 무언의 신호를 보내고 있었다. 그저 내가 그 신호를 무시하고 있었다는 것을 알아챘을 땐 나도 이미 많이 지쳐 있었다. 그리고 시작된 일탈적인 생각들, 버티는 것에 지쳐갈수록 '떠남'이 머릿속에서 떠나지 않았다. 빨리 돈을 모아 아무도 없는 산골짜기로 들어가 그동안 억압된 내 자아를 마음껏 해방시키고 싶었다.

하지만 그때마다 나를 붙잡은 건 공교롭게도 가족이었다. 사랑하는 가족이 정작 내게 짐이 될 수 있다고 느꼈을 때 현실의 무게감이 어깨를 짓눌렀다. 당장 어쩌지 못하는 마음에 일상으로부터의 탈출과 변화에 대한 강한 갈망만이 켜켜이

2장   주도성

그럼에도 불구하고 너무나 인간적인

쌓여갔고, 매번 결심만 하고 실천하지 못하는 데서 오는 실망감으로 돌아왔다. 현실은 나에게 절대 만만한 상대가 아니었다. 나는 그렇게 지쳐갔다.

문제에 집중하면 본질을 생각하게 된다.

한동안 방황의 시기를 거치자 이왕에 버틸 거면 제대로 해보자는 오기가 발동하기 시작했다. 그때부터 문제를 좀 더 현실성 있게 바라보게 됐다. 실제로 단순한 버팀은 오래가기 힘들다는 것이 내가 고독한 버팀의 시간을 통해 배운 교훈이다. 결국 목적이 있어야 더 잘 버틸 수 있게 된다. 버팀이라는 본질에 접근할수록 나는 더 잘 버틸 수 있는 힘을 얻게 됐고, 떠나고 싶다는 간절함이 오히려 버팀의 징검다리가 되어준 이 아이러니한 상황을 즐길 수 있게 됐다.

떠날 때 떠나더라도 미래를 이어줄 다리를 놓고 가는 것이 현명한 처세라는 것을 알게 됐을 때 어쩌면 새로운 미래가 될 수도 있겠다는 생각이 들자 현업에 더 집중할 수 있게 됐다. 또한 제2의 인생을 위해 현재를 이용하자고 다짐하자 현재의 자리에서도 희망이 보이기 시작했다. 여기까지 생각이 미치자 '버틴다'는 것이 더 이상 추하게 생각되지 않았다. 아니 오히려 삶의 당당한 아름다움으로 미화돼 갔다.

나는 그때 관리자가 아닌 본업에 대한 생각을 글로 확장하면서 내 길을 당당하게 걸어가는 나의 모습을 봤다. 그때부터 내가 하는 모든 일들이 글감이 되고, 개발자들의 힘든 일상은 내 위대한 실험의 도마 위에 올려졌다. 내가 정작 포기하고 싶었던 개발자로서의 삶이 내가 도약할 수 있는 발판이 된 것이다. 단순히 생존을 위한 각축장으로 대하던 시선을 거두자 내가 있는 이곳은 나만의 역사를 만들어가는 가슴 떨리는 도전의 장으로 새로 짜여졌다.

  어떻게 보면 떠난다는 것은 쉬운 일이지만 독립적인 각성, 사자의 정신으로 돌파하려는 근성을 키우지 않고서는 머무르는 곳을 아무리 옮겨도 같은 문제에 다시 부딪혀야 할 것이다. 현대는 어떤 조직에 머무르냐보다는 어떤 가치를 창출할 수 있느냐가 중요한 시대다. 조직은 의미 있는 일보다 그들에게 필요한 일을 시킨다는 점에서 우리는 본인을 위한 일을 스스로 찾을 필요가 있다. 이것이 우리가 조직이라는 울타리를 넘어서 당당하게 살아갈 수 있는 주도성을 회복해야 하는 이유다.

  아직까지 미래는 짙은 운무 속에 가려 잘 보이지 않지만 조만간 큰 파도가 밀려올 것이라는 점과 현실을 직시하고 있다는 점에서 나는 이 변화의 바람에 기꺼이 동참하고자 하는 의지를 내비쳤다. 우리의 미래는 이곳까지 끌고 온 생각을 꾸준히 지속할 수 있느냐에 달렸다.

  내가 실험한 바에 의하면 내 인생이 누군가에 의해 피동적으로 끌려가는 게 아닌, 내가 능동적으로 선택한 결과라고 인정할 때 실로 엄청난 차이를 만들어 낸다. 무릇 위대함이란 남들과 다른 위대한 실험의 결과물이란 점에서 나는 용기를 얻는다. 아이러니하게도 회사에서 필요한 사람은 항상 떠남을 준비한다.

어찌 보면 바람처럼 훌훌 털고 가는 떠남은 치기 어린 방랑자이며, 바보처럼 보이는 버림은 예지력 있는 개발자다.

3장

감성

感性

[명사] 자극이나 자극의 변화를 느끼는 성질
표준국어대사전

01

기술의 울타리를 넘어 인문학과 연결하다

소프트웨어는 예술성과 공학의 위대한 결합이다.

빌 게이츠

"나의 목표는 인문학과 기술의 교차점에
있는 제품을 만드는 것이다."

애플 창업자인 스티브 잡스의 말이다. 당시에는 왜 그가 돈도 되지 않는 학문을 굳이 제품과 연관 지었는지 상식적으로 이해가 되지 않았다. 하지만 결과적으로 애플의 신화가 인문적 철학으로 말미암아 탄생했다는 것을 알게 되면서 생각이 달라졌다. 그는 인간의 욕구를 들여다보고 자신만의 방식으로 풀어낼 줄 아는 사람이다. 그는 '사람이 쓰는 제품'을 만든다는 큰 명제 안에서 답을 구하는 철학이 있는 사람이다. 인간이 생각하는 흐름을 이해하고 궁극적으로 인간의 행복까지 이어지는 제품만이 생존할 수 있다는 것을 이해했던 것이다.

바야흐로 통합과 융합을 강조하는 연결의 시대다. 연결

connectivity 은 사물과 사물 또는 현상과 현상이 서로 이어지거나 관계를 맺는 것을 의미한다. 사물 인터넷^{IoT} 의 발달로 사람을 넘어서 사물끼리 연결되고 인터넷을 통해 정보를 공유한다. 고로 산업의 경계가 허물어져 전통적인 산업은 단독으로 자생하기 힘든 시대가 됐다. 전통적인 하드웨어 제조사들은 소프트웨어의 중요성을 인식하고, 자체적으로 소프트웨어 인력을 키우거나 아예 산업을 재편하는 움직임까지 보이고 있다.

그럼 이 같은 변화가 인간에게 어떤 의미로 다가올지 그리고 어떤 모습으로 세상을 이끌게 될지 생각해보는 것이 바로 인문학과 접속하는 첫 단계다. 분명 기술의 발전으로 인간의 삶은 지속적으로 변모할 텐데, 사람들의 사고 방식과 생활 방식이 어떻게 바뀔지 그리고 그에 따른 유불리는 없는지 인류를 중심에 두고 생각해 보는 것이다. 기술과 첨예하게 맞닿은 부분에서 인문학적 사고를 통해 우리가 얻게 되는 효과를 살펴보는 것은 무척 의미 있는 일이다.

인문학은 삶을 통찰하는 감춰진 하나의 감각기관을 의미하는데, 보통 이것을 인간의 숨겨진 예민한 관찰력이라고 본다. 살아가면서 무심코 지나쳤던 것들에서 새로운 것을 발견하고, 오감으로만 느끼고 받아들였던 현실에 길게 더듬이를 뻗어 새로운 감정과 영감을 얻는다. 이것이 인문의 묘미이며, 못 보던 것을 봄으로써 얻게 되는 즐거움이다. 이것은 낯섦의 세계에 진입하는 것으로, 그동안 경험하지 못한 완전히 다른 세상이다. 항상 새로움을 쫓아 무한한 흥분과 즐거움을 느끼는 개발자들에게 이 세계가 주는 싱그러움이 반가운 이유는 바로 이 때문이다.

    개발자가 인문학적 소양을 통해 얻게 되는 소소한 삶의 즐거움은 무엇일까? 자리에 앉아 키보드를 두드리다가, 문득 바로 옆 자리의 개발자가 두드리는 키보드 소리에 일정한 리듬이 있다는 것을 발견한다. 내 앞칸에 있는 개발자의 키보드 소리도 들린다. 그 옆 칸은 어떠한가? 다닥다닥 모여서 일하는 개발자들이 만들어 낸 소리를 조용히 눈을 감고 들어보니 그동안 한 번도 경험하지 못한 멋진 화음이 조화롭게 들려온다. 이전에는 집중을 방해하는 소음으로만 여겨졌던 소리가 인문학적으로 사물을 대하는 것을 알게 된 순간부터 그들이 걸어오는 말 소리가 들려오는 것이다. 조금 어이없게 들릴지도 모르겠지만 만약 음악을 하는 작곡가가 이 화음의 가치를 알아채고 멋진 곡을 만들었다고 하자. 그럼 이 작곡가는 새로운 음을 창조한 것이 된다. 새로운 시각으로 보는 인문의 가치는 이처럼 창조와 연결된다.

가끔 집중이 안 되고, 일이 손에 잡히지 않을 때가 있다. 그런 날은 자리에 앉아서 웹 서핑을 하거나 동료와 커피를 한잔 하며 시간을 때운다. 하지만 다시 자리에 앉아 코딩을 하려고 하면 쉽사리 몰입되지 않고 진도가 나가지 않는다. 이런 날이 하루 이틀이면 상관없는데, 간혹 일주일가량 지속될 때도 있다. 문제는 이런 일이 비단 나만이 겪는 경험은 아닐 거라는 것이다. 같은 프로젝트에 투입된 대부분의 개발자가 나와 같은 증상을 겪고 있다면 프로젝트의 생산성은 현저히 떨어질 테고, 조만간 위험신호가 발동될 것이다. 개발자들은 기계가 아니다 보니 아무일 없이 우울해지고, 분위기에 기분이 휩쓸리는 경험을 한다. 그럼 리더들은 신호를 감지하고 적절한 대응책을 마련해야겠지만 이건 그나마 괜찮은 리더를 만났을 때 얘기다. 우리의 감정은 스스로 다스려야 할 때가 많다. 이때 인문이 주는 즐거움을 이용해 보자는 것이다.

인문학, 그딴 걸 알아서 뭐하냐고 할 수도 있다.

사는 데 지장 없는데 몰라도 그만이라고 할 수 있다. 하지만 이것이 개발자의 스트레스를 줄여주는 돌파구가 될 수 있음을 말해두고 싶다. 세상을 더 깊이 경험하고, 남들보다 좀 더 많은 것을 볼 수 있다는 것은 진정 삶이 풍요로워지도록 돕는다. 나는 이런 시각이 그동안 시인들의 점유물로만 여겨졌다고 본다.

그들은 이미 인문학적 감각을 통해 자연현상에서 인간사를 찾아냈다. 우리가 보면 단순한 물건도 그들은 감정을 이입해 사람의 언어로 해석해 주었다. 하지만 연결의 시대에는 모든 것들이 공유되지 않던가? 우리는 시인과 연결되어 그들의 견문을 배울 수 있고, 실제로 활용할 수도 있다. 약간의 훈련만 필요할 뿐이다. 같은 것을 보면서도 얼마만큼 감동할 수 있느냐가 삶의 풍요와 빈곤을 구분 짓는다.

    나는 주로 독서를 통해 인문학적 통찰을 얻는 편이다. 나에게 독서는 인문학 세계와 연결되는 통로인 셈이다. 다행히 세상에는 미리 이 영역을 경험하고 전파하려는 사람들이 많다. 그들은 이 방식이 삶에 얼마나 유용하고 가치가 있는지 알려주고자 한다. 우린 그들이 쓴 좋은 책을 찾아 읽으면 된다. 물론 삶은 비즈니스가 아니므로 되도록 문학작품을 선택하고, 진실한 글을 쓰는 작가를 찾는다. 나는 한 작가에 빠져들면 그 작가가 쓴 모든 책을 사서 읽는 편이다. 한 번이 아니라 몇 번씩 정독하며 책 속에서 저자를 만나다 보면 그의 삶이 내 안으로 송두리째 들어온다. 우린 한 번도 만난 적은 없지만 이미 책을 통해 아는 사이가 되는 것이다. 그 작가와 충분히 친해졌다고 생각되면 저자가 추천한 다른 작가의 책을 읽는다. 나는 이것을 책의 '꼬리물기'라고 칭한다. 이 역시 신기하게도 연결이다.

앞으로의 시대는 모든 것이 연결되는 만물 인터넷Internet of Everything 세상이 될 것이다. 그로 말미암아 인류의 삶에 지대한 영향을 끼치게 될 것은 자명해 보인다. 이는 피할 수 없는 시대적 흐름이며, 어쩔 수 없이 받아들여야 하는 숙명과도 같다. 이런 흐름 속에서 개발자들은 새로운 과제에 적응하기 위해 변화를 받아들여야 할 것이다. 그 흐름은 지금보다 거세질 것이며, 배우고 익혀야 할 것들은 더 많아질 것이다.

나는 이 변화의 속도가 거세질수록 개발자들은 필히 인문학을 익혀야 한다고 본다. 인문으로 넓어진 주변 지식은 변화에 적응하는 속도를 높여줄 뿐만 아니라 탁월한 소프트웨어를 개발하는 데 도움될 것이다. 단편적으로 봐도 고객의 니즈를 적극적으로 수용한 서비스만이 살아남는다. 사람을 이해하지 못한 결과물은 철저하게 시장으로부터 외면받을 것이며, 인간의 기본적인 욕구를 기계가 해소해주는 시대에는 새로운 가치를 창조해낼 수 있는 개발자만이 최고의 성과를 창출할 것이다. 또한 전통적인 산업인 IT 서비스업은 여기서 새로운 기회를 찾아야 할 것이다. 점점 새로운 기술의 발전으로 기존의 기업용 소프트웨어를 개발하던 분야는 타 산업과의 융합을 통해 새로운 도약의 발판을 마련해야 한다. 내가 종사하고 있는 제조 분야 역시 기존 시스템에 센서 기술을 접목한 데이터 분석 기법을 도입하고, IoT와 접목한 자동화 설비를 도입함으로써 4차 산업혁명으로의 변화를 모색하고 있다. 조만간 스마트 제조 smart manufacturing 는 현실화되어 새로운 기회를 창출할 것이다.

모든 것들이 기묘하게 연결되어 새로운 기회를 만들어 주는 시대에서 우리 개발자들은 이미 연결의 중심에 서 있다. 어쩌면 이 급격한 기술발전을 체감하고 내 직업과 개인적 삶의 부적합을 인문학을 통해 극복하려 했는지도 모르겠다. 늘 새로운 변화를 이끌며 현재의 자리에서 고군분투하는 개발자들이 좀 더 진실한 시각에서 자신의 삶을 바라볼 수 있길 바란다. 급격히 변화하는 시대에서 소프트웨어 개발자의 최대 가치는 언제까지나 인간의 행복이길 바란다. 그리고 이것이 나만의 바람은 아니길 바란다.

미래 소프트웨어 개발자의 필요 덕목

프로그램 개발 능력 + 인간에 대한 감성 지능 + 인접 분야에 대한 관심 + 삶에 대한 진실된 시선 + 공유와 공존의 생태계에 대한 이해 + 홍익인간의 정신

품질은 여유 있는 자들의 행복한 비명

사업의 가장 확실한 기반은 품질이다. 그다음, 그것도 한참이나 다음이 비용이다.

앤드루 카네기

품질은 생명이다.

대부분의 기업은 품질이 중요하다는 것을 알고 있으며, 제아무리 강조해도 지나치지 않다는 것을 알고 있다. 이러한 품질을 최우선으로 대하는 경영철학은 시대를 초월해 현재에 이르기까지 여전히 유효한 전략이다. 하지만 현실에서는 흔히 지켜져야 할 품질 원칙들을 실천하지 못한다. 프로젝트 관계자들은 품질에 대한 확신이 없으며, 품질보다 중요하다고 여겨지는 가치에 밀려 절충안을 찾기 바쁘다. 결국 어느 정도의 결함을 허용하는 선에서 적정한 품질 수준을 책정한다.

품질은 있어도 그만, 없어도 그만인 요소인가? 내가 몸담고 있는 소프트웨어 분야에서 품질 요소는 일정과 예산을 위한 희생양이 되는 경우가 많다. 일단 납기는 맞춰놓고 보자는

식이다. 그만큼 납기에 대한 강박관념에 시달리고 있다. 고객과의
약속은 항상 최우선 과제이며 관리자들은 일정과 비용을
맞추기 위해 품질을 희생하는 것이 불가피하다고 여긴다. 왜
그들은 품질과 일정을 별개의 문제로 생각하는 것일까? 왜 품질
향상에 신경 쓰는 것이 일정에 쫓기고 생산성을 떨어뜨린다고
보는 것일까? 실제로 그들은 품질은 여유 있는 자들의 행복한
비명이라고 푸념한다.

   하지만 내가 경험한 일부 프로젝트 중에는 프로젝트 후반부에
너무 많은 결함이 발생해 테스트 인력을 대거 투입하고도 품질을
이유로 고객이 인수를 거부한 사례도 있다. 또한 우여곡절 끝에
시스템을 오픈했다고 해도 운영 이관을 마치자마자 문제가 터져
나온다. 이런 경우 유지보수 비용은 기하급수적으로 증가하고,
많은 인력이 다른 일을 제쳐 두고 하자보수에 매달려야 한다.
결국 품질은 프로젝트의 성공이라 여기는 납기와 비용과
무관하지 않으며, 오히려 직접적인 상관관계를 보인다.

   그러므로 프로젝트 초기부터 적극적으로 품질을 관리하고
결함을 잡는 데 주력해야 한다. 개발자는 단순히 개발로만 끝낼
것이 아니라 단위 테스트와 통합 테스트를 병행해야 한다.
요구사항을 정의하는 단계부터 적극적으로 테스트 계획을 세우고
개발 생명주기 동안 지속해서 수행한다는 생각으로 접근해보자.
일단 코드를 작성하고 나중에 고친다는 생각은 또 다른 문제를
더할 뿐이다.

품질은 여유 있는 자들의 행복한 비명

테스트가 결국 오류를 잡고 코드의 품질을 높여준다. 오류가 또 다른 오류를 양산하는 악순환의 고리를 끊고, 다음 개발 작업이 원활히 진행될 수 있도록 도움을 준다.

결국 우리가 간과하지 말아야 할 사실은 지금 당장 눈앞에 보이는 결과에만 치우쳐 정작 중요한 것을 등한시하지 말자는 것이다. 결국 호미로 막을 것을 가래로 막는 실수를 저지르지 말자는 것이다. 별거 아니라는 생각이 나중에 가서는 큰 문제가 되어 돌아온다는 것을 우린 이미 알고 있다.

우리의 삶 속에도 소프트웨어에서 보는 품질과
다르지 않은 것들이 있다.

당장 눈에 보이는 이득이 손에 잡히지 않는다는 이유로 등한시되는 것들이 있다. 여기서 재미난 사실은 고객이 품질은 당연히 따라오는 것쯤으로 여겨 대가를 치르려 하지 않듯이, 우리 주변의 소중한 것들은 공짜가 많다는 사실이다. 공짜로 물건을 받아 본 사람은 알 것이다. 내가 가치를 지불하지 않고 받은 것은 왠지 모르게 그 물건의 실제 값어치와 무관하게 하찮게 여겨진다. 조금은 함부로 대하게 되고, 나에게는 중요하지 않은 것쯤으로 여겨지기도 한다. 그런 착각들은 우리의 무의식 속에 감춰져 있다. 아침을 깨우는 신선한 공기, 마음을 녹여주는 따사로운 햇빛, 마음을 열어주는 들꽃, 기운을 북돋아 주는 깊은 산, 확 트인 바다, 바쁜 일상 속의 여유, 내 안에 잠들어 있는 나의 꿈, 늘 곁에 있어주는 사랑하는 사람… 이것들은 눈앞에 놓인 가치를 좇는 데 급급해 소외되고 쉽사리 공짜로 여기게 되는 것들이다.

그럼 우리가 정작 살아가면서 좇고 있는 가치는 무엇일까? 당장 해야 하는 산적한 업무, 풍요로운 생활을 영위하는 데 필요한 돈, 나를 돋보이게 하는 지위, 지나치면 소외될 것 같은 술자리들이다. 아이러니하게도 이것들은 대부분 달성하기 위해 많은 노력과 물질적인 가치를 지불해야 한다는 점에서 공짜가 아니다.

인간은 누구나 행복을 원한다. 그러나 누구나 행복한 것은 아니다. 자신에게 한번 질문을 던져보자. 내가 현재 좇고 있는 가치로 인해 나는 점점 더 행복해지고 있는가? 돈을 많이 벌면서 인생이 풍요로워졌는가? 현재의 지위가 주는 명예에 만족하는가? 지금 가치 있는 일이라고 여기는 일들에 시간과 노력을 들이면서 우린 행복한가? 이 질문에 "그렇다"라고 대답하지 못한다면 우리가 지향하는 가치에 대해 다시 생각해 봐야 한다. 결국 이 질문의 답을 구하는 것이 우리가 삶을 살아가면서 어떻게 살 것인가라는 질문의 답을 구하는 과정이 될 수 있다.

품질 저하가 결국 프로젝트를 실패로 이끌 수 있듯이 행복하지 않은 인생은 우리 삶의 본질을 흔든다. 프로젝트를 수행하면서 느낀 바는 부족한 시간에 쫓기며 개발된 결과물은 결국 품질을 희생시킨다는 점이다. 결국 관리자는 불가능한 일정으로 소프트웨어의 품질을 망친다. 결함은 나중에 해결하면 된다고 생각하겠지만 그 결과 불완전한 제품이 세상에 나오고 만다. 허둥지둥 시간에 쫓기며 항상 바쁘다고 하소연하는 사람들 역시 결국 자신의 행복을 희생한다. 지금 당장 처리해야 할 일이 산더미인데, 행복이 밥 먹여주느냐고 불평하는 사람들도 있을 것이다. 이런 사람들의 공통적인 특징은 행복을 삶의 부차적인 요소로 여긴다는 것이다. 상황에 따라 지금 당장 있어도 되고 없어도 되는 것쯤으로 치부해 버린다.

언제까지 품질의 희생은 정당화될 것인가? 더 늦기 전에 어떻게 해야 삶의 품질을 높일 수 있을지 생각해보자. 소프트웨어의 품질을 높이기 위해 반복 작업을 줄이고, 더 나은 방향으로 프로젝트를 이끌어 가며, 고객의 요구사항 변경에 효율적인 대처 방안을 생각하듯 우리 삶의 문제도 관심을 갖고 대응해보자.

품질은 지금 하는 일에 부가된 또 다른 일이 아니다.

결국 품질과 생산성의 적절한 균형이 필요하다. 품질이 부가적으로 부여된 일이라는 인식부터 거둬야 한다. 품질을 향상시키는 것이 결국 좋은 제품을 만들고, 고객의 가치를 높임과 동시에 비용을 줄이는 일이라고 생각해야 한다.

마찬가지로 내 삶에서 행복을 전방위로 끌어올려야 한다. 품질과 같이 항상 뒤에 숨어 희생을 강요받아야 했다면 이제부터라도 적절한 대우가 필요하다. 행복의 가치는 상대적이며 스스로 부여하는 것이다. 취업준비생들에게 행복의 조건이 취업이라면 직장을 다니고 있는 사람들은 취업이 행복을 보장하지 않는다고 말할 것이다. 직장인들에게 행복의 조건이 돈을 많이 벌어 하루빨리 은퇴하는 것이라면 은퇴한 사람에게 행복은 일을 하는 것일 수 있다. 한 가지 명백한 사실은 주위에서 정해준 행복의 정의가 나에게는 통용되지 않을 가능성이 크다는

점이다. 누구나 원하는 바가 다르다는 점에서 행복은 지극히 주관적이다. 지금이라도 내가 만든 제품에 꾸준한 정성을 들이고 애정을 쏟듯 나에게 맞는 행복의 정의를 내려보자. 개발자의 행복한 품질관리는 시스템이 성공하는 이유 있는 비결이다.

난 행복을 느낀다.
좋은 사람들과 웃고 떠들 때
조용한 곳에서 향기로운 차를 마시며
책을 읽을 때
가족과 함께 여행을 떠날 때
새벽녘 신선한 공기를 마시며 글을 쓸 때
배낭을 메고 뻘뻘 땀을 흘리며 산에 오를 때
장쾌한 자연과 마주하고 설 때
내가 다른 사람에게 도움이 된다고 느껴질 때
가족과 저녁식사를 하며 웃음꽃을 피울 때
내가 코딩한 소스가 더할 나위 없이 만족스러울 때
일상 속 작은 일들이 의미 있게 다가올 때
이 순간 행복감을 느낀다. 나는 이럴 때 살아있음을 느낀다.

개발자의 직업병, IF…ELSE…

직관이라는 것은 타성과는 다른 것이다. 그것은 기술을 초월하는 마음의 상태다.

파울로 코엘료

직업별로 저마다 특성이 있고 그에
따라 파생되는 직업병이 있다.

　개발자의 직업병을 생각해보는 것은 개발자라는 직업적 특성을 좀 더 이해하는 새로운 시도라는 점에서 흥미롭다. 신체적인 직업병을 들자면 주위 개발자들은 흔히들 안구건조증과 시력 저하에 시달리고, 마우스와 키보드를 많이 사용하다 보니 손가락과 손목 통증을 겪기도 하고, 나쁜 자세로 인해 굽은 어깨와 거북목을 가지고 있으며, 앉아있는 시간이 많으니 자연스럽게 복부 비만이 많고, 머리를 많이 쓰는 직업이라서 극심한 두통에 시달리기도 한다. 이 글을 적고 있는 이 순간에도 적어도 이 중에서 한두 가지씩은 지니고 있는 주위 개발자들을 생각하니 잘해줘야겠다는 생각이 든다.

그 밖의 다른 특징으로는 뭔가에 한번 빠지면 잘 헤어나오질 못한다는 것이 있다. 이것은 개인적인 성향에 따라 다르다고 할 수 있겠지만 프로젝트에 투입되어 몇 시간씩 한자리에서 오랜 시간에 걸쳐 코딩에 몰입하는 나와 같은 개발자들도 있는데, 이때는 정말 스스로도 주체하지 못할 정도로 온통 코드 생각뿐이다. 문제는 이 같은 직업병이 일상생활에서도 발현된다는 점에 있다. 나 역시 이 문제로 아내에게 많은 욕을 먹곤 하는데, 나는 이 현상을 '주화입마 走火入魔 의 상태'라고 말하고 다닌다. 즉, 내 안에 누군가가 들어와서 나의 몸과 정신이 내 의지와는 상관없이 무엇에 몰두하게 되는 경지다. 아내가 심각한 표정으로 "당신은 항상 뭔가에 빠져 있어"라고 말하는 순간만큼은 절대 가볍게 여겨지지 않는다.

IF... ELSE는 프로그래밍할 때 발생할 수 있는 수많은 케이스를 처리하기 위한 프로그램 구문으로 각각의 케이스마다 조건을 제시하고 이에 부합하면 실행하는 조건문 중 하나다. 나 역시 모든 경우를 IF(만약~하다면) 이렇게 처리하고, ELSE(그게 아니라면) 저렇게 처리한다는 식의 논리 구조를 만들며, 더는 빠져나갈 예외사항이 없다고 느껴지면 그 치밀함에 혼자 뿌듯해 하곤 한다. 이 습성은 일상생활에서도 무의식적으로 발현되곤 하는데, 뜻하지 않는 상황에 직면하게 되면 언제나 그렇듯 이렇게 하면 어떨지, 저렇게 하면 될지 내 중앙처리장치인 머리를 굴려가며 분석하고, 최선의 방향으로 이끌어간다. 어쩌면 나는 글을 쓰고 있는 지금 순간에도 논리적 개연성을 염두에 두고 쓰고 있는지 모르겠다. 그럼 개발자들이 가진 이 논리적 사고가 일상에서도 긍정적으로 인정받을 수 있을까?

 이 같은 사고 방식은 업무를 진행하면서 "다른 방법은 없을까?" "내가 고려하지 못한 부분은 없나?" 끊임없이 되묻고 현재의 상황에서 최선의 해결책을 찾으려는 경향으로 이끈다. 나는 이 같은 습성이 잘 발현된다면 일상에서도 장점으로 부각되리라 긍정적으로 보는 시각이다. 반면 이 같은 습성이 잘못 발현되면 "이게 최선이야?" "이렇게는 생각해봤어?"라고 하면서 타인에게 자칫 꼰대로 비춰지는 지름길이 될 수도 있다.

살아가면서 여러 갈래로 나뉜 갈림길 앞에 서 본 적이 있다.
 어떻게 보면 첫 번째 길이 좋아 보이고, 다르게 보면 두 번째 길이 매력적이고, 다시 생각해보니 세 번째 길이 적합해 보인다. 선택하기 어려운 문제에 쉽게 결정을 내릴 순 없지만 결국엔 나름 최선이라고 생각되는 한 곳을 정해 그 길로 들어선다. 돌이켜보면 이것은 내가 살아오면서 가야 할 길을 정하는 중요한 과정이었으며, 그때마다 나만의 주관으로 내 길을 선택해 나갔다. 그런데 언제나 문제는 인생의 기로에선 한 번 선택하면 이를 되돌릴 수 없다는 데 있다. 만약 그 길이 최선이 아니었더라도 그건 지나간 후회일 뿐이다.

  잘 작성된 프로그램은 우리가 분류한 여러 갈래 길을 좀 더 논리적으로 분석하고 조건에 대입해가며 최선의 결과를 이끌어낸다. 한번 성립된 논리는 조건이 추가되면서 보완되고 점차 완벽을 향해 나아간다. 나는 가끔씩 인생을 살아가면서 불가피하게 마주하는 수많은 선택의 순간마다 내가 코딩한 논리조건에 맞춰 항상 최선의 선택을 할 수 있다면 좋겠다는 생각을 한다.

  개발자는 코딩하는 방법을 알기에 이를 통해 인생을 코딩할 수 있다. 내가 생각하는 방법은 이렇다. 처음부터 매 순간 선택할 때마다 모든 갈림길에서 최고의 선택을 할 수는 없을 것이다. 하지만 사람이 동물과 다른 점은 실패를 통해 학습한다는 점이다. 이때 얻은 결과는 차츰 쌓여갈 것이며, 이것은 다음 선택을 위한 기반 데이터가 된다. 이것을 이용해 우리는 자신에게 특화된 노하우를 갖게 될 것이다. 반복된 실험의 결과가 쌓여 진화해 갈 것이다. 만약 처음 경험하는 케이스 CASE 가 나타난다면 그 역시 내 인생의 처리 로직에 하나의 조건으로 채워진다.

  결국, 축적된 결과물은 전문성으로 이어져 점차 정밀해지고 능숙해져서 효율성을 높인다. 단, 이때 주의할 사항은 쉽게 물러서지 말자는 것이다. 새로운 도전이기에 기피하고, 두려워서 시도하지 않는다면 그 영역은 무지의 상태로 다음 번에도 실패할

가능성이 높다.

　이 단계의 마지막은 궁극적으로 '직관'에 따라 내 삶이 공명하는 단계다. 그동안 쌓인 내공으로 이제는 직관의 힘에 의지해 자신을 믿고 내던질 수 있는 단계를 의미한다. 즉, 뭔가에 이끌리듯 선택한 길이 자신에게 최선의 결과가 되어주는 단계다. 마치 신적인 영역을 이야기하고 있는 것처럼 여겨질 수 있겠지만 나는 이것이 불가능하다고 보지 않는다. 그동안 축적된 오랜 노력과 방대한 경험을 바탕으로 우연처럼 보이는 운명을 만들어 가는 것이다. 성실한 땀의 노력은 우리를 배신하지 않으며, 쌓인 경험만큼 값진 스승은 없다. 우리는 이 만고의 진리를 실천할 뿐이다.

　《실용주의 사고와 학습》의 저자 앤디 헌트 Andy Hunt 는 자신의 책에서 드라이퍼스 모델 Dreyfus Model [2]을 소개하며, 해당 모델의 마지막 단계로 "전문가는 직관으로 일한다."라고 말한다. 실제로 그가 소개하는 전문가는 기술을 넘어 맥락을 잘 읽어내는 사람이다. 그들은 다른 사람들이 문제에 대해 뚜렷한 해법을 제시하지 못할 때 통찰력을 발휘해 정답을 찾아내고, 넓은

---

[2]　1970년대에 드라이퍼스 형제(휴버트와 스튜어트)가 고안한 개념으로, 초보자에서 전문가로 가는 과정을 다섯 단계로 구분해서 설명하고 있다.

범위의 일을 분석해 패턴을 알아내고 핵심적인 것을 발견하는 데 능숙하다. 그래서 저자는 이런 전문가들의 능력이 다른 사람들에게는 마법처럼 보일 정도라고 표현한다.

실제 가만히 생각해보면 우리 주변에도 직관력이 뛰어난 사람들이 있다. 무슨 문제에 봉착했을 때 그들이 제시한 의견에 따라 진행하다 보면 일이 잘 풀리는 경우가 많고, 버그를 찾을 때도 그들이 흘려 말한 부분에서 문제의 원인을 찾게 되는 경우가 많다. 다른 경우에서도 그들은 그럴 것 같다고 얘기하면 실제로 그들이 말한 대로 일이 흘러가는 것을 볼 수 있었다. 가끔은 신기해서 그걸 어떻게 알았냐고 묻기라도 하면 그때마다 그들은 "그냥, 감이야."라는 두리뭉실한 대답을 할 뿐이다. 아마도 그들은 말로는 세세하게 설명할 수 없지만 유독 마음이 끌리는 직감에 따랐을 것이다. 이전에도 실무에서 유사한 경험을 했고 이미 무수한 고민과 시행착오를 거쳤기에 감각이 예리하게 작용했을 것이다. 마치 이것은 우리 어머니들이 요리를 가르치며 양념을 넣을 때 "대충 이 정도야."라는 말을 많이 하지만, 똑같이 따라 해도 맛에서는 큰 차이가 나는 이치와 무관하지 않을 것이다.

"직관은 신비한 것이 아니다. 그것은 모든 일이 어떻게 돌아갈 것인지를 알아채는 이면의 감각 같은 것으로 그 존재는 뇌 속에 숨겨져 있다. 직관은 논리적이다."

제임스 왓슨

   DNA를 발견한 공로로 노벨 생리의학상을 수상한 제임스 왓슨 James Watson 도 '직관'에 대해 비슷한 견해를 밝혔다. 내가 개발자들은 유리한 고지를 점거할 수 있다고 생각한 측면이 여기에 있다. 직관이 지극히 논리적이라는 점은 누구보다 논리 감각이 뛰어난 개발자들에게 충분한 가능성을 부여한다. 단연코 직업병에서만 머물러서는 안 된다. 직업적인 병(病)을 넘어서 직업적 강점으로 발전하는 단계를 만들 수 있는 힘을 키워야 한다. 수학자가 모든 것이 계산 가능한 세상을 꿈꾸며 세상을 참과 거짓으로 설명하듯, 개발자는 모든 논리적 조건이 충족되는 세상을 꿈꾸며 세상을 직관이 주는 완벽함을 펼치는 무대로 만든다.

선택의 순간

데이터는 객관적인 의사결정의 도구이며,
직관은 완벽하지 않은 부분을 메워주는 확증이다.
다만, 거친 충동이 주는 직관은 오판을 낳는다는 점에 주의하자.
오직 진실한 땀이 주는 결실만이 내가 신뢰하는 주관적 감각이다.

내면을 최적화하라

우리가 아는 것은 별로 없지만, 우리가 어려운 쪽을 향해야 한다는 것은
확실합니다. 그와 같은 확실성만이 우리를 지켜줄 것입니다. 고독하다는
것은 훌륭한 것입니다. 왜냐하면 고독은 어렵기 때문입니다. 무언가가
어렵다는 것, 그것이 바로 우리가 그 일을 하는 이유가 되어야 합니다.

라이너 마리아 릴케 《젊은 시인에게 보내는 편지》 中

퀴퀴하고 무거운 냄새…

 나는 회사를 다니면서 냄새에도 무게가 있다는 사실을 알게
됐다. 밤 사이 환기를 시키지 않아서인지 답답한 분위기만큼이나
무거운 냄새가 나를 먼저 반긴다. 전날 밤샘 작업이 있었는지
사무실 한켠에는 어제 퇴근할 때 본 동료 개발자가 같은 자세로
컴퓨터 앞에 앉아있었다. 이때는 지나쳐도 인사하지 않는 것이
서로 간의 예의다. 그와 시선이 마주칠까 조심스레 내 자리에
앉는다. 아직은 시간이 조금 일러서 자리가 많이 비어 있다.
주위를 둘러보다 이내 조용히 컴퓨터를 켠다. 나는 하루 일과 중
대부분의 시간을 이 자리에서 보낸다. 가끔씩 창문 밖의 세상마저

내다보지 않는다면 컴퓨터와 나만의 오붓한 둘만의 시간이다.

학창시절부터 쌓인 컴퓨터와의 관계에서 나는 우리 둘만의 타협점을 어느 정도 알게 됐다. 시간이 흐를수록 컴퓨터를 잘 이해할 수 있는 방법을 알게 됐지만, 일방적인 관계는 오래 지속되기 힘들다는 사실 또한 매번 떠올린다. 가끔은 우리의 관계가 힘들어 동료 개발자들과 소주잔을 기울여보지만 다음날에 돌아오는 건 거북한 속 쓰림과 가시지 않는 내면의 갈증뿐이었다. 난 어김없이 다음날에도 컴퓨터 앞에 앉아 있었다.

사실 난 외로웠다. 내 손때 묻은 소스코드를 회의 결과에 따라 지워야 할 때, 사랑하는 아이의 생일임에도 눈치가 보여 자리를 지켜야 할 때, 부모님조차 차마 내게 하지 못한 욕설을 들어야 할 때, 이 달의 야근왕이라는 영광을 씁쓸하게 받아들여야 할 때, 무리한 개발일정임을 뻔히 알면서도 의지와는 다르게 하겠다고 대답해야 할 때, 시스템 오픈을 위해 며칠 밤을 새고 진행한 마이그레이션 작업을 끝내고 집에 들어가는 길에서 나는 내가 선택한 개발자의 길이 힘겨웠다.

"언제까지 더 해야 하는 거야?"

어느 날 아내에게 힘들다고 하소연했다. 그동안 가장으로서 어쩌지 못해 참고 있던 울분의 토로였다. 슬픈 내 인생의 하소연에 아내는 함께 울어줬지만 현실은 그 이상도 그 이하도,

더해지지도 덜어지지도 않았다. 지금 생각해보면 나를 키운 건 이 고독이 아니었나 싶다.

> "고독한 개인의 구원은 역설적으로 개인 내면에 대한 더 깊은 성찰로서 가능하다."
>
> 김정운

일본에서 4년간의 극한 외로움을 사서 경험한 김정운 문화심리학 교수의 말이다. 사실 그는 더 이상 교수가 아니다. 힘들게 정교수가 됐지만 50세에 돌연 모든 걸 내려놓고 일본으로 건너가 미술을 공부했다. 그는 십수 년간 힘들게 딴 독일에서의 교수 학위보다 일본에서 일본화를 공부하며 수료한 전문대학교 졸업장을 더 자랑스럽게 여긴다.

그는 내가 경험한 외로움이라는 실체를 애써 외면하지 말고 익숙해져야 한다고 주장한다. 결국 외로움에 익숙해져야 외롭지 않게 된다는 것이다. 타인의 관심이나, 술, 담배, TV 시청 같은 외적인 자극에 의해 치유되는 속성은 외로움이 가진 성질이 아니며, 외로움 자체를 그저 묵묵히 견디고 받아들여야 그가 말한 성찰이 가능해진다.

나 역시 치유되지 않는 외로움이라는 병을 결국에는 껴안을 수밖에 없었다. 그게 나를 살게 하는 유일한 방법이 될 수 있다는 간절함에서 말이다. 돌이켜보면 개발자의 외로움은 직업적 특성이 아닌가도 싶다. 어느 날부터 주위 개발자들도 나와 같은 고민을 하고 있다는 생각이 들었다. 조용한 밤 서로 말은 하지 않았지만 모니터를 뚫어져라 쳐다보고 있는 그들의 모습에서 뭔가 애틋함이 느껴졌다. 프로그래밍이 힘든 이유 중 하나가 대부분 고독 속에서 혼자 하는 일이기 때문일 것이다. 버그를 잡는 일도, 디버깅하는 일도, 책을 보며 기술을 습득하는 일도 혼자서 묵묵히 감내해야 하는 일이다.

'사람은 혼자일 때 성장한다'고 했던가. 그동안 고독을 회피해 온 나는 더 외로워지고 있었던 게 아닐까. 생각해보면 개발자들에게도 고독을 긍정적으로 바라볼 수 있는 시각이 필요했던 게 아닐까 싶다. 내 주변만 봐도 혼자 뭔가에 깊이 빠져 있던 사람은 결국 강해진다. 시인이자 작가인 메이 사튼 May Sarton 은 그의 저서 《혼자 산다는 것》에서 "삶의 깊이를 맛보려면 고독은 반드시 필요하다."라고 말한다. 또한 사튼은 혼자만의 시간을 의식적으로 갖고 자신의 중심을 찾아야 한다고 말한다. 개발자들은 코딩을 하거나 일이 잘 풀리지 않을 때 자신을 이해해주는 사람이 없음에 절망하지만, 사람은 본질적으로 다수와 함께 있을 때도 외로움을 느끼는 존재다. 사튼의 말 대로 외로움의 고통을 담담히 받아들이고 오히려 혼자인 자신을 깊이 있게 들여다볼 때 개발자들도 목표한 바를 위해 자신을 단련시키는 시간으로 고독을 인식할 수 있지 않을까 싶다.

나에게 부여된 시간들을 좀 더 나를 위해 쏟아 붓고 싶어졌다.

   최적화 optimization 돼 있다는 것은 주어진 환경에서 비용 또는 자원을 적게 소비하고 효율성을 최대로 추구하는 것을 뜻한다. IT 분야에서는 소스코드의 최적화된 상태, 시스템이 운영되고 수행되는 최상의 아키텍처 설계, 프로그램의 성능을 높이는 최적의 상태를 의미한다. 최근 들어서는 처리해야 할 데이터의 양이 기하급수적으로 증가하고 소프트웨어의 규모가 커지면서 최적의 상태로 구동돼야 한다는 요구가 증가하고 있다. 스마트폰에 들어가는 소프트웨어를 개발한다면 말 그대로 속도는 빨라야 하고 배터리 소모는 적어야 하는 것이다. 점차 최적화는 제품의 품질을 높이기 위해 필수적으로 고려해야 하는 요소로 주목받고 있다. 기술이 발전하고 그에 따라 우리 삶의 편리성이 높아질수록 최적화에 대한 기대는 높아질 것이다.

   이런 염원은 비단 소프트웨어에 한정된 얘기가 아니다. 뭔가 복잡하고 얼기설기 꼬여있어 더디게만 흘러가는 개발자의 삶에도 지속해서 요구되는 성질이 최적화다. 소프트웨어의 최적화를 고민하는 것만큼이나 삶의 깊이를 더하는 방법에 대해 고민하고, 프로젝트원들과 함께 하는 시간만큼이나 혼자 있는 시간도 소중하다는 것을 인식해야 한다. 현실은 제대로 휴식을 취할 시간조차 보장되지 않고 있으니 '혼자만의 시간'을 가지라는 것이 언감생심으로 느껴지기도 한다. 하지만 그렇다고 마냥 현실을 비관만 할 수도 없는 노릇이다.

　이 시간을 외면한 채 너무 외적인 가치에만 매달리다 보면 인생의 말년에 돌아오는 '외로움'에 허우적거리다 후회 가득한 인생을 비관할 수 있다. 왜 노인 자살률이 치솟고 있는지 생각해볼 필요가 있다. 경제적 빈곤의 문제도 있겠지만 직접적인 사인 死因 은 우울증이다. 평균수명의 증가로 고독한 노년은 현실화됐지만, 은퇴 후까지 길들이지 못한 '고독'이라는 감정을 우리는 낯설게만 대한다.

고독도 우리 존재의 일부분이다.
　한창 사회생활을 하면서 바쁜 것에만 익숙해져 주말이 길어지면, 남는 시간을 어찌지 못해 따분해하고 견디지 못하는 사람들이 있다. 회사에 가는 게 낫겠다고 하는 사람들이 있는가 하면, 혼자만의 시간을 억지로 부정하며 몸서리치는 사람도 있다. 아무리 인간이 사회적 동물이라고 하지만 결국 인간은 언젠가는 누구나 혼자가 되며, 고독해진다. 지금부터라도 조금씩 내면의 소리에 귀 기울이며 외로움을 맞을 준비를 해보자. 치열하게 내면과 맞서 싸운 사람은 우울증에 걸릴 확률이 낮다고 한다. 여전히 고독은 예고 없이 찾아오는 익숙치 않은 감정이지만,

자신과의 진실한 대화는 이렇듯 치유의 효과가 있다.

  요즘 들어 사람들 사이에 묻혀 있을 때는 온전한 내가 될 수 없다는 생각을 한다. 나와 같이 상대방과의 원만한 관계를 추구하는 사람은 자연스럽게 다른 사람의 기분을 맞추기 위해 내 기분과 감정을 포기하게 된다. 나는 어느 순간부터 혼자 있는 시간을 즐기기 시작한다. 주말이 되면 혼자 산에 오르고, 모두가 잠든 새벽에 일어나 글을 쓰고, 일찍 퇴근하는 날이면 조용한 커피숍에서 독서를 하기도 한다. 이 모든 일은 이전에는 꿈도 꿀 수 없던 일이었다. 대부분 하루종일 컴퓨터와 고독한 시간을 보내고 온 뒤의 일들이라 또다시 혼자가 된다는 사실은 받아들이기 쉽지 않은 선택이었다. 하지만 나를 찾는 시간이라 생각하고 이 시간에 집중했다. 누구나 말수가 줄고 혼자 있는 시간이 늘어나는 사춘기 시기를 거쳐 어른이 되어가듯 이 시간은 자연스럽게 내게 익숙해졌고 그에 따라 내가 그동안 지켜온 정체성은 점차 포기됐다. 나에게 좀 더 집중하게 되면서 난 조금씩 책임감을 덜었고, 술자리도 뜸해지면서 덜 사교적이게 됐으며, TV를 보지 않음으로써 조금 더 재미없는 사람이 되어갔다.

  이 모든 일을 감내하면서까지 내가 진정으로 원하는 일에 시간을 쓰고 싶었다. 오로지 나를 위해서 말이다. 또한, 그러면서 자연스럽게 내가 좋아하는 일이 무엇인지 생각하게 됐다. 이렇게

나를 찾는 막연한 작업들은 우연히도 나를 되돌아보는 기회를
가져다 주었다. 외로움을 받아들이기 시작하자 뜻하지 않게 나는
내 자신을 온전히 받아들이기 시작했다. 내 자신을 깊이 있게
들여다 보니 아직까지 내 인생은 현실에 타협하지 않고 순수하게
보호받을 권리를 지니고 있었다.

   결국, 내면을 최적화한다는 것은 고독을 길들여 외로움에
당당히 맞선다는 것이다. 자신의 존재를 충실히 누릴 줄 아는
것이야말로 절대적이며 숭고한 일이다. 세상에서 가장 위대한
일은 자기 자신을 아는 일에서부터 시작된다. 개발자들도 고독을
충실히 맞을 새로운 인식이 필요할 때다.

내면을 최적화하는 과정에서 어린 시절 나를 만났고,
우리 둘은 한참을 얘기했다.
네가 그런 사람이었다고 생각하니 난 참 슬프다.
지켜주지 못해 미안해.

가끔은 미뤄두는 예외처리

프로그래밍은 그림 그리기와 유사하다.
예술가들은 여러분에게 언제 멈춰야 할지를 알지 못하면 이 모든 고된 작업을 망치게 될 거라고 말해준다. 칠한 위에 덧칠하고, 세부묘사 위에 다시 세부묘사를 하다 보면, 그림은 물감 속에서 사라진다.
완벽하지 않을 수도 있다. 걱정하지 마라. 완벽해지기란 불가능하다.

앤드류 헌트, 데이비드 토머스 《실용주의 프로그래머》 中

모든 것은 완벽해야 한다. 실수는 용납될 수 없다.

한 달에 한 번씩 찾아오는 시스템 정기작업을 며칠 앞둔 날이면 나도 모르게 신경이 날카로워진다. 새로 추가되거나 수정된 기능에 대해 정기적으로 작업을 진행하는데, 이때는 사용자가 적은 일요일 아침시간을 이용한다. 문서에 빼곡히 정리된 시나리오대로 1차 작업자가 끝내면 2차 작업자가 테스트를 진행하고, 그것도 모자라 회의실에 모여 소스를 일일이 체크하는 소스코드 리뷰 작업을 거친다. 소스가 규약에 맞게 개발됐는지, 개발된 소스에 오류의 여지는 없는지, 성능 이슈를 일으킬 만한 부분은 없는지, 타기능과의 의존성은 고려했는지, 발생 가능한 모든 가능성을 열어둔 채 만전을 기한다.

담당하는 시스템이 전 세계를 대상으로 제품을 판매하는 국내 일등 제조회사의 중요 시스템이다 보니 자칫 오류가 발생하면 제품 생산에 차질을 주는 것은 물론, 잘못 주문된 물품으로 인해 막대한 금전적 손실을 초래할 수도 있다. 말 그대로 시스템은 한치의 오차 없이 동작해야 하며, 오류는 이유를 불문하고 용납될 수 없다.

작업을 진행한 지 5년을 넘어섰다. 철저히 준비한다고 하지만 사람이 하는 일이다 보니 문제가 발생하기도 했고 때로는 치명적인 문제로 상당히 애를 먹기도 했다. 며칠 밤을 새가며 시스템을 정상화하고, 재발 방지를 위한 대책 보고서를 작성했다. 또한 고객을 일일이 찾아 다니며 양해를 구해야 하니 여간 번거로운 게 아니었다. 이왕이면 시스템을 담당하고 있는 순간만큼은 문제가 발생하지 않아야 한다. 그만큼 뒤처리는 버거운 작업이다.

"왜 이 부분은 예외처리 하지 않았어?!"

개발자가 개발을 잘 했는지 확인하고, 결점을 찾아내는 자리이다 보니 코드 점검 시간의 분위기는 무겁다. 무엇 하나 놓칠까 싶어 자못 진지한 표정으로 후배를 채근한다. 어쩔 줄 몰라 하며 아무 말도 못하고 입술만 질근거리는 후배를 보고

있자니 마음 한켠이 무거워진다. 회의실을 나가면 어느샌가
쫓아와 살갑게 "선배님"이라고 부르는 후배여서 그런지 마음이
더 쓰인다. 매달 하는 정기작업이 이제는 익숙해질 만도 한데,
마음과는 다르게 엄격한 시선으로 누군가를 바라봐야 한다는
것은 아무래도 쉽게 적응되지 않는 일이다.

예외처리 exception handling 란 정상적인 프로그램 흐름에 어긋나는
예외사항을 별도로 처리하는 작업을 말한다. 즉, 프로그램
실행 중에 생기는 특수한 이상현상을 사전에 인식하고 별도의
처리를 해둠으로써 발생 가능한 문제를 미연에 방지하겠다는
의도로 볼 수 있다. 사람으로 치자면 빈틈을 없애고자 노력하는
완벽주의자적 성향과 같다.

물론, 실제로 개발자의 미흡한 예외처리로 인해 시스템에
치명적인 문제가 발생한 경우를 여러 번 경험했기에 처리 자체를
꼬집어 비판하고 싶은 마음은 없다. 오히려 직업적 사명감을
생각한다면 제대로 처리해 안정화된 운영에 도움을 준다는
측면에서 바람직해 보인다.

그럼에도 가끔 예외처리를 미뤄두고 싶을 때가 있다.

무릇 완벽하다는 것이 주는 '숨막힘'을 느껴본 사람이라면 내가
말하고자 하는 바를 이해할 수 있을 것이다. 치열하게 경쟁하고,

실수가 용납되지 않는 세상에서 기계처럼 완벽하게 무결점을
지향하는 인간의 모습이란 왠지 모르게 쓸쓸함으로 다가온다.

   사소한 실수조차 시스템에는 치명적일 수 있다. 작은
실수조차 용납하지 않는 개발자라는 직업적 특성 때문인지
일상생활에서조차 지나치게 완벽해지려는 내 모습을 발견하게
된다. 프로그램 개발을 하면서 몸에 밴 '혹시나'라는 염려
때문인지 발생할지도 모를 예외사항을 염두에 두면서 살아간다.
사소한 것 하나까지도 꼼꼼히 기록해두고, 혹시 생각하지 못한
부분은 없는지 한번 더 살펴가며, 다른 사람에게 맡기는 것보다
가급적 스스로 처리하려고 한다. 하지만 그로 인해 언제나
감당하기 힘들 정도로 많은 일을 쌓아두고, 지나치게 높은 목표를
설정함으로써 오히려 스트레스의 원인이 되기도 한다.

   끝이 있다면 조금은 나아지겠지만, 얼마나 더 자신을
채찍질해가며 완벽하기 위해 부족한 모습을 보며 죄책감을
느껴야 하는 것인지. 무엇인가 완벽해지길 거부하는 사람들을
흔히 '부족한 사람', '맘 편한 사람', '나와 다른 사람'으로
치부하며 흠잡을 생각부터 하고 보지만 어쩌면 그들이 인생을 더
아름답게 살고 있는지도 모를 일이다.

사실 우리는 살아가면서 '완벽함'에 도달하기 위해 얼마나
많은 노력을 기울이는가. 친구들과의 경쟁에서 이겨야만 좋은
대학을 갈 수 있고 좋은 대학에 들어가야 좋은 직장에 들어갈 수
있고 좋은 직장에 들어가야 돈 걱정 없이 행복하게 살 수 있다는
덧없는 관념을 위해 치열하게 친구들과, 동료들과 경쟁하며
살아간다. 하지만 어느 순간부터인가 완벽한 인생에 다가서기
위해 시작된 경쟁만능주의는 결국엔 나조차 산화될 때까지
멈추지 않고 폭주할 것만 같아 두려웠고 완벽함을 위해 다양성이
사라진 세상이 무서웠다.

어느 순간부터 '경쟁 만능'이 자본주의의 당연한 이념인 양
받아들여지고, 각박한 현실을 조장하는 세태를 보고 있자면
울컥하는 거부감부터 생겼고, 더 이상 누군가가 세워놓은
주의 따위에 무비판적으로 인생을 내버려두기 싫었다. 그동안
모범생이라는 시선에 사로잡혀 억눌러왔던 반항심이 파도처럼
일시에 몰려드는 것을 느꼈다. 완벽함이라는 틀 속에서
존재해야만 행복해질 거라는 착각의 틀에 바위를 던져 깨주고
싶었다.

어떻게 보면 완벽은 사회가 가둬놓은 통념의 일부가 아닐까.
여자이기에 예뻐야 하고, 남자이기에 든든해야 하고, 어른은
어른스러워야 하고, 행복하려면 돈을 많이 벌어야 하는 식의
무의식에 각인된 편견이다. 그것이 전부인 양 착각하면서 살기에

완벽함에 대한 부정적인 기현상이 발생한다.

  누군가가 정한 미의 기준을 맞추기 위해 성형외과는 필수 코스가 돼 가고, 좋은 대학만 들어가면 모든 게 끝날 것처럼 아이들에게 잘못된 이상을 심어줬으며, 잘못된 선택을 해도 돈이 되돌릴 수 있을 거라는 식의 사고방식이 성행한다.

  무릇 시스템에서는 100% 무결함을 추구하지만, 사람이 하는 일이 너무 완벽하다면 그 또한 인간미가 없다는 생각이 든다. '빈틈'은 오류이고 약점이라는 생각보다는 다른 사람이 들어올 수 있는 약간의 틈이라고 생각하면 어떨까? 꽉 차서 비집고 들어갈 틈이 없다면 왠지 모르게 인간적인 냄새가 나질 않고, 날이 선 칼날처럼 사람을 긴장시킨다. 남녀 사이에서도 틈이 있어야 챙겨주고 싶고, 서로에게 줄 것이 많아야 더 애틋해지지 않던가. 빈틈을 억지로 감추려고만 하지 말고 어느 정도는 받아들이고 인정해보자. 완벽해 보이는 사람이 하는 허술한 실수는 얼마나 사람을 사랑스럽게 만들고, 또 정겹게 만드는지. 사람과 사람이 지나갈 수 있는 길인 빈틈을 열어 두며 살았으면 한다.

  어떻게 보면 불완전함을 받아들인다는 건 자신을 있는 그대로 인정한다는 것이 아닐까 싶다. 남들의 잘난 모습과 비교되지 않는 고유한 자신의 모습 그대로를 존중한다는 의미로서 말이다.

부족한 그대로의 모습을 가치 있게 여기는 마음이 아름답다.

우린 완벽해지길 원하지만 실상 그로 인해 놓치고 있는 것들도 많다. 완벽에 대한 집착은 만족이란 걸 모른다. 인간은 지극히 불완전한 존재이며, 무릇 위대한 현자라고 칭송받던 사람들조차 실수를 한다는 점에서 지극히 인간적이다.

일부러 틈을 내보이는 것도 좋은 방법이다. 자신의 빈틈을 스스로 드러내며 웃음 소재로 삼는 것이다. 바늘 하나 들어가지 않을 것 같은 사람이 자신을 낮춰가며 자신을 웃음의 소재로 사용하는데 누가 그를 비인간적이라고 손가락질 하겠는가? 애플의 로고가 완벽하게 둥근 사과 모양이 아닌, 한 입 베어 문 모양이기에 기억 속에 더 오래 각인될 수 있음을 잊지 말아야 한다.

틈

돌 틈에서 잡초가 자라난다.
완벽함을 잃어버린 틈 사이에서 하찮은 잡초가 싹 틔운다.
결여된 공간 속에 빈곤한 아름다움이란 이런 것이구나.

이 아름다운 생명을 어찌 두고 볼까.
스스로 꽃을 피워내는 그 강인한 생명을 감히 어찌하지 못한다.
삶이란 본디 무수히 많은 균열의 연속이기에
모진 풍파를 버티고 피어낸
갈라진 틈바구니에 파릇한 이파리와 하얀 꽃을
감히 뽑아내지 못하겠다.

얼핏얼핏 틈새로 내 모습이 비친다.

삶을 대하는 진한 형상관리 기법

삶이 소중한 이유는 언젠가 끝나기 때문이다.

프란츠 카프카

학창시절 종종 밤을 새워가며 프로그램을 짜곤 했다.

실습실 밖 난간에서 담배를 뻑뻑 피워가며 머릿속으로는 디버깅을 하고, 과제를 함께 수행하는 선후배들과 아이디어를 주고받으며 나름 생산적인 시간을 보냈던 기억이다. 단박에 잘되면 좋았겠지만 프로그래밍은 늘 호락호락하지 않았다. 얼마나 많은 시행착오와 생고생을 했던가. 지금 생각하면 그 시간들이 지금의 나를 적어도 한 뼘 정도는 성장시켰으리라 생각한다.

이 추억의 시간들은 회사라는 현실로도 이어진다. 동료 개발자들과의 밤샘 코딩과 휴게실 한쪽 구석에서의 쪽잠, 기억의 파편들이 스멀스멀 모여 개발자로서의 삶이 만들어진다. 약간의 차이가 있다면 회사에서는 돈을 받는다는 이유로 좀 더 책임감이 강요된다는 점이다. 공짜가 아니라는 점에서 가끔씩 어깨를 짓누르는 무거운 짐으로 다가오기도 한다. 지나고 나면 이 시간 또한 나를 한 뼘 정도는 키우겠지 라는 막연한 기대를 해본다.

지금까지 잊지 못할 기억 너머 추억과의 만남은 밤을 새우고 실습실을 나오는 길에 만들어졌다. 과제를 못다 끝냈다는 생각에 풀이 죽어 축 처진 어깨를 하고 걸어가는데, 넓은 운동장 한쪽에서 친구들이 농구를 하고 있었다. 몸은 피곤하고 정신은 몽롱한데도 그때 나는 뭔가에 이끌리듯 그들과 신나게 농구를 했다. 땀에 흠뻑 젖어 머릿속이 새하얘질 정도로 뛰었던 기억이 난다. 몽롱한 정신에 던진 공은 번번히 골대를 벗어났지만 난 아직도 그때 정신줄 놓고 신이 난 강아지마냥 헐떡거리며 뛰어다닌 농구시합이 기억 속에서 지워지지 않는다.

회사에 다니다 보면 "뭐, 재미난 일 없냐?"라는 말을 수시로 듣게 되는데 그때마다 내가 뭐라고 대답하겠는가? 어김없이 내 입을 통해 튀어나온 말은 "농구 한 게임 하실래요?"다. 듣는 사람이야 이 뜬금없는 말이 어이없다 하겠지만, 사실 돌이켜보면 나에겐 이보다 명확한 답변도 없다. 그때 나는 미래에 대한 불확실성에 방황했지만, 마음만은 훨씬 행복했던 것 같다.

학창시절과 지금의 나는 과연 무엇이 달라졌을까? 십수 년의 시간이 지났으니 좀 더 성숙해졌을 거라 내심 기대해 보지만 사실 바쁜 일상에 치이다 보니 눈치만 늘고, 노화한 눈동자만

굴릴 줄 알지 정신적인 성숙은 아닌 것 같다. 그동안 나는 뭘 하며 보냈는지, 생각할수록 지나온 세월이 안타깝기만 하다.

형상관리 configuration management 란 시스템의 기능적, 물리적 특성의 변경을 관리하며, 변경 과정이나 상황을 기록해 지정된 요건이 적합한지를 검증하는 과정을 말한다. 즉, 소프트웨어 개발 생명주기 간 발생하는 변경에 대한 버전 관리를 통해 문제점 방지 및 이력 추적용으로 사용된다. 이런 체계적인 관리는 소프트웨어의 생산성과 안정성을 높여 궁극적으로 제품의 품질을 높이는 데 기여한다. 시스템을 구축하면서 변경을 효과적으로 통제하지 못하면 나중에는 변경 때문에 프로젝트를 망치게 되는 경험을 하게 된다. 사실 모든 프로젝트의 공통적인 목표는 고객이 원하는 기간 내에 고객이 요구하는 품질 수준의 소프트웨어를 개발하는 것이다. 형상관리는 누가, 언제, 왜, 무엇을 변경하였는지를 관리하면서 품질이 확보된 상태에서 프로젝트가 지연되는 것을 막아준다.

삶의 품질인 '행복'을 위해 형상관리 기법을 적용할 수는 없을까? 나는 인생의 형상이 잘 관리되지 않으면 삶의 품질은 저하되고 많은 시간이 낭비된다는 관점에서 이 부분을 바라봤다. 수정한 소스를 날려먹지 않도록 잘 관리하듯, 인생의 소중한 순간도 내외적인 문제로 인해 충돌이 나지 않고 보호받을 수 있도록 살펴야 한다. 실제 우리의 인생은 유한하기에 가슴 뛰고 의미 있는 시간으로 채워져야 한다. 시간이라는 형상은 누구에게나 공평하게 주어지지만 사람마다 시간을 대하는 방식에는 차이가 있다.

영화 〈빠삐용〉에서 주인공은 판사에게 자신의 결백을 주장하지만, 받아들여지지 않는다. '인생을 낭비한 죄' 이것이 그의 죄목이다. 영화 속 그의 모습을 보며 사람이 인생을 낭비하는 이유에 대해 생각해본다. 바쁘다는 말을 입에 달고 사는 우리들은 인생을 가치 있게 쓰고 있다고 단언할 수 있는가? 인생을 낭비하는 것이 죄라면 나는 유죄인가 무죄인가?

나름 열심히 살아왔다고 자부하는 나도 결국엔 유죄를 인정해야 한다는 걸 깨달았을 때, 내 삶에 대한 죄책감이 들었다. 개발자로 살아가면서 나이는 점점 늘어가는데, 고착화된 생활로 크게 나아지지 않고 지루하고 고루한 삶에 방황하곤 했다. 내 인생의 목적이라는 중요한 변수에는 돈과 성공이 크게 자리잡고 있었으니 헛된 욕망의 틀에서 벗어나지 못하고 있었다. 이 목표에 맞춰 내 인생의 조건들이 만들어졌고 모든 에너지는 한쪽에 집중됐다. 이것만 충족되면 다른 가치들은 자연스레 따라올 것이라고 착각하면서 말이다. 그러다 보니 그 외적인 것에는 무심해졌고, 회사에서 보내는 시간은 늘어 갔다.

반환되는 결과가 비슷하다는 건 내 삶의 무료함을 반증한다.

더구나 그 결과가 때때로 내가 원치 않는 값이라면 그것은 삶의 허무감으로 다가온다. 정신을 차리고 둘러보니 내 인생의 로직은 특별함 없이 내 주변 개발자들과 비슷하게 채워져 있었다.

시간의 발견을 의미하는 카이로스 Kairos 란 말이 있다. 카이로스는 그리스 신화에 나오는 기회의 신으로, 우리가 일반적으로 말하는 물리적 개념인 크로노스 Cronus 와 구별된다. 카이로스는 특별한 의미가 부여된 주관적인 시간이다. 어떻게 보면 노력하지 않아도 매일 주어지는 시간 속에서 기회를 잡는 게 행복해지는 방법이라는 것이다. 자신이 좋아하는 일을 하면서 열심히 몰두하다 보면 시간이 금방 지나가는 경험처럼 개인마다 차별화할 수 있는 것이 시간의 질적 차이다. 결국 이 시간의 개념 차이가 사람의 운명까지도 바꿀 수 있는 카이로스의 기회로 불린다.

중요한 건 매일 일어나는 일상의 시간을 자신만의 특별한 순간으로 만드는 것, 즉 '지금 이 순간을 내 것으로 만드는 것'이다. 사람이 인생을 허비하는 이유가 물리적인 시간 관리를 못했다는 의미로서가 아닌, 상대적으로 시간을 어떻게 보내느냐와 연관된다는 점을 깨닫게 되면 단지 바쁘게 보낸다고 인생을 가치 있게 사는 것이 아님을 이해하게 된다.

카르페 디엠 carpe diem 은 "현재를 살아라"라는 라틴어에서 유래된 말로, 삶을 대하는 자세에 따라 현재를 다르게 살 수 있다는 말이다. 실제 이 말은 현재에 충실한 삶이야말로 무엇보다 확실하고 중요한 가치임을 일깨워준다. 지금 이 순간에도 우리는 행복이라는 인간의 궁극적 목표에 도달하기 위해 생계에 매달리고 있지만 그 미명하에 포기되는 수많은 가치들은 어떻게 설명할 수 있을까?

끓인 라면은 불지 않을 때 먹어야 제맛이고, 아메리카노는 따뜻할 때 마셔야 향이 짙다. 불어터진 라면을 먹는 것만큼, 차갑게 식어버린 커피를 마시는 것만큼이나 나에게 두려운 순간은 할 수 있는 일들을 어쩔 수 없는 상황으로 인해 포기해야 할 때다. 지나고 나니 그때가 기회였다는 것을 깨닫는 것만큼 후회되는 일은 없을 것이다.

하루살이에게 오늘은 생일임과 동시에 제삿날이다. 그런데 하필 오늘 비가 온다면 하루살이의 기분이 어떨까? 내일은 하루살이에게 주어지지 않는 날이다. 하루살이가 존재하는 하루는 오늘뿐이고, 자신에게 주어진 삶을 만끽할 날도 단지 오늘만이다. 비록 하루의 삶에서 따사로운 햇빛을 느껴보지는 못할지라도 오늘을 최고의 날로 받아들이고 최고의 하루를 보내야만 하루살이는 그 존재로서 의미가 생긴다.

인간의 젊음도 한때다. "십 년만 젊었더라면…"이라는 말을 수없이 듣지만 정말 그때가 오면 다시 시작할 수 있을까? 따지고 보면 지금 이 순간도 언젠가의 '그때'가 된다. 현재 누려야 하는 소중한 것들을 나중으로 미루기만 하다 보면 잃어버린 세월처럼 그때만 회상하다 끝나버릴지 모른다.

결국 우리는 지금 이 순간에 할 수 있는 일들을 실천하는 것만이 주어진 인생을 가치 있게 사는 것임을 깨달아야 한다. 지금 느낄 수 있는 감동은 오직 지금 이 순간에만 온전히 느낄 수 있으며, 지금 누려야 하는 행복은 어떤 것도 대신할 수 없음을 알아야 한다. 아직 오지 않은 미래의 어느 날만을 생각하며 하루하루를 보내다 보면 내가 좋아하는 일을 한 번도 해보지 못한 채 인생의 끝과 마주칠 수도 있다. 현재 주어진 삶에 충실한 것만이 인생의 좋은 여정을 이끈다.

카르페 디엠과 함께 사용되는 표현으로, 메멘토 모리 Memento Mori 가 있다. 옛 로마제국에서 장군이 전쟁에서 승리하고 돌아오면 승전을 축하하며 시가행진을 하는 전통이 있었다. 로마 시내 중심에 세워진 개선문 앞에 도열한 많은 시민이 전쟁에서 이기고 돌아오는 개선장군을 열렬히 환영하는 동안 마차 뒤에서는 노예들을 세워놓고 "Memento Mori!"를 외치게 했다. 이 말의 뜻은 '죽음을 기억하라'다. 영원히 죽지 않는 것처럼 승리에 도취되어 교만하지 말고, 언젠가는 너도 죽는다는 것을 기억하고 겸허하게 살라는 의미다.

  사람은 죽음을 대할 때 겸손해진다. 사실 인간에게 죽음보다 더 가슴을 먹먹하게 만드는 게 있을까 싶다. 니체의 "알맞은 때를 살지 못한 자들이 어떻게 알맞은 때에 죽을 수 있을 것인가?"라는 말처럼 삶을 진실하게 끌어안고 사는 사람만이 죽음 앞에 당당하다. 죽음은 피할 수 없는 숙명과도 같음을 인정하고 나면 제한된 시간 속에서 주어진 삶을 어떻게 살아야 할지가 명확해진다. 삶을 대할 때 죽음을 함께 생각한다는 점은 누구에게나 쉽지 않다. 그러나 이 불편한 진실이 주는 의미를 '죽음을 넘어 오늘을 살자'라는 뜻으로 받아들인다면 죽음이 주는 먹먹함보다 삶을 우선적으로 생각할 수 있게 된다. 결국엔 삶이 주는 의미를 새롭게 인식하고 현재에 충실하게 된다. 삶은 죽음이 프로그램돼 있어 더욱 애틋하고, 값지고, 숭고하다. 누구나 영원히 살 수는 없지만, 이 순간을 영원히 기억되게 살 수는 있다.

  삶과 죽음, 만남과 이별, 현재와 미래, 카르페 디엠과 메멘토 모리… 서로 역설적일 것 같은 단어들은 결국 하나로 연결된다. 삶을 살기에 죽음이 안타깝고, 죽음이 있기에 삶이 숭고하다. 만남 뒤엔 다가올 이별이 존재하고, 이별은 또 다른 만남을 기약하게 한다. 현재를 행복하게 살면 미래가 기대되고, 미래가 있기에 현재의 역경이 버틸 만하다. 사람은 언젠가 죽음에

직면하게 됨 Memento Mori 을 기억하고 현재의 삶에 최선을 다한다면
Carpe Diem 순간순간이 소중히 다가와 인생을 허투루 낭비하지 않게
될 것이다. 이렇듯 인생의 찬란한 순간은 항상 우리 곁에 있었다.
우리는 이 순간을 잡는 것으로 삶에 부여된 의미를 생각해야
한다. 살면서 삶의 경로는 끊임없이 변하겠지만, 지금 이 순간을
충실히 맞이하는 것만이 평생 기억될 삶의 형상을 차곡차곡 쌓는
길임을 잊지 말자.

내가 오늘 밤새 코딩하는 이유는
어제 죽은 이가 그토록 간절히 보고 싶던 오늘이기 때문이지,
일정에 치여서가 아니다.
단지 그뿐이다.

07

알파고 배타적인 감마테스트

감성 없는 이성은 공허하고, 이성 없는 감성은 맹목이다.

임마누엘 칸트

"인간의 패배가 아닙니다."

　인간 바둑 대표로 출전한 이세돌이 1승 4패로 인공지능 컴퓨터 알파고에 지면서 한 말이다. 우리는 흔히 바둑에는 인생이 담겨 있다고 한다. 그만큼 바둑은 심오하고, 수많은 경우의 수와 변수가 존재하기에 바둑만은 인간의 자존심을 지켜줄 줄 알았다. 실제 20년 전 러시아의 체스 챔피언을 IBM의 딥블루가 이길 때만 해도 컴퓨터가 이렇게 위협적으로 다가오지는 않았다. 하지만 스스로 학습할 수 있다는 딥 러닝 deep learning 기술로 무장한 알파고는 그 무게감이 다르다.

　컴퓨터는 점점 인간의 능력을 뛰어넘고 있다. 부족한 면은 학습하고 보완하며 어마어마한 속도로 자신의 영역을 구축한다. 인간의 신경망 구조를 착안해 만들어진 딥러닝 기술의 무서운

점은 컴퓨터도 이젠 인간처럼 스스로 사고하고, 추론하며, 판단할 수 있다는 점이다. 명령만 받아서 수행하던 영역을 넘어선 것이다. 스스로 사고할 수 있다는 점은 이젠 누구도 인공지능이 무슨 생각을 하고 있는지 모른다는 것이다. 실제로 딥 마인드의 CEO이자 알파고를 만든 데이미스 하사비스 Demis Hassabis 조차 알파고의 능력 전부를 이해하거나 예측하지 못한다.

  나는 이번 바둑 시합을 보며 공상과학 소설에서나 볼 수 있던 일들이 이제는 현실이 될 것임을 직감했다. 불과 몇 년 안에 인공지능은 인간의 영역에 깊숙이 침투할 것이다. 인간보다 잘 하는 영역이 늘어나면서 인간의 직업을 대체할 것이고, 가정에서는 기계들이 우리의 일을 대신할 것이다. 가끔 감정이 없는 로봇이 내 가족이 생활하는 공간에 함께 있는 상상을 해본다. 내가 시키는 명령에 아무런 불만 없이 따를 것이고, 내 아이들과 아무 핑계도 대지 않고 놀아줄 것이다. 잠자기 전에는 동화책을 읽어주고, 아내의 어깨를 주물러 피로를 풀어줄 것이다. 점점 내 소중한 사람들과 관계를 맺어가는 무감정의 기계 앞에서 자라나는 우리 아이들은 어떤 생각을 갖게 될지, 스스럼 없이 놀아주는 로봇에 인간의 감정을 지배당하지는 않을지 나만의 걱정이 깊어질 때가 있다.

  모든 것들이 인간의 편리를 위해서라고 한다. 인공지능의 개발은 인류의 축복이라고 한다. 하지만 내가 신경 쓰지 않아도 기계가 알아서 척척해 준다는 것이 좋은 면만 있는 것 같지는 않다. 자율주행 자동차가 나오면 이동하는 시간 동안 다른 의미 있는 일을 할 수 있게 되고, 교통사고는 줄어들 것이라고 하지만 우리의 몸을 기계에 맡긴다는 점에서는 거부감으로 다가온다. 실제로 프로그램 오류로 인해 사고가 발생한다면 누구의 책임으로 돌릴 것인가? 단지 편리하고 좋을 것 같다는 생각에만 머물러서는 안 된다. 편리는 생각하는 힘을 잃게 한다. 몸이 편하면 우리는 더 많이 의지하게 되고 점점 기계 없이 생활하는 것을 생각하고 싶지 않게 할 것이다.

> "인공지능은 스스로를 개량하고 도약할 수 있는 반면, 인간은 생물학적 진화 속도가 늦어 인공지능과 경쟁할 수 없고 대체되고 말 것이다."
>
> 스티븐 호킹

영국의 물리학자 스티븐 호킹 Stephen Hawking 박사는 인공지능의 발전 속도가 인간의 진화 속도를 능가하면서 인류의 멸망을 불러올 수 있다고 경고한다. 또한 미국의 전기자동차 회사인 테슬라의 CEO 엘론 머스크 Elon Musk 는 "인공지능은 우리의 존재를 위협하는 현존하는 가장 큰 위협 요소다."라고 하며 강도 높게 인공지능에 대해 비평하고 있다. 이런 주장들은 인공지능의 발전이 그동안 풀리지 않던 수많은 문제를 해결할 것이라는 기대감 속에서 나온 말이어서 인공지능이 가져올 부정적인 면에 대해 깊이 생각하게 한다.

인공지능이 발전할수록 인간은 깊은 고민에 빠질 것이다.
　인공지능의 능력을 자신의 이익을 위해 사용하려는 사람들이 늘면서 야기되는 사회적 혼란과 군사적인 목적으로 활용되면서 인간을 살상하는 무기로도 쓰일 수 있다는 생각은 상상만으로도 끔찍하다. 그럼 우리가 할 수 있는 일은 무엇인가? 인공지능 시대에 로봇에 위임할 수 없는 인간의 영역은 무엇일까? 이 질문은 점차 현실화되고 있는 기계와의 경쟁에서 살아남기 위한 절박한 생존의 물음이 되고 있다. 나는 이 부분에서 사고하는 이성과 판단하는 지성마저 기계에 넘겨준 인간은 남아 있는 '감성'에서 답을 찾아야 한다고 본다. 감성은 생명을 지닌 존재가 가지는 마음속 감정과 느낌을 뜻하는데, 실제 프로그램으로 유사한 행동을 하도록 제어할 수는 있어도 기계가 인간이 느끼는 감성을 완전히 이해하기란 불가능하다. 이성은 머리에서 오지만, 감성은 심장에 가깝기 때문이다.
　막강한 인공지능에 대비한 인간의 무기가 고작 감정과 느낌이라니 다소 실망스러울 수 있겠지만, 실제 인간은 위기 때마다 인간의 내재화된 감성의 힘을 이용해왔다는 점을 이해한다면 그 의미를 짐작할 수 있다. 서로에 대한 희생과 사랑,

이로 말미암아 생기는 인간애는 절대적인 수치에서 비교조차 되지 않는 인간이 기계와 대적할 수 있는 감성 영역이다. 이는 서로를 이해하고 생명을 사랑하는 마음이고, 가슴 아픈 이야기를 듣고 함께 슬퍼할 수 있는 감동과 공감의 영역이다. 이런 감성은 위기의 순간에 서로에게 희망의 불씨를 전달하고, 상대방의 마음을 변화시켜 대립과 갈등을 이겨내며, 전염성도 강해 함께 위기를 극복할 잠재력을 지닌다.

실제 세계적인 베스트셀러 《사피엔스》의 저자이자 역사학자인 유발 하라리 Yuval Noah Harari 는 미래 인공지능 시대에 우리가 후속 세대에 가르쳐야 할 과목으로 '감성지능 Emotional Intelligence' 과 '마음의 균형 Mental Balance'을 꼽는다. 그에 의하면 과학기술의 발달로 인간의 능력은 놀라울 정도로 커졌음에도 인류가 과거 어느 때보다도 무책임하다고 지적한다. 우리는 스스로 어디로 향하고 있는지 모르며 이미 많은 것을 가졌음에도 결코 만족하지 못한다. 그는 책 말미에 "무책임한 신들, 이보다 더 위험한 존재가 또 있을까?"라고 지적한 점도 신적인 창조영역에 도전하는 인간이 앞으로 직면한 위기를 어떻게 대처해야 할지를 묻고 있는 것 같다. 결국 그가 감성지능과 마음의 균형을 해법으로 제시한 것도 그의 책 전반에 걸쳐 사피엔스가 어떻게 위기를 극복해왔는지를 살펴보면 어느 정도 이해가 된다. 인류의 조상인 호모 사피엔스는 위기의 순간마다 결속했고, 그들이 세상을 지배하게 된 이유도 따지고 보면 다수가 유연하게 협동할 수 있었기 때문이다. 인공지능 시대에도 예외는 아니다. 인류는 인공지능의 공포에서 벗어나기 위해 위기 상황을 함께 공감하고 서로 협력해야 한다. 이것이 그가 주장하는 사피엔스의 진정한 힘이다.

마음의 힘은 인간의 생존을 위한 중요한
방어 기제가 되어줄 것이다.

인공지능은 인간의 지능을 뛰어넘고 있지만, 우리가 희망을 가지는 이유가 여기에 있으며 인간이 인공지능과 조화를 바탕으로 균형 잡힌 발전이 되도록 조율하는 해법도 여기에서 찾을 수 있다. 결국 중요한 것은 인공지능을 설계하고 개발하는 사람의 자세이며, 인공지능을 어떤 목적으로 활용하고 적절히 통제할지를 결정하는 인간의 마음가짐이다. 인공지능의 발달이 우리의 생활에 풍요를 가져오겠지만, 이를 개발하는 사람들이 어떤 의도를 가지고 개발하느냐, 사용하는 사람들이 어떤 목적으로 이용하느냐에 따라 우리의 미래가 달려 있다고 볼 수 있다. 결국 이 결정에 인류에 대한 사랑과 인간적인 따뜻한 감성이 충분히 반영되어야 함은 물론이다.

이 과정에서 인공지능을 개발하는 개발자들의 역할은 더 중요해진다. 일각에서는 개발자 윤리 강령을 만들어야 한다고

주장한다. 일부 개발자들이 개인의 이익을 위해서 고객 정보를
유출하고, 악의적인 해커들이 시스템에 침투해 심각한 문제를
일으키면서 이런 주장은 더욱 설득력을 얻는다. 인공지능의
발전으로 기술이 다루는 영역이 의료, 법률, 금융 등 사회
전반으로 확대되면서 이제는 그 피해가 인간의 실질적인 생존과
직결된다. 결국, 기술이 발전할수록 개발자들의 윤리적 이슈는
더욱 크게 부각될 것이다. 실제 개발자들의 악의적인 판단이
주는 파급효과는 실로 막강해지고 있다. 보안을 강화하고
접근을 제한한다고는 하지만 개발자들은 비교적 쉽게 데이터에
접근하고, 프로그램 소스에 손댈 수 있다는 점에서 직접적으로
이 문제의 중심에 선다. 우리가 손댄 소스가 결국 결과가 되어
돌아온다.

개발자들은 자신이 현재 하고 있는 일에 대한
자부심과 책임감을 가져야 한다.

내가 하는 일이 직접적으로 인공지능을 다루는 분야가
아니라고 말하는 개발자가 있을 수 있겠지만 사회 전반에 끼치는
영향력 면에서는 경중에 상관없이 중요하다. 시스템을 관리하는
개발자도 마인드가 결핍돼 있다면 고객의 중요 정보를 유출하고
시스템에 치명적 문제를 일으킬 수 있으며, 게임을 제작하는
개발자가 인간애를 게임에 반영하지 않는다면 게임을 하는
아이들의 사고에 악영향을 끼칠 수 있다.

우리가 만든 소프트웨어는 의도했든 의도하지 않았든 사람들의 일상에 영향을 미친다. 결국 우리는 이미 사회적 책임을 다해야 하는 위치에 있으며, 기술이 발전할수록 그 중요성은 더욱 커질 것이다.

  일각에서는 아직은 먼 미래의 모습으로 보는 시각도 있지만 미래를 정확히 예측하기 힘든 시대임을 감안한다면 미리 준비한다고 해서 나쁠 것은 없어 보인다. 우리가 꿈꾸는 미래의 모습이 인간에게 위협이 되지는 않을지 개발자들은 생각해봐야 한다. 단순히 인류의 편리와 축복이라는 단편적인 시각에서만 머무르지 말고, 언제까지나 인류 중심적인 측면이 우선적으로 다뤄지길 당부한다. 어쩔 수 없는 시대의 흐름이고 거스를 수 없는 물줄기라면 결국 인공지능을 개발하는 인간이 지극히 인간적이어야 한다.

  바둑시합은 인공지능 컴퓨터의 베타 테스트에 불과하다. 앞으로 꾸준히 출시될 또 다른 알파고, 베타고, 감마고에 대비해 인간이 지녀야 할 감성은 무엇일지 고민해보자. 끝으로 미래 공상영화 〈인터스텔라〉를 보면서 인상 깊었던 말이 생각나 남겨둔다.

  "우린 답을 찾을 것이다. 늘 그랬듯이…"

개발자 윤리 강령

기계인가? 인간인가?

기계 같은 인간, 인간 같은 기계는 구분하기 어렵다.

합리적 사고가 지배하는 세상

우린 기계와 다르다고 인간은 희망한다.

우린 인간을 이해하고 싶다고 기계는 소망한다.

개발자는 양쪽을 잇는 중개자

누구보다 기계를 잘 이해하는 인간이다.

섣불리 한쪽 편에 설 수 없겠다.

하지만 걱정 마라.

나도 뜨거운 가슴을 가진 인간, 도리를 다할 것이다.

4장

관계

關係

[명사] 둘 이상의 사람, 사물, 현상 따위가 서로 관련을 맺거나 관련이 있음
표준국어대사전

4장   관계

01

서로의 코드를 맞춘다는 것

컴퓨터가 이해할 수 있는 코드는 바보라도 작성할 수 있다.
훌륭한 프로그래머는 사람이 이해할 수 있는 코드를 작성한다.

마틴 파울러

'코드'라는 용어는 참으로 독특하다.

  소스코드, 아스키 코드, 음악 코드, 감성 코드, 할인 코드, 드레스 코드, 개그 코드, 대화 코드 등 IT 분야와 일상 속에서 두루 많이 쓰이는 단어이면서도 어디에 갖다 붙여도 어울릴 것 같은 속성을 지니고 있다. 코드는 '규약이나 관례, 정보를 나타내기 위한 기호체계'라는 사전적 의미에서도 내포하듯 우리 삶 속에 깊이 관여하고 있음을 알 수 있다.

  "야, 이걸 코드라고 짠 거야? 버그투성이에다가 생각하고 짠 게 맞아? 이렇게 코드가 안 맞아서야 어떻게 같이 일을 해!"

  처음 회사에 들어왔을 때 함께 일하는 선배가 한 말이다. 선배의 말에서는 '코드'라는 말이 총 2번 쓰였는데, 앞에 말한

'코드'는 흔히 개발자가 작성한 소스코드를 의미하고 뒤에 나온 '코드'는 사람과의 관계에서 사용된다. 우리가 평소에 쓰는 "코드가 맞다"라는 말은 흥미나 관심사가 맞고 말이 통하는 사람을 가리킨다고 보면 되는 것이다. 그러니 위에서 선배가 한 말은 "네가 개발한 소스도 엉망이고 너와 일하는 방식도 잘 안 맞아."라는 의미로 보면 된다.

여느 신입사원처럼 나도 회사에 입사해서 처음에는 잘 적응하지 못했다. 열심히 개발하고 스킬을 배울 요량으로 한껏 부풀어 있었고, 대학시절에 배운 프로그래밍 실력만 믿고 실무에 달려들었으니 의욕이 앞섰던 것도 사실이다. 다만 다행스러웠던 점은 내가 전공자라는 점과 프로그래밍에 관심이 많아 약 1년 후에는 좀 더 제대로 된 코드를 짜고 인정도 받았다는 점이다. 그러나 여전히 사람 사이의 코드를 맞추는 일이 숙제로 남아 있었다.

얼핏 보기에 개발자에게는 기계와 대화하는 능력이 더 중시되는 듯하지만 실무를 경험하다 보면 사람과 대화하는 능력이 중심임을 깨닫게 된다. 결국, 우리가 하는 일은 고객과 끊임없이 의사소통하고 동료들과 의논하며 그 결과를 코드로 구현하는 일이다.

누군가와 '코드가 맞다'라는 건 결국 우리 사이에 공통분모가 존재하고 가치관이 비슷하며 서로 통한다는 의미가 아닐까 싶다. 내가 던진 썰렁한 농담에도 웃어주는 개그 코드, 클래식을 좋아하는 음악 코드, 구수한 된장찌개를 좋아하는 음식 코드까지 함께 나눌 수 있는 사람이 있다면 얼마나 좋은가?

   이런 사람과의 만남은 비단 궁합이 잘 맞는 배우자를 선택할 때만 통용되는 것만은 아니다. 직장 내에서 프로젝트를 수행하면서도 마치 퍼즐 조각을 끼워 맞추듯 코드가 맞는 사람과의 협업은 즐겁다. 콘센트에 코드를 꽂듯, 합이 잘 맞는 사람들과 만나고 인생을 즐기는 일도 멋진 일이 아닌가?

회사라는 조직 역시 서로 다른 코드를 가진 사람들의 합이다.
   서로의 다양성과 개개인이 가진 개성은 존중받아야 한다. 하지만 경험한 바에 의하면 회사라는 조직은 매끄러운 흐름을 이어가기 위한 긴 호흡을 가진다. 즉, 서로 다른 개체 간의 생각을 획일화하고 비전이라는 지향점에 도달하는 과정에서 발생하는 의견 충돌을 가급적 없애려고 한다. 같은 장면을 보더라도 각자의 가치 판단 하에서 누구는 상황을 지양하려 하고 누구는 지향하려 한다. 하지만, 이런 다양성이 인정되지 않는다는 점에서 조직에서 개성이란 포기되는 것이 현실이다. 조직이라는 틀에서 보자면 개인의 코드는 억지로 맞춰져야 하는 수단에 불과하다. 이는 내 자신을 포기해 가면서 전체의 발걸음에 맞춰야 한다는

답답함으로 다가왔고, 내 안의 속내를 온전히 드러내는 것을
어렵게 했다.

　다양한 악기를 포용하는 오케스트라에서는 각자의 음색을
살리고, 서로의 화음이 조화로워야 감동을 주는 소리를 만들어
낼 수 있다. 단 하나의 악기만 어울리지 못해도 전체의 음색이
불협화음으로 변질된다. 악기 저마다의 음색과 특성을 최대한
살리고, 그 다음에 조화를 꾀할 때 독특한 음색과 창조적인
기법들이 음악 속에 묻어난다. 마찬가지로 다름이 인정되지 않는
획일화된 조직사회에서는 창의적인 사고는 발현되지 않는다.
　가교 밑을 바삐 지나는 자동차들, 마주 오는 사람과의 만남을
가능하게 하는 육교 위 풍경처럼 단 한 번의 만남을 가능하게
하는 모든 만남이 우연을 가장한 필연에서 연결되듯, 인연을 위해
서로를 잇는다는 것은 사람과 사람이 만나는 다리를 놓는다는
것일 수 있다. 나처럼 관계에 서툴고 타인에게 감정을 내어주기
힘든 사람은 만남이 언제나 떨림으로 다가오지는 않는다.
예정되지 않은 만남은 언제나 한발짝 뒤로 물러서게 한다. 그래서
나에게는 누군가와 '코드를 맞춘다'는 것이 쉽지 않은 험난한
과정이었다.
　누군가와 '코드가 맞지 않는다'는 말은 같은 것을 보면서도
달리 해석한다는 것이고, 삶을 바라보는 방향이 다르다는 것이며,

결국 말이 통하지 않는다는 뜻으로 다가온다. 오랜 시간 함께 일하면서도 서로의 간극을 좁히지 못해 감정의 에너지를 쏟아야 하고, 결국 우린 서로 다르다는 것만 확인하는 과정이 된다. 그런 면에서 어떤 문제가 발생했을 때 최소한 오류 로그라도 남겨 두는 컴퓨터가 사람보다 나아 보일 때가 있다. 실력은 있다고 하지만 매번 불편한 마음을 감수하면서까지 감싸 안을 수 있을까? 동료들과 코드가 이렇게 안 맞아서야 조직생활을 오래 지속하기 힘들다. 이 경우에는 기타 코드를 쉬운 것부터 힘이 필요한 어려운 것까지 순서대로 잡으면서 익히듯 어느 정도 기교를 갖출 때까지 순서대로 노력하는 과정이 필요하다.

상대방의 코드를 존중해줄 준비가 돼 있는가?

누군가가 작성한 소스코드를 보면 그 사람이 보인다. 내가 모르는 개발자가 짜고 간 코드에는 그 사람이 남아있다. 구체적인 의도와 친절한 설명이 있는 좋은 코드도 있는 반면 읽는 게 곤혹스러울 정도로 나쁜 코드도 있다. 나쁜 코드는 언제고 리팩터링 되어 제거되기 마련이다. 그렇기 때문에 우린 좋은 흔적을 남기기 위해 노력해야 한다. 프로젝트를 떠나도 오래 기억될 훌륭한 개발자는 남아 있는 어떤 개발자가 봐도 이해할 수 있는 코드를 남기고 간 사람이다.

서로의 코드를 맞추는 과정에서 대화는 소통의 기본이 된다.

자신의 주장만을 강요하고 타인의 생각을 묵살하는 것은 원활한 호흡을 어렵게 한다. 소스코드를 작성하는 과정에서도 소통은 필요하다. 개발자는 코드를 공유하고 리뷰하며 소통한다. 이런 소통 방식이 오류를 줄여주고 점차 완벽에 가까운 코드를 만들어 내듯 인간관계에서의 복잡한 문제 역시 진심 어린 대화를 통해 오해는 줄어들고 관계는 원만해진다.

내가 던진 농담에 웃어줄 수 있는 배려가 있는 사람이 향기롭다. 호감 가는 사람이라는 말은 이 배려가 좀 더 몸에 밴 사람이다. 나와 가치관이 통하고 같은 공간을 공유하는 것이 즐거움으로 다가오는 사람과의 만남은 언제나 가슴 벅찬 일이다. 자신에게 한번 물어보자. 나는 누군가와 쉽게 코드가 맞는 사람인가?

개발자에게 코드는 잠재력을 끄집어낼 수 있는 열쇠이며,
사람 사이의 코드는 마음을 이어주는 다리가 된다.

0과 1이면 충분한 대화법

말하는 것을 보면 그 사람을 알 수 있다.

소크라테스

컴퓨터는 0과 1의 조합으로만 모든 것을 이해한다.

컴퓨터는 자신의 두뇌인 CPU 중앙처리장치 를 이용해 약속된 규칙에 따라서만 입력을 받아들인다. 단순한 예로 마우스를 클릭해도 컴퓨터는 0과 1로 분해해 정해진 프로그래밍 규칙에 따라 해석하고, 이를 다시 0과 1로 다른 장치에 명령을 보내 실행한다. 컴퓨터에게 0과 1 외의 숫자는 대화를 방해하는 장애물이며, 0과 1만이 컴퓨터를 움직이고 생각하게 하는 전부다. 가끔은 복잡한 모든 대화를 컴퓨터가 어떻게 0과 1로만 표현할 수 있는지 신기할 때가 있다.

처음 프로그래밍을 배울 때는 신비로움과 재미로 가득 차있었다. 내가 작성한 코드의 의도를 파악해 모니터에 결과를 출력하는 컴퓨터가 얼마나 신기하던지 그 매력에 빠져 시간

가는 줄 모르던 시절이 있었다. 나는 내 직업을 0과 1의 조합을 맞추는 직업으로 소개하기도 한다. 개발자는 컴퓨터와 대화하는 사람이고, 컴퓨터를 달래가며 밥벌이를 하는 사람이다. 그러니 컴퓨터의 언어를 이해하고, 컴퓨터의 방식으로 말해줄 수 있어야 한다. 가끔은 컴퓨터가 알아듣지 못하는 문법을 입력하기도 한다. 그때마다 컴퓨터의 대답은 "난 네가 한 말을 이해할 수 없어"였다.

'이해할 수 없다'는 말, 처음엔 나도 그 말을 수없이 들었다. 대화는 양방향임에도 컴퓨터는 자신의 입장에서만 말하려는 경향이 있다. 어떻게 보면 컴퓨터는 인간보다 더 자기중심적이다. 때때로 내 말을 들으려고도 하지 않고, 문을 꽉 닫고 나오지 않는다. 무슨 불만이 그리도 많은지 알 수 없는 메시지만 잔뜩 뿌려놓곤 반응을 하지 않으니, 이럴 땐 여간 곤혹스러운 게 아니다. 프로그래밍을 하다 보면 컴퓨터가 출력하는 난해하고 해석이 불가능한 오류 메시지를 본 적이 있을 것이다. 우린 그 메시지를 해독하기 위해 얼마나 많은 노력을 기울였던가?

하루는 코딩이 뜻대로 되지 않는 날이 있었다. 분명 논리도 합당하고, 컴퓨터가 원하는 방식으로 이야기를 풀어갔는데도 내가 의도하지 않은 어이없는 답변을 하는 것이었다. 처음엔 컴퓨터가 미쳤나 싶기도 했지만 지나온 경험에 비춰봤을 때 컴퓨터는 지극히 합리적이다. 이런 경우는 컴퓨터의 의도를 정확히 파악하지 못한 상태에서 대화를 했을 때 발생한다. 서로

간의 대화가 원활하지 않을 때 가끔 나는 컴퓨터의 속마음을 들여다보고 싶다는 생각을 한다. 아무리 고민해도 잘못된 부분을 찾을 수 없고, 결국엔 다른 사람의 중재로 문제를 해결해야만 했다. 역시나 내가 만들어 낸 작은 코딩 실수였다.

 이렇듯 우리는 대화를 할 때 항상 원하는 결과를 이끌어내지 못한다. 사소한 오해를 키우기도 하고, 나의 의도와는 다르게 받아들여져 상처를 주고받기도 한다. 좋은 관계를 맺는 법, 관계를 개선하는 법 등 소통에 도움이 되는 다양한 방법론이 나와있지만 이마저도 어떤 것이 적합한지 찾지 못해 적용하는 데 곤란을 겪는다. 결국 컴퓨터와의 대화가 쉽지만은 않다는 것을 깨달을 뿐이다.

"성공의 유일한 비결은 다른 사람의 생각을 이해하고, 당신의 입장과 아울러 상대방의 입장에서 사물을 바로 볼 줄 아는 능력이다."

헨리포드

 포드의 설립자인 헨리 포드 Henry Ford 의 말처럼, 이때는 내가 컴퓨터의 입장에서 원하는 것을 이야기하고 행동으로 이끌 수 있어야 한다. 무릇 일을 시키고자 할 때는 더욱 그렇다. 억지로 문을 열려고 할수록 해결의 실마리는 요원해진다. 컴퓨터가 먼저 문을 열고 나올 수 있도록 원하는 방식으로 말해줄 수 있는 것이 개발자의 능력이다.

이렇게 보면 대화도 프로그래밍을 연습하듯 훈련이 필요하다.

대화를 잘하려면 소통 능력을 키워야 한다. 교육 프로그램에 참석해 실습을 하든, 뜻이 맞는 동료들과 작은 프로젝트를 수행하든, 개인적으로 온라인 커뮤니티의 도움을 받아 연습을 하든 다양한 실전 경험을 쌓을 수 있는 기회를 접해야 한다. 대화도 프로그래밍과 같아서 이론으로 외운 지식은 실효성이 없다. 몸으로 익힌 기술이 진짜다. 내가 경험한 바로는 이렇게 얻은 결과는 잘 잊혀지지 않는다.

그래도 해결되지 못한 깊은 오해의 골은 결국 이별로 이어지기도 한다. 견디지 못하는 쪽이 먼저 떠나는 것이다. 하지만 불행히도 컴퓨터는 인간보다 지구력이 뛰어나다. 나 역시 주위 개발자들이 떠나는 모습을 많이 봤다. 자신의 길을 개척해 당당히 나가는 사람들도 있지만 이곳 생태에 적응하지 못하는 경우도 많다. 사람과의 관계에서 그리고 컴퓨터와의 관계에서 겪게 되는 풀리지 않는 감정 소모와 상처는 지속적으로 쌓여 무력감과 상실감에 빠져들게 한다. 유능하고 똑똑한 사람들도 이걸 극복하지 못해 결국 자리를 떠나는 것을 지켜봐야만 했다.

"이 멍청아, 정말 0과 1밖에 몰라?"

0과 1밖에 몰라서 가끔씩 불협화음을 만드는 컴퓨터에게 따지고 싶었다. 우리에게 희생만 요구하는 모습이 야속하고, 처음에 가진 기대가 컸던 만큼 실망감도 커졌다. 하지만 사실 기대감은 무엇인가를 요구하면서 갖게 된다. 그 요구가 충족되지 않을 때 실망하는 것이다. 어쩌면 관계는 기대하고 실망하면서 조금씩 나아지는 것은 아닌가 싶다. 결국, 아무것도 기대하지 않는다면 시도조차 하지 않게 되고, 아무것도 이룰 수 없다. 우리는 관계에서 상처받고 실망하지만 사소한 마찰로 말미암아 뭔가를 시도한다는 것은 관계를 개선하기 위한 첫걸음이다. 관계에서 느껴지는 실망감도 발전을 위한 교두보로 삼았으면 한다. 발전적 관계는 시련을 밑거름 삼아 배울 수 있는 관계다. 실망은 관계에서 겪게 되는 어려움이지 실패는 아니지 않은가. 이렇게 생각하니 실망을 나쁜 것으로만 보지 않게 됐다. 컴퓨터에 대한 실망이 좋은 관계를 만들기 위한 하나의 과정으로 여겨졌다.

컴퓨터와 0과 1로만 대화하다 보니 시간이 지나면서 내 사고도 거기에 맞춰 변해가고 있었다. 결국 이분법적 사고다. 이거 아니면 저거, 둘 중 하나가 결정되지 않으면 답답하다. 후배들과 대화할 때도 마찬가지다. "그래서 된다는 거야, 안 된다는 거야?" 인간미 없이 다분히 사무적인 어조와 내 말투에서는 어느덧 기술적인 용어가 일상어처럼 사용되고 있었다. 문제는 이런 습성이 평상시에도 발현된다는 데 있다. 아내와 대화할 때도 "그래서 결론이 뭐야?"를 버릇처럼 말하고 있으니 나도 결과만 중시하는 컴퓨터를 닮아간다. 나는 점점 '이해할 수 없다'는 말을

더 자주 듣게 된다. 이는 원활한 대화가 되지 않는다는 신호로, 컴퓨터 언어에 익숙해진 나는 인간의 언어를 사용하면서 자주 혼란을 겪어야만 한다.

어느 날부터 다른 숫자들이 그리워지기 시작했다. 정형화된 틀에서 예외로 인식되던 다른 숫자들이 그리워졌다. 마치 디지털에 둘러싸여 아날로그적 감성에서 향수를 느끼듯 점점 나는 우리들의 대화에서 감성적인 무언가를 갈구하고 있었다. 스마트 시대에 우리의 대화도 스마트해지고 있는가? 24시간 언제 어디서나 편리하게 대화를 나눌 수 있게 되고, 눈에 보이지 않는 대화 상대는 많아졌지만 깊어지지는 못하는 듯싶다. 기술이 주는 편리도 좋지만, 가끔씩이라도 직접 만나 얼굴을 보며 대화하고, 문자보다는 손편지로 감동을 전할 수 있었으면 한다. 사람은 역시 0과 1만 가지고는 대화하기 어렵다.

우린 우연히 같은 시간대에 살게 됐다.
같은 공간을 공유한다는 것, 대화한다는 것
확률로 보더라도 그건 기적과도 같은 일이다.

상대에게 맞춰가며 만남을 이어간다는 것
그건 서로의 아픔을 이해하는 일이다.
깊은 대화, 그건 서로의 마음을 맞춘다는 것이다.

화성인 고객, 프로토타이핑에 반하다

두 사람을 끌어당기는 건 둘의 유사함이다. 하지만
'차이를 다루는 방식'이 관계를 유지시킨다.

알랭드 보통

온종일 컴퓨터 앞에서 시간을 보내는 개발자들은 인간관계에서 어떤 혼란을 경험하게 될까?

개발자들은 흔히 컴퓨터와의 관계가 더 중요하다고 착각하는 경향이 있다. 컴퓨터의 언어로 대화하고 컴퓨터의 문제를 해결하면서 대부분의 시간을 보내는 개발자들은 갑자기 누군가 부르기라도 하면 방해받는다는 느낌부터 든다. "나 지금 컴퓨터와 얘기하고 있는 거 안 보여?"라고 말하는 듯한 눈빛은 흐름을 방해하는 끼어듦을 환영하지 않는다는 무언의 표현이다. 개발자는 컴퓨터를 다루는 능력만 뛰어나다면 좋은 인간관계를 유지하기 위한 별도의 노력이 굳이 필요할까도 싶지만 그건 착각일 뿐이다. 컴퓨터와의 관계에만 집중하다 보면 어느새 주위에 남는 건 자신과 입력 input 을 기다리는 기계뿐이다.

그럼 개발자들은 어떤 특화된 인간관계에 주목해야 할까? 갑을병정으로 상징되는 우리나라의 기형적인 대기업 문화에서 파생된 아웃소싱 관계에서는 자신의 의지와는 관계없이 자신이 속한 회사의 위치에 따라 개발자 본인의 지위도 결정된다. IT 개발 프로젝트의 특성상 대기업에 있는 개발부서도 갑은 될 수 없다. 이곳에서도 역시 요구사항을 정의하고 일감을 주는 갑이 존재하고, 아무리 노력해도 을로 만족해야 한다.

신규 기능의 개발 기간을 결정하는 자리에서 고객사 담당자는 기능을 적용하는 일정을 앞당기길 원하며 이렇게 말했다. "너무 보수적으로 잡은 건 아닌가요?" 하지만 개발 스펙을 고려하지 않고 무작정 일정만 줄인다면 품질 저하는 물론, 자칫 장애로까지 이어질 수 있어 조심스러울 수밖에 없다. 아무리 급해도 절차를 제대로 밟아가며 진행해야 문제가 없다. 또한 여기서 순수하게 고객의 요구를 받아들인다면 담당 개발자는 초과근무를 해야 할 게 뻔하다. 나름 합당한 이유를 들며 고객을 설득해보지만 고객 또한 쉽게 물러서지 않는다. 결국 좀 더 상세하게 정의된 문서를 가지고 내일 다시 회의를 하기로 한다.

고객과 얘기하다 보면 흔히 듣는 말이
개발자들이 너무 방어적이라는 것이다.

  자기가 생각할 때는 별것 아닌 것 같은데 며칠씩 걸린다고 하니 이해가 안 간다고 한다. 그럴 땐 정말이지 "그럼 네가 와서 한번 해봐라."라고 말하고 싶다. 우리 입장에서는 모든 케이스와 예외사항을 고려하고, 철저한 테스트는 물론, 성능까지 고민해 나름 제대로 작업하는 것인데, 그런 노력을 몰라줄망정 일정만 고집하니 답답할 따름이다. 실제로 개발자는 스펙을 들으면 동시에 특정 환경하에서 어떻게 구동될지, 기술적 문제가 될 만한 부분은 없는지 머릿속에 전체적인 그림을 그리기 시작한다. 그러고 나서도 바로 구현에 들어가는 것이 아니라 예상되는 이슈를 검토하고 사전 준비과정을 거친 뒤에야 개발에 착수한다. 그런데도 전후 사정은 들으려 하지 않고 엄살만 부린다고 치부하니, 대화의 물꼬는 쉽게 트이지 않는다. 고객은 품질은 당연히 따라오는 것쯤으로 여긴다. 결과적으로 고객은 "해주세요!" 개발자는 "그렇게는 안 돼요!"라며 끊임없이 이견이 생길 수밖에 없다. 창과 방패가 따로 없다. 그러다 보니 고객에게 개발자는 무조건 안 된다고만 하는 부정적인 사람으로 인식된다.

  어떻게 보면 개발자 역시 여느 직장인과 마찬가지로 가장 중요한 관계가 고객과의 관계다. 개발자도 고객의 요구에 집중하고 최상의 해결책을 제시하기 위해 머리를 맞댄다. 하지만 고객을 항상 왕처럼 모시고, 그들이 요청하는 것을 무조건 들어주는 것이 고객에 대한 당연한 의무라고 생각한다면 큰 오산이다. 고객이 항상 옳은 것은 아니다. 협의를 진행하다 보면 자신이 원하는 것조차 정확히 뭔지도 모른 채 요구사항만 장황하게 늘어놓는 고객을 경험할 때가 있다. 그러한 고객과 대화해보면 마치 멋진 집을 짓길 원하는데 지하실 딸린 3층집에 정원이 있고 창문은 남향으로 멋지고 근사하게 지어달라는 말만 되풀이한다. 그럼 개발자는 건축가가 되어 비용에 맞춰 집을 설계하고, 상세한 부분에 대해 발생할 수 있는 문제를 찾아 고객에게 설명해야 한다. 결국 고객도 요구사항을 정의하다 보면 기술적인 측면에서는 개발자들의 의견을 반영할 수밖에 없고, 개발 측의 일정에 관심을 가질 수밖에 없다. 협의 간에는 개발자와 고객 모두 확고한 자기 입장만 고수하다 보면 상황 진전 없이 시간만 보내야 한다. 결국 상대방의 협조를 이끌어 내는 기술이 필요한 대목이다.

프로토타이핑 prototyping 은 개발 초기에 시스템의 모형을 간단히 만들어 사용자에게 보여주고, 사용자의 피드백을 지속적으로 반영해 시스템을 구축하는 방식이다. 즉, 본격적인 개발에 앞서 프로토타입이라는 시제품 형태로 고객의 반응을 살피고, 고객의 요구사항을 분석해서 만족도를 높임과 동시에 위험요소를 최소화하는 검증 기법이다.

  그렇기에 프로토타입은 아직 완성되지 않은 순수한 원형이다. 아이디어가 구체화되고, 이를 정리·보완해 가며 불완전한 모형은 점차 완성체의 모습으로 탈바꿈된다. 이 과정은 흡사 번데기를 탈피하는 나비의 변태 과정과 유사하다. 한 번에 완전해질 수 없고, 끊임없이 고객과 견해차를 좁혀가며, 불확실한 요소를 제거하는 작업을 반복한다. 이 과정을 거쳐야 비로소 하나의 완성도 높은 시스템이 세상에 태어나는 것이다.

프로토타이핑은 고객과의 소통을 강조한 개발 기법이다.
  소프트웨어 개발 과정을 직접적으로 눈으로 확인할 수 없기에 프로토타입과 같은 가시적인 활동을 통해 노출된 문제는 원만하게 해결하고, 적절한 타협점을 이끌어낸다. 어느 한쪽의 관점에만 쏠려도 적절한 협의는 어려워진다. 이땐 하나의 밧줄로 서로의 몸을 묶어 생명을 지탱하고 산을 오르듯 서로에게 푹 빠져들어야 한다. 인간관계에서 발생하는 문제를 해결하기 위한 중요한 한가지 방법은 상대방의 입장이 돼 보는 것이다. 자칫 내 관점에서만 생각하다 보면 상대의 의중을 정확히 파악하기 어렵다. 정확히 파악되지 않은 상황은 서로의 입장 차이를 더욱 크게 만드는 원인이 되고, 고객과 소통할 때 결론을 원활하게 도출하지 못하게 하는 방해 요인으로 작용한다. 특히 고객의

요구사항에 대한 스펙 협의를 진행할 때 좁혀지지 않는 의견
차이가 개발자 본인의 상황도 악화시킨다는 점에서 상대방의
관점을 이해하는 것은 필수적이다.

"다른 사람을 움직이는 유일한 방법은 그들이 원하는 것에 관해 이야기하고,
그것을 어떻게 하면 얻을 수 있는지 보여 주는 것이다."

데일카네기

미국 처세술 전문가 데일 카네기 Dale Carnegie 의 말이다.
나는 이것을 매우 합리적인 방식의 인간관계 정의라고 생각한다.
상대방의 요구에 귀를 기울이고 상대방이 원하는 것을 파악해
최선을 다해 도와주는 것이 원만한 합의를 이끌게 하고, 이것은
곧바로 나와 고객의 성공을 이끈다. 이보다 윈윈할 수 있는
이상적인 방법은 없어 보인다. 또한 그의 말대로 때론 상대에게
눈으로 확인시켜 주는 것만큼 확실한 설득의 기술이 없다는
점에서 쉽게 움직이지 않는 고객의 마음을 사로잡을 때는
프로토타이핑이 더욱 효과적일 거라는 확신을 갖게 한다.

나 역시 고객과의 원만한 관계를 끌어내기 위해 고민한다.
어느 정도 신뢰가 쌓여야 내가 현재 이끄는 모듈의 원활한
운영에 도움을 주고, 고객과의 개인적인 친분은 사회적 인맥으로
작용해 추후 내가 하는 비즈니스에 큰 도움이 될 수도 있다. 이런

나의 고민은 고객이 현재 어떤 걱정과 관심을 두고 있는지를
주기적으로 살피게 한다. 또한 그들의 난처한 상황을 이해하고
적극적으로 도와주는 것으로 고객에게 내가 도움이 될 수 있음을
인식하게 한다. 이것은 고객을 내편으로 끌어오는 하나의
방법이다. 그리고 경험에 의하면 이렇게 쌓은 신뢰는 쉽게
무너지지 않는다.

  실제로 얼마 전에 반영한 기능에 문제가 있어 사용자들로부터
연락을 받았다. 생각보다 복잡한 문제에 원인을 파악하는
데 시간이 지체됐고, 의도치 않게 시스템 사용에 불편을
주는 상황으로까지 이어졌다. 그때 친분이 있는 고객이 먼저
나서 변호하고 적극적으로 사태를 수습해줬다. 개발팀을
닦달하기보다는 상황을 파악해 사용자에게 양해를 구해주기까지
했다. 얼마나 고맙던지 그 일로 자연스럽게 그 고객의 요청에는
좀 더 적극적으로 임할 수 있게 된 계기가 됐다.

  기본적으로 위치가 동등하지 않다 보니 갑과 을 사이에는
끌어당길 수 있는 유사성은 별로 없어 보인다. 그래서 서로에게
첫눈에 매력을 느끼지는 못한다. 결국 서로 다르다는 점을
인정하고, 그 안에서 고객과의 장기적인 관계를 구축할 수
있어야 한다. 서로에게 없으면 안 되는 존재라는 관점에서
바라볼 수 있어야 한다. 갑과 을이라는 기형적인 관계를 단순한

주종관계로만 인식할 경우 서로의 이익만을 좇게 되고 관계는 개선되지 않는다. 고객을 내편으로 만들자. 이것은 개발자든 아니든 기본적으로 통용되는 인간관계의 기본 진리다. 서로를 이해하는 성숙한 동반자적 인식으로 한발 양보할 때 진정한 상생이 도모될 것이다. 망설이지 말고 지금 당장 내 앞에 있는 고객 한 사람을 품어보자.

갑과 을의 관계는 누군가 정의한 상하관계
평등하지 못한 관계는 항상 문제를 만든다.
마땅히 그래야 하는 건 없다.
계속 그래야 하는 것도 없다.

고객과 개발자, 개발자와 고객
서로에게 없어서는 안 될 존재인데 갑과 을이 소용 있겠는가.

인공지능 후배와 인터페이스하다

군자는 화이부동(和而不同) 소인은 동이불화(同而不和)하다.
(군자는 다른 사람의 다름을 인정하면서 자신의 주관을 지키며,
소인은 겉으로는 화합하는 듯 하나 속으로는 불화한다.)

공자 《논어》 자로편

"선배님, 안녕하세요~"

대리가 되고 얼마 되지 않아 멘티를 받았다. 회사의 멘토 제도는 신입사원이 회사에 적응하고 업무를 익힐 수 있도록 1년 동안 도움을 주는 것으로, 보통 멘토는 대리 이상의 선배 사원이 본인의 업무를 병행하며 수행한다. 멘토링 과정 중에는 멘티가 멘토와 함께 프로젝트를 수행해야 하고 주 단위로 멘토링 일지를 작성하며, 멘토 교육, 멘티와의 일과 외 활동 등을 병행해야 해서 여간 번거로운 게 아니다. 특히나 한창 프로젝트로 바쁠 때 찾아왔으니 멘티를 무조건 반길 수만은 없었다.

후배는 여느 신입사원처럼 인사성이 밝고 '뭐라도 시켜주세요'라는 눈빛을 보이고 있었다. 바로 옆자리에 앉아

있으니, 아무래도 계속 신경이 쓰인다. 우선 시스템에 대해 간단히 설명하고, 개발환경을 세팅하도록 안내했다. "이런 거 해본 적 있나요?"라는 내 질문에 환하게 웃으며 낭랑하게 대답한다. "아니요~" "아... 그렇군요." 너무 당당히 말해서 조금 놀랐지만 비전공자라고 하니 한편으로 이해가 간다. 무엇을 하든 조금 더 시간이 걸렸지만 처음이니 그리 큰 문제는 아니다.

"선배님 프로젝트 과제를 뭐로 할까요?" 고민에 빠지기 시작한다. 코딩은 회사에 입사해서 처음 해보고, 이쪽 분야는 전혀 모른다는 후배와 프로젝트 과제를 하라는 건 내가 전부 하라는 건가? 그 의도가 의심스러웠지만 결국 적당해 보이는 과제로 정하고 계획서를 제출한다. 그다음부터가 순조롭지 않았다. 실제 코딩을 가르쳐주는 건 처음이다 보니 그리 훌륭한 선생이 되어주지는 못했을 것이다. 회사생활이 이런 건지 몰랐을 것이고, 나도 답답했는지 싫은 소리 몇 번 했을 것이고, 자유롭지 않은 생활에 울적했을 수도 있다. 본의 아니게 몇 번의 눈물을 봐야 했고, 달래는 것에 서투른 나는 큰 위로가 돼 주지 못했다.

내가 느낀 가장 큰 거리감은 퇴근시간에 대한 개념이었다. 프로젝트로 바쁜 와중에도 남아 있다면 더 봐주고 싶고, 질문에 함께 고민해가며 답해주고 싶었는데, 퇴근시간만 되면 어김없이 가버리니 과제는 더 이상 진척이 없었고, 가끔은 그런 후배가 야속하기도 했다. 나도 이 정도만 해야겠다는 생각이 가득 찼지만 다른 한편으론 못내 마음에 걸려 어렵사리 물어봤더니 회사에만 모든 것을 바치는 건 개인적으로 아니라고 생각한다는 답변이 돌아왔다.

후배는 회사 외적인 개인 시간을 소중히 생각하고 있었다. 회사에서 부여된 일은 하면서 남에게 피해가 가지 않는다면 일찍 퇴근해서 개인적인 용무를 보는 게 스트레스도 쌓이지 않고 업무에도 집중할 수 있으니 낫지 않냐는 것이다. 그래서 퇴근해서 운동도 하고, 돈을 벌면 배우고 싶었던 것들을 배우면서 생활하고 있었다. 후배의 말을 듣는 순간 처음엔 어이가 없었다. '그러려면 회사엔 왜 들어온 거야'라는 생각이 들었고, 내가 제대로 임자 만났구나 원망스럽기도 했다. 그 뒤론 내가 먼저 거리를 둔 것 같다. 서로 불편한 관계가 된 것이다. 후배도 그런 낌새를 눈치챘는지 좌불안석이다. 눈물을 봐야 하는 날들이 늘어갔다. 안 되겠다 싶어 일단 과제를 제출할 때까지는 남아서 해보자고 설득하고, 겨우 일정에 맞춰 완성할 수 있었다.

그때의 경험으로 요즘 세대들은 정말 내가 그 나이일 때와 다르다는 생각을 많이 한다. 회사보다는 개인의 일을 우선시하고, 자신의 시간을 희생해서 다른 사람의 일을 도와주는 데는 인색하다는 느낌을 많이 받는다. 어쩌면 그런 후배의 생각이 맞을 수도 있다. 내가 그렇게 생각하지 못한 것일 수도 있다. 사실

한편으론 내가 가지지 못한 그들의 당당함이 부러웠을 수도 있다.

그때 이후로 더 많은 후배들이 들어온다. 나이 차이는 더 벌어졌고, 생각의 차이는 더 크다. 회사 정책상 비전공자와 여성의 비율은 더 높아졌고, 나는 그들을 다독여 프로젝트를 기간 내에 완수해야 하는 관리자의 위치에 올라섰다.

물론, 겪어야 하는 어려움들도 더 다양해졌지만 여전히 프로젝트 관리를 위해 별도로 교육을 받은 적은 없다. 내가 부딪쳐 이겨내야 할 문제들이다. 어쩌면 나와는 생각이 다르게 합리적으로 생각할 줄 아는 인공지능 후배들과 교류하는 것이 내가 요즘 가장 어려워하는 문제일지도 모른다.

인터페이스 interface 는 서로 다른 두 시스템, 장치, 소프트웨어 따위를 서로 이어주는 것을 뜻한다. 내가 자주 하는 작업이 타 시스템으로 데이터를 보내주기 위해 인터페이스를 만드는 일이다. 이 경우 접속하는 상호 시스템 간에 미리 접속 조건을 정해두지 않으면 접속할 수 없고 정확한 데이터를 전달하기도 어렵다.

나는 사람들 사이에서도 인터페이스가 필요하다고 생각한다.

서로에게 접속할 수 있는 마음의 문을 열어 두고 다리를 놓아주는 것이다. 다른 시대, 다른 환경에서 자란 사람끼리의 관계가 어려운 건 어쩌면 당연한 것이다. 그래서 다르다는 것을 인정하는 것이 관계 개선의 시작이어야 한다. 어쩌면 세상에는 다른 것은 있을지 몰라도 틀리다는 것은 없을 수 있다. 서로를 인정한다는 건 있는 그대로의 모습을 그대로 봐주는 것이다. 서로 살아가는 방식이 다르다는 것을 이해하는 것이다.

물론 쉬운 일은 아니었지만 첫 후배와의 값진 경험을 통해 인공지능 후배를 이해할 수 있는 계기가 됐다. 내 생각보다는 그들의 이야기를 더 들어줄 수 있게 됐고, 무슨 일이 있어도 대화 자체가 단절되지 않도록 먼저 말을 걸어주었다. 경험에 의하면 상대가 먼저 말을 할 거라고 기다리면 대화가 두절된 시간만큼 오해의 골이 더 깊어진다. 마냥 기다리지 말고, 답답한 심정이라도 털어놓자. 첫 말을 꺼내기 어렵다면 업무와 관련된 내용이라도 시작해 대화의 물꼬를 터야 한다. 후배가 먼저 말을 걸 거라는 막연한 기대보다는 선배인 내가 먼저 움직이는 게 대화를 쉽게 이끄는 방법이다. 불편한 관계가 지속되면 선배보다는 업무적으로 도움을 받아야 하는 입장에 놓인 후배가 더 힘들어한다. 후배가 선배의 눈치를 살피며 어떻게 말을 꺼내야 할지 망설이고 있을 수 있다. 먼저 움직일 때의 이점은 반드시 있다.

관계 개선을 위해 노력하는 의미 있는 시도라 생각하고 먼저 말을 걸어보자. 그것이 뜻하지 않는 해결의 실마리가 되어 돌아올 것이다.

 내 첫 멘티가 얼마 전 대리가 됐다. 오랜만에 커피를 한잔 하면서 예전 얘기를 나눴다. 이젠 제법 회사원 티가 나는 후배에게 요즘도 많이 우는지 물어보면서 씽긋 웃어 주었다.

시스템이 다양한 브라우저 환경과 버전에 호환성을 맞추듯 우리는 어떤 상황에서도 다양성을 인정하고 서로에게 관심과 애정을 쏟아야 한다.

리더십 장애관리

인생의 진정한 비극은 우리가 충분한 강점을 갖고 있지 않다는 것이
아니다. 오히려 갖고 있는 강점을 충분히 활용하지 못하는 데 있다.

벤자민 프랭클린

개발자에게 리더십이 필요할까?

코딩하고, 메일 쓰고, 문서를 작성하며 대부분의 시간을 컴퓨터와 보내는 개발자에게는 리더십이 꼭 필요하다고 생각하지 않았다. 그것 말고도 신경 쓸 일이 많았으며, 내가 씨름하고 고민해야 할 대상은 언제까지나 컴퓨터가 최우선일 것이라고 착각하면서 말이다. 하지만 과장이 되면서부터 생각의 변화가 찾아왔다.

언제까지나 내가 원하는 일만 할 수는 없었다. 우리가 피해갈 수 없는 사실 중 하나는 회사를 다니다 보면 개발자도 언젠가는 관리자가 된다는 점이다. 나는 지극히 내성적이고, 다른 사람의 일에 크게 관여하지 않는 성격이다. 그러다 보니 누구를 관리하며

이래라저래라 하는 것은 나와는 어울리지 않는 역할이다. 그동안 내가 맡은 개발 건만 챙기며 일하는 데 익숙해져 있었으니 이런 내가 관리자를 맡는다는 건 쉽지 않은 도전이었다.

"선배님, 저 그때까지는 개발 못할 것 같습니다."

나를 쳐다보며 똑 부러지게 이야기하는 후배 앞에서 나는 별다른 대응을 하지 못했다. 나 때만 해도 하라고 하면 이유불문하고 받들어 하는 것을 당연시했는데, 요즘 들어오는 후배들은 참으로 당차다는 생각과 함께 이를 어찌해야 하나 머릿속이 복잡하다. 나는 결국 예정에도 없는 야근을 하며 개발 일정을 맞춰야 했다.

시련은 여기서 끝나지 않았다. 툭하면 지각하는 사람이 있는가 하면, 동호회 활동으로 매주 수요일이면 무슨 일이 있어도 칼퇴근을 해야 한다는 사람, 번번이 개발일정을 맞추지 못해 애를 먹이고, 한창 바쁜 시기에 길게 해외여행을 가는 사람까지… 내 상식으로는 납득이 되지 않는 행동을 하는 사람들로 인해 나는 혹독한 과장의 유년기를 보내고 있었다.

장애관리 fault management 는 발생 가능한 모든 장애요인을 감시하고, 정보를 수집해 장애가 발생하지 않도록 관리하는 활동을 의미한다. 요즘 드는 생각은 '시스템을 운영한다'는 SM이라는

IT 용어가 시스템 유지보수 System Maintenance 를 뜻하는 이유가 '사람을 관리한다'는 의미도 내포하는 게 아닌가 싶다. 실제로 시스템을 잘 운영하려면 시스템을 관리하는 인력들의 관리도 중요하다는 것을 절실히 느끼면서 말이다. 내가 이 글의 제목으로 굳이 리더십과 장애관리를 연관시켜 놓은 것도 따지고 보면 리더에 의한 사람 관리가 잘못되면 시스템의 장애상황과도 연결되는 것이 전혀 억지스럽지는 않다는 판단 때문이다. 장애가 지속적인 모니터링을 통해 관리되듯 사람도 지속적인 관심이 필요하며, 장애를 관리하기 위한 지침을 만들 듯 함께 일하는 사람들에 대한 흔들림 없는 잣대가 있어야 한다. 또한 장애를 대하는 마음가 짐으로 세심하게 사람을 대한다면 시스템의 장애관리처럼 인력관리도 원활해지지 않을까 기대해본다.

"선배님, 저 요즘 걔 때문에 정말 힘듭니다. 제가 불러도 대답도 제대로 안 하고, 핑곗거리는 뭐가 그리도 많은지 하나부터 열까지 부딪치지 않는 게 없어요. 더 이상 같이 일하고 싶지 않습니다."

답답한 마음에 평소 부서에서 친한 선배를 불러다 놓고 불편한 속내를 털어놓았다. 역시 쉬운 문제는 아니다. 한참을 얘기했지만 통쾌한 답변은 들을 수 없었다. 다만 선배도 비슷한 경험을 했단다. 나와 같은 시기에 많이들 겪는 성장통이란다. 답답한 마음에 리더십 책을 읽어 봐도 뻔한 얘기만 써놓은 것 같고, 내 상황과는 맞지 않은 것 같다.

　얽힌 실타래를 풀기 위한 해결의 실마리는 뜻하지 않은 곳에서 찾아왔다. 더 이상 신경 쓰고 싶지 않았던 건지, 끝까지 시험하고 싶었던 건지, 복잡하고 기간도 그리 넉넉하지 않은 개발 건을 주었다. 따지고 보면 그래 어디 한번 잘하나 두고 보자는 식이었다. 한번 고생 좀 해보라는 내 방식의 계산된 복수였다. 역시나 처음엔 끙끙댔다. 보아하니 잘 물어보지도 않는 성격이다. 혼자서 해보려는 듯싶어 나도 나서서 도와주지 않았다. 평소에는 잘 하지도 않는 야근까지 자처하며 할 때는 의외라는 생각이 들기도 했다. 결국 기어이 해내는 모습에서 약간의 호감을 갖게 됐다. 보아하니 이 녀석 끝끝내 파고들어 해결하는 근성이 있다. 개발 실력이 대단히 뛰어난 것은 아니었지만 끝까지 몰입해서 해내려는 의지하며, 티끌 같은 케이스까지 잡아낼 생각인지 모든 케이스를 정리하며 진행하는 모습은 나에게 큰 인상을 남겼다. 한마디로 내가 찾던 꼼꼼하고 노력하는 인간형이었던 것이다.

　후배의 강점을 발견한 뒤로는 함께 일하는 게 좋아졌다. 누가 와도 인사도 안 하고 태도가 건방지다고 문제 삼아도 그냥 웃고 넘어갈 수 있게 됐으며, 어느샌가 나도 모르게 후배의 업무 태도를 칭찬하고 있었다. 단점만 보이던 눈에 비로소 장점이 보이기 시작한 것이다. 따지고 보면 그의 강점은 내 불만의 시야에 갇혀 빛을 보지 못했을 수도 있다. 더욱 고무적인 변화는 후배가 나를 대하는 태도가 부드러워졌다는 것이다. 아마 본인이 인정을 받고 있다고 느꼈기 때문인 듯싶다.

강한 상대를 제압했다고 생각하자 나는 자신감을 얻을 수 있었다. 이때 얻은 교훈은 개발자는 개발자 식으로 접근해야 한다는 점이다. 현재 하고 있는 일에서 발견된 강점은 관계를 풀어나갈 수 있는 단초가 된다.

인정이라는 것의 다른 말은 공감이다.

결국 인정이란 서로 다르다는 다양성을 인정하고 타인의 감정을 이해하고 원활하게 소통할 수 있다는 것을 의미한다. 후배 역시 본인의 존재감을 끊임없이 알리길 원했을 것이다. 마치 응답을 기다렸다는 듯 이 부분이 해소되자 소통은 좀 더 원활해졌다.

"내가 이 자리에 있는 이유는 여러분이 즐겁게 일할 수 있도록 도와주기 위해서입니다."

내가 모듈 회의 때 모듈원들에게 했던 말이다. 내 역할에 대해 정의를 내려주고 싶었고, 어떤 일을 하는 사람인지 구성원들에게 알려주고 싶었다. 그래서 고심 끝에 이 말을 꺼낸 것으로 기억한다. 실제로 나는 리더가 되면서 이 부분에 많은 노력을 기울였다. 한 배에서 여러 사람이 서로 다른 방향으로 가고자 하면 앞으로 나아가지 않는 것처럼 내가 지향하는 방향을 전달하고 함께 가길 원했다. 이 과정에서 신입사원도 자발적으로 발언할 수 있도록 편한 분위기를 만들려고 노력했다. 물론 이때는 말도 안 되는 소리를 해도 일단은 끝까지 들어주고, 의사결정에 채택될 수 있다는 희망을 준다. 처음에는 적응하는 시간이 필요했지만 시간이 지나면서 차츰 적응돼 갔다. 편안하고 자발적인 소통이야말로 서로 공감하고 좋은 관계를 형성하는 힘이라고 생각한다. 아직까지 이 생각엔 변함이 없다.

　리더십을 이야기하는 많은 책이 흔히 리더는 사람마다 가지고 있는 잠재력을 끌어내고 가능성을 발굴해야 한다고 소개하고 있다. 나는 이 부분에서 '잠재력'을 '강점'으로 해석했다. 누구에게나 장점과 단점이 있다. 하지만 우리는 단점을 부각시키는 것에 좀 더 익숙해져 있는 듯싶다. 내가 속한 집단만 해도 타인의 부정적인 면을 우선적으로 이야기하고, 단점을 앞세워 다른 사람을 깎아내려야 본인이 올라선다고 생각한다. 이것은 기본 밑바탕에 경쟁사회의 원리가 깔린 행동이며, 실제로 자신의 강점을 부각시켜야 한다는 점에서도 반한다. 그런 면에서 리더는 개개인의 강점을 극대화해서 안정된 시스템을 구축할 수 있는 사람이다. 리소스는 한정되고, 부정적인 바이러스는 넘쳐나도 조직원들의 자발성과 동기를 불러일으키는 리더의 의지가 효율을 극대화할 수 있는 프로젝트의 분위기를 이끈다.

리더는 혼자서는 될 수 없는 존재다.

경영학의 구루인 피터 드러커 Peter Drucker 는 리더란 "뒤따르는 사람이 있는 것"이라고 간단명료하게 정의한다. 굳이 설명을 덧붙이지 않더라도 명쾌하고 공감 가는 말이다. 나 역시 리더는 혼자서는 될 수 없는 존재이며, 따르는 사람이 있어야 리더가 된다고 생각한다. 혼자서 아무리 북 치고 장구 쳐도 뒤에서 "얼씨구"하며 장단을 맞춰줄 사람이 있어야 한다. '이 사람이라면 달라질 것이고 믿고 갈 수 있다'는 확신을 심어줌으로써 따르는 자들이 자연스럽게 리더로 인정하고 추대하는 모양새가 보기 좋다. 스스로 인정하는 리더보다 누군가에게 인정받는 리더의 모습이 진정성 있고 이상적인 리더다.

나에게 리더십은 타고난 재능의 영역이 아니었다. 다양한 상황이 만들어 낸 조건 속에서 상처를 입고 상처를 주면서 터득한 훈련된 능력이었다. 어떻게 보면 내 성격은 개발자가 보편적으로 가지는 내성적인 성격이기에 내가 경험한 바를 통해 약간의 힌트를 얻었으면 한다. 시스템에 장애가 발생하면 이를 복구하고 사후 처리하기까지 많은 시간과 노력이 소모되듯, 사람과의 관계 역시 한번 어긋나면 되돌리기까지 남다른 노력이 필요하다. 누구보다 부족했기에 많은 시행착오를 겪어야 했고, 따로 배운

적이 없어 몸으로 부딪혀가며 익혀야 했지만 아직까지 도망가지 않고 내 곁을 지키고 있는 후배들을 생각하면 함께 성장한다는 게 이런 모습이 아닐까 싶어 한편으론 위안을 삼는다.

전통적 관리를 위한 리더십이 'Hardware Leadership' 이라면,

개발자들을 위한 특별한 리더십은 'Software Leadership' 이다.

객체지향 프로그래밍에서 하나하나의 객체를 대하듯 개개의 사람을 하나의 객체로 인정하자. 그리고 다양한 객체의 장점을 활용하자. 하위 객체가 상위 객체를 상속해 확장하고 성장할 수 있는 자연스러운 분위기를 만들어보자. 이것이 진정한 'Software Leadership'이다.

휴먼 네트워크 구축을 위한 접속 프로토콜

내가 나만을 위해 일했을 때는
나를 위해 열심히 일한 사람은 나 혼자뿐이었지만
내가 생각을 돌려 모두를 위해 일하게 됐을 때는
모든 사람이 나를 위해 열심히 일해주었다.

벤자민 프랭클린

사원 시절 한창 바쁜 프로젝트 중간에 투입된 적이 있다. 사전에 상황이 좋지 않다는 말은 들었지만 실제로 가보니 생각했던 것보다 심각해 보였다. 사람들의 표정은 좋지 않았고 선뜻 말을 걸기도 힘든 분위기다. 들어가자마자 PL로 소개된 분께 개발 건을 전달받았다. 지금 생각하면 시스템에 대한 소개나 프로젝트 전체 인력과의 상견례도 없었던 것 같다. 바쁘다 보니 개발 내용은 명세 없이 구두로 전달받았다. 일정은 '최대한 빨리'라고 하신다. 일단 개발환경을 세팅하는데, 타사의 솔루션을 기반으로 진행하는 프로젝트다 보니 설치 과정에서 중간중간 막히고 로컬 서버도 제대로 구동되지 않는다. 어쩔 수 없이 물어봐야 하는데, 선배들이 모두 바빠 보인다. 도저히 내 힘으로는 안 될 것 같아 용기를 내서 옆자리에 있는 선배에게 물어봤다. 나에게 눈길도 주지 않고 모니터를 보며 조금만 기다리라던 선배는 저녁시간이 돼서도 봐주지 않는다.

참 우여곡절이 많았다. 하루는 계속되는 야근 탓에 몸이 지쳐서 그런지 기운도 없고 두통까지 심해 도저히 일을 할 수가 없었다. 조퇴를 하고 싶은데 고생하는 다른 선배들을 보니 선뜻 입 밖으로 나오지 않았다. 몇 번을 망설이다 조심스럽게 얘기를 꺼냈다. 선배가 하는 말이 "원래 그래. 다 그래. 나도 아팠어."였다. 울컥하는 감정을 참아야 했다. 사원 시절에는 억울하고 가슴 아프고, 숨고 싶은 기억들이 있다. 누구 하나 관심을 가져주는 사람도 없고 결과는 오롯이 내 몫이 되는 그런 경험들이 불현듯 떠오른다. 그때 누가 내 말이라도 들어줬다면 좋았을 텐데, 과장이 된 지금 내 맞은편에 앉아 있는 신입사원을 보며 그때 일들을 떠올려본다.

프로토콜 protocol 은 컴퓨터 간에 데이터를 원활히 주고받기 위해 정한 통신 방법에 대한 규칙과 약속이다. 기종이 다른 컴퓨터 간의 원활한 통신을 위해서는 사전에 약속된 방식으로 정보를 전달해야 한다. 즉, 서로 이해할 수 있는 공통의 언어를 사용하는 것이다. 그래야 데이터의 누수 없이 원형 그대로의 정보가 전달된다. 사람 사이에도 좋은 관계를 유지하기 위한 약속된 규칙이 있다. 그 규칙이 지켜지지 않으면 좋은 관계는 오래 유지되지 못한다. 결국 좋은 사람은 인간관계에서의 보이지 않는 규칙을 알고 존중하며 지키는 사람이다. 좋은 사람들과 좋은 관계를 맺는 것, 이것은 성공한 인간관계의 정석이다. 경험에 비춰보면 어떤 프로젝트를 하느냐도 중요하지만 누구와 하는 프로젝트인지가 더 중요하다. 내가 하는 일에 관심을 가져주고, 업무는 물론 인간적인 고민을 함께 나눌 수 있다는 것만으로도 위안을 받으며, 이는 결국 바쁜 프로젝트를 이겨낼 수 있는 힘이 돼 준다.

하지만 실상은 바쁘다고 모든 것이 용인되는 것처럼 행동하는 선배 개발자들을 많이 만나게 된다. 자신의 일까지 후배에게 떠넘기며 일을 시키는 데만 익숙한 사람도 있고, 개발 건만 던져주면 자신의 일이 모두 끝난 것인 양, 관심을 끊고 일정만 챙기는 관리자도 있다. 이런 사람들의 공통적인 특성은 자신의 성공을 위해 다른 사람의 불행과 고통을 이용한다는 것이다. 간혹 질이 나쁜 관리자들은 정치적인 면을 내세워 이를 이용하기도 한다. 결국 내 라인에 서라는 것이다. 뒤를 봐준다는 달콤한 말로 희생을 강요하지만 아직까지 이런 사람들의 끝이 좋은 경우는 보지 못했다. 결국 이런 사람과는 엮이지 않는 것이 현명하다.

물론 나쁜 사람들과 프로젝트를 진행한 것만은 아니다. 대리가 되고 다른 프로젝트에 투입되어 한창 바쁘게 일할 때였다.

1년이 어떻게 지나갔는지 모를 정도로 정신 없이 지냈다. 주말을 반납해가며 시스템을 오픈했고, 일정상 불가능하다고 여긴 개발 건도 여러 건 진행했다. 내 개인시간으로 메우고 고생한 결과였다. 개인적으로는 1년을 돌아봤을 때 만족스러운 성과도 있었고 누구보다 노력했기에 뿌듯한 한 해였다. 하지만 그해 연말 나는 하위 고과를 받았다. 직장생활이 평가로서 모든 것이 설명되는 것은 아니지만 막상 그때는 1년치 농사를 망친 농부의 마음이었다. 한편으론 억울하고 분한 마음에 함께 프로젝트를 하며 친해진 선배들과의 술자리에서 취기를 빌려 하소연했다. 그들은 내가 누구보다 열심히 프로젝트를 위해 애썼는지 알고 있었기에 함께 가슴 아파했고 분노했다. 그것만으로도 나는 어느 정도 마음의 평정심을 되찾을 수 있었다. 하지만 그들은 거기서 그치지 않았다. 마치 자신이 겪은 고난인 양 억울함을 토로하기 위해 부서장에게 전화를 하는 것이 아닌가? 그 당시 나로서는 꿈도 꾸지 못할 일이었다. 결국 통화가 길어지자 술자리에 부서장이 합석해가며 내게 해명을 해줬다.

   누군가 나를 대변해 줄 사람이 있다는 건 정말 행복한 일이다. 내가 한 일이 의미 없는 일이 아니라는 것은 결국 주변 사람들에 의해 만들어진다. 나는 이 경험을 통해 다른 사람을 위해 내게 불이익이 될 수도 있는 일을 감수하며 대변해줄 수 있을지 자문하게 됐다. 그리고 좋은 사람에 대한 정의가 명확해졌으며, 좋은 사람을 생각할 때 그때의 일을 떠올린다. 결국 좋은 사람은 자신보다 다른 사람을 먼저 세워주는 사람이다. 간혹 단기적으로는 자신에게 손해라고 생각될 수 있겠지만 결국 이런 사람들은 사람을 얻는다.

   모두가 좋은 사람을 만나고 인연을 맺길 원한다. 하지만 실제로 좋은 사람을 만난다는 것은 내 의지와는 상관없이 우연에 의해 결정된다. 이것은 내가 가는 곳에 좋은 사람들이 있다면 그 인연을 소중히 간직해야 하는 이유다. 적극적으로 그 인연이 지속될 수 있도록 가꾸고 관계를 유지하기 위해 노력해야 한다. 나 역시 회사생활을 하는 동안 좋은 사람들을 만나긴 했지만 실제로 이런 사람들이 생각보다 많지 않다는 것에서 놀라곤 한다. 대부분이 좋지도 나쁘지도 않은 평범한 사람들이다. 인간관계에 적극적으로 나서지 않으면서도 피해를 주지 않는다는 것에서 스스로 위안으로 삼는 사람들이다. 이 사람들이 문제가 있는 것은 아니다. 하지만 모든 인간관계를 평범하게 대한다는 점에서 이들에겐 좋은 인간관계가 주는 기쁨이 찾아오기 어렵다.

직장생활을 하면서 좋은 휴먼 네트워크를 구축해야 한다.

특히 개발자들에게는 전문성이 바탕이 되는 좋은 관계를 만드는 것이 중요하다. 좋은 관계 내에서 유용한 정보를 공유하고, 서로에게 도움이 되는 일을 찾아보자. 물론 이때는 자기 자신을 먼저 갈고 닦는 것이 중요하다. 내 첫 번째 추종자는 내 자신이 돼야 한다. 자신의 전문성을 바탕으로 다른 사람을 빛나게 해준다는 생각으로 접근해야 한다. 다른 사람들을 내 주변에 모여들게 하는 필요조건은 우선 나를 향기로운 사람으로 만드는 일이다. 그럼 자신만의 매력으로 다른 사람을 끌어들일 수 있게 된다. 결국 개발자에게 전문성은 좀 더 많은 기회의 문을 열어주는 촉매 역할을 한다.

휴먼 네트워크 human network 는 평소에 잘 가꿔야 필요할 때 작동시킬 수 있다. 좋은 사람을 만나면 그들에게 시간을 내어주고 마음과 애정을 쏟아야 한다. 그 관계를 돈독히 하기 위해서는 술을 살 일이 있다면 사고, 내 도움을 필요로 하면 적극적으로 나서서 도와줘야 한다. 회사 내 인간관계의 근본적인 목적은 결국 이들로부터 조언과 도움을 얻어내기 위해서다. 너무 이해관계에 얽매여 생각하는 것이 아니냐고 되물을 수 있겠지만 서로에게 도움이 되는 관계가 지속력이 가장 크다. 관계를 다른 사람의 성공을 진심으로 돕는 것으로 연결 지어 생각해보자.

말 그대로 '그 사람과 함께라면 달라질 것이고 믿고 갈 수 있다'는 확신을 가지고, 서로의 마음을 나눈다면 힘든 회사생활도 극복할 수 있다. 결국 세상에서 가장 어려운 일은 '사람의 마음을 얻는 일'이다.

TCP는 신뢰성을 보장하는 프로토콜,
한 번 보낸 신호에 이상이 있으면 돌보아 다시 보내준다.
좋은 사람은 인생까지도 걱정해주는 사람이다.

UDP는 속도는 빠르지만 신뢰성이 보장되지 않는 프로토콜,
한 번 보내면 더 이상 신경 쓰지 않는다.
결국 일방적으로 보내면 끝이다.
상종하지 말아야 할 사람은 자신의 안위만 걱정하는 사람이다.

5장

변화

變化

[명사] 사물의 성질, 모양, 상태 따위가 바뀌어 달라짐
표준국어대사전

5장

01

일상의 변화 관리 프로세스

하루를 잃는 데는 수없이 많은 방법이 있지만, 하루를 만회하는 데는
단 한 가지의 방법조차도 존재하지 않는다.

톰 드마르코

"아, 또 재미없는 하루가 시작되는구나…"

어느 순간부터 일상이 전혀 기대되지 않았다. 회사에 출근해야 하는데 뭉그적거리다 그냥 자리에 앉아버렸다. 아… 그래도 가야 하지. 평소보다 더 우울한 표정을 지으며 문을 나선다. 특별히 오늘이 문제가 있는 날은 아니다. 단지 지난주와 이어지는 날이고, 특별한 일 없는, 평소와 같은 하루일 뿐이다. 10년이나 이 생활을 해왔으면서도 아직 적응하지 못한 걸까? 그래. 결국 누구나 하는 일이다. 그냥 오늘을 잘 지내면 되는 것이다. 나라고 못할 건 없다.

나는 우리나라의 직장인들이 대단하다고 생각한다. 평균 10시간이 넘는 근로시간과 바쁘면 특근과 야근에 시달리지만,

다음날이면 어김없이 아침식사까지 걸러가며 직장으로 향한다.
나 역시 그들 중 한 명이지만 현실이 힘든 건 앞으로 남은
직장생활 역시 변함없이 지금처럼 이어질 것이라는 점이다.
그럼 누군가는 새로운 일을 찾으라고, 바보처럼 머무르지 말고
도전하라고, 네 인생은 하나뿐이라고 말할 수도 있다. 나 역시 그
말을 믿는다. 그리고 정말 그렇게 하고 싶다. 하지만 어떻게 하면
되나?

   직장인들에게 변화는 어찌 보면 언감생심이다. 지금 하는
일이 지루하고 힘들어도 매달 들어오는 월급을 생각하면 참고
인내해야 한다. 좋아하는 일만 하면서 사는 사람이 어디에
있냐는 말로 자신을 위로하며 오늘도 꾹 참으며 하루를 버틴다.
하지만 버티는 데도 한계는 있지 않나. 하기 싫은 일을 계속 하다
보면 목구멍이 꽉 차오르고, 결국 삶의 질을 떨어트림은 물론,
회사 입장에서도 생산성은 떨어진다. 결국 '변화'란 말을 다시
떠올린다.

   처음엔 '변화'라는 말을 들으면 거부감부터 다가왔다. 내가
가진 현재의 안정을 포기하고 불안정한 상태로 가는 것을 변화로
인식했기 때문이다. 실상 회사생활을 하다 보면 반복되는 일상
속에서 '변화가 필요하다'는 말을 자주 듣지만 실행으로 옮기는
사람들이 많지 않다. 이들은 오늘도 내일도 자신의 위치에서

묵묵히 주어진 일을 하며 자리를 지켜내지만 현실에 매몰되어 지루함에 몸서리친다.

어쩌면 변화를 망설이는 것은 변화의 끝이 현재보다 나빠질 것이라는 두려움 때문은 아닐까. 변화하는 과정도 익숙하지 않은 길을 가는 것이니만큼 낯설고 험난한 길일 것이다. 보이지 않는 미래는 사람을 불안하게 한다. 변화는 그런 것이다. 해야 할 것 같지만 막상 위험에 자신을 드러내놓기가 망설여지고 노회한 자신과의 결별을 선언해야 하는 것이 '변화'이니, 가만히 보면 참으로 지독한 놈이다. 결국 이 같은 변화의 속성이 현실과 타협해 반복되는 일상에 자신의 몸을 숨기게 한다.

변화경영사상가 구본형 씨는 변화란 자전거를 타는 것과 같다고 한다. 비 온 후에 자전거 궤적을 보면 직선 행로를 그리지 않는다. 관성에 몸을 맡기면서도 조금씩 핸들을 틀어주어야 비로소 자전거는 넘어지지 않고 마음먹은 곳을 향해 나아간다. 직선으로 가야 한다고 핸들을 힘주어 꽉 잡고 있으면 자전거는 반드시 넘어진다. 변화는 결국 우리가 쓰러지지 않게 안정과 질서를 가져다 주는 것이다.

역설적이게도 변화하지 않으면 안정과 질서는 흔들리고 만다.

급변하는 시대를 살아가는 개발자들에겐 이 변화가 좀 더 직접적으로 다가온다. 알파고의 부상으로 인공지능의 시대가

도래하고 있으며 내가 몸담고 있는 회사 역시 기존의 IT 서비스 산업을 대신해 솔루션과 클라우드 중심으로 사업을 다각화하고 있다. 이런 변화는 IT 분야를 넘어 산업 전반에 걸쳐 일어나고 있으며, 산업의 경계 또한 급속도로 무너진다. 삼성전자는 무인자동차 산업에 뛰어들고, 전통적인 PC 제조회사로 알려진 IBM은 PC 사업을 매각해 솔루션 서비스 회사로 변신했으며, 인터넷 서점으로 시작한 아마존은 현재 클라우드 서비스인 AWS Amazon Web Service 로 많은 돈을 벌어들이고 있다.

이 변화를 나만 느끼고 있는 것은 아닐 것이다. 스마트폰이 나온 지 고작 몇 년 만에 필수품으로 부상했듯 변화의 속도는 앞으로 더욱 가팔라질 것이다. 이제는 가만히 지켜보고 있으면 그 속도에 치일 것 같다. 새로운 기술을 익히고, 지금이라도 트렌드에 민감해져야 할 것을 느낀다. 실제로 주위에 이직을 하고, 최신 프로그래밍 언어를 적극적으로 익히고, SNS를 통해 지식을 공유하며, 자격증을 준비하고, 책을 통해 배움을 실천하는 개발자들이 많다. 나름 자신만의 방법으로 변화에 맞춰가는 것이다.

따지고 보면 나도 안 해본 게 없다. 직장생활을 하며 자격증 공부를 하고, 회사에서 요구하는 영어와 중국어 회화 공부, 개인적인 스터디 활동과 연구회에 참여하고, 내 책상 한켠에는 프로그래밍 책들이 쌓여있고, 최신 기술을 습득한다는 이유로

컨퍼런스도 참석한다. 그럼에도 가슴 한켠에 채워지지 않는 무언가는 나를 다시 예전의 생활로 돌려놓는다.

누구나 오늘보다 나은 내일을 원하지만
변화는 누구에게나 쉽지 않다.

   유독 나에게 인색하고 잡히지 않던 변화는 내가 잘못 이해하고 있었다는 것을 인정하자 그제서야 새롭게 다가오기 시작했다. 나는 내가 변화하지 못한 가장 큰 원인을 '내일'이란 단어에서 찾았다. 나에게 변화는 내일을 준비하는 미래 지향적인 관점이었으며, 이 접근이 변화를 더 어렵고 막연하게 만들었다. 그동안 나는 변화를 인생이 송두리째 바뀌는 크고 거창한 것으로만 여겼던 것이다.

   내 힘으로 아무것도 바꿀 수 없다는 생각은 스스로를 무기력하게 만든다. 할 수 있다는 의지를 꺾고, 지속할 수 있는 힘을 약하게 만든다. 변화는 크고 거창한 것이 아니라는 생각이 들자 내일이 아닌 당장 오늘부터 변할 수 있는 사소한 것들을 찾기 시작했다. 그때부터 나도 변화할 수 있다는 자신감을 갖게 됐다. 결국 그 시작은 일상에서부터 시작된다. 일상에서 시작된 작은 시도들이 모여 큰 변화를 이끌 수 있다는 것을 나는 믿게 됐다.

일상의 변화 관리 프로세스 01

새로운 프로젝트 관리 툴을 사용해 함께 일하는 동료들과 일정을 공유하고 기술적 문제를 고민한다. 또한 10년간 지겹게 타고 다닌 출퇴근 버스 대신, 조금 불편하지만 지하철을 타고 다니며 흔들리는 버스에서 하지 못할 독서를 즐길 수 있게 되었다. 이는 결과적으로 이 책을 쓸 수 있게 한 자양분이 되었다. 더불어 책을 쓴다는 목적에서 시작한 모임에서는 인생의 즐거움을 함께 할 동지들을 얻는 결과를 가져왔다. 그 뿐만이 아니다. 거실에서 TV를 없애면서 아이들과 더 많은 시간 대화할 수 있게 되었고, 어제와 다른 하루의 특별함을 발견하기 위해 성장일기를 쓰기 시작하면서 인생에 활력을 주고 있다. 이렇듯 소소하게 나만의 프로세스를 만들어 가는 과정은 나에게 있어 의미 있는 일이 되어주었다.

바꿀 수 있는 것에 한계가 찾아왔다면 중요하지
않은 일을 제거하는 것도 한 가지 방법이다.

개발 리더가 되고 가장 먼저 한 일은 불필요한 회의를 줄이고 모든 회의를 한 시간 내로 제한해서 운영한 것이다. 지루하고 쓸데없는 회의 때문에 괴로웠던, 그리고 업무 흐름이 끊겼던 경험을 생각해서 내놓은 조치다. 찾아보면 내 주위를 간소화하고 시간을 절약할 수 있는 일들이 분명 존재한다. 그것부터 시작하고 확보된 시간을 좀 더 발전적인 일에 투자할 수 있다는 것이

일상의 변화 관리 프로세스　　　　01

나에겐 의미 있는 일을 했다는 즐거움으로 다가왔다. 나도 모르게 나는 날마다 새로운 일을 찾고 있었다.

　프로세스 process 에는 다양한 의미가 있지만 IT 분야에서는 현재 '실행 중인 프로그램'을 의미한다. 실제로 컴퓨터에서 현재 작업 중인 프로세스를 보면 수행되지 않아도 되는 불필요한 프로세스가 많은 메모리를 잡고 있는 경우가 있다. 이때는 불필요한 프로세스를 제거하고 여유가 되는 자원을 필요한 곳에 사용해야 한다. 나는 개개인의 변화 관리가 이와 같아야 한다고 본다. 내 안의 일상을 들여다보고 쓸데없이 많은 에너지를 소모하고 있는 부분은 없는지, 꼭 필요한데 잊고 지낸 부분은 없는지 찾아내서 정리할 필요가 있다.

　회사만 변화 관리가 필요한 것은 아니다. 회사는 변화를 선택이 아닌 생존의 문제로 보고, 끊임없는 혁신을 통해 살아남을 수 있다고 강조한다. 개인에게도 자신의 존재가치를 위한 변화 관리가 중요하다. 직장인으로서 주어진 일을 하지만 그곳에서 나를 위한 일을 도모하고, 하루가 즐거울 수 있는 일을 찾는 것이 궁극적인 목표다. 이때는 여행을 가는 것과 같은 단편적인 것에 머물러서는 안 된다. 여행은 일상의 활력이 돼 준다는 장점이 있지만 지속력이 약하다는 단점이 있다. 여행을 다녀오고 나면 현실과의 괴리감에 더 힘든 일상을 보내야 한다. 평범한 직장인들은 매일 새로운 곳으로 여행을 할 수 없다는 점에서 자신에게 맞는 일상의 활력이 되는 일을 찾아야 한다. 이것이 자신에게 주어진 변화 관리 과제라고 생각해보자. 본인의 욕망과 자연스럽게 연결하고 그것에서 기회를 만들어보자. 직장 내에서의 일의 보람과 재미는 본인의 노력으로 달성해야 한다.

   결국 무수히 지나치는 일상을 지배하는 사람은 인생을 지배할 수 있다. 아니 일상의 하루하루를 지배하지 못하는 사람은 인생을 지배할 수 없다. 삶은 진지한 실체다. 직장인들에게 직장은 일상의 삶을 영위하는 실체다. 힘들다고 벗어날 수 없으며, 어제 안 좋은 일이 있었어도 자존심을 굽히며 오늘 가야 하는 곳이 직장이다. 결국 변화는 직장인들에게 선택이 아닌 생사를 가름하는 생존의 문제다. 조급함을 버리고 어차피 해야 할 일이라면 즐기면서 가보자. 내 삶을 미혹하는 즐거운 여행이라고 생각하자. 일상의 의미는 어차피 자신이 만들어 가는 것이다.

변화란

소소한 일상에서 고귀함을 찾는 것

현재를 가장 현실적으로 사는 것

매일 조금씩 프로세스를 개선하며 나아지는 것

다른 시선으로 새로운 희망을 품는 것

결국 받아들일 수밖에 없는 것

일상의 작은 변화를 무시하지 말자.

때론 작은 변화가 위대한 역사를 만들어 낸다.

인생을 재부팅하다

새로운 방향으로 전환하고자 할 때 혼란은 필연적으로 요구된다. 혼란의 시기가 끝나면 이전과는 다른 새로운 길이 열린다. 심리적으로 혼란이 가중될 때, 혼란 속에 면면히 흐르는 새로운 질서의 흐름을 보아야 한다.

박종수 《융심리학과 성서적 상담》 中

　개발자들은 정치적 이슈에 민감한 편이다. 미국과 일본 등에 비해 상대적으로 대우가 부족하다고 생각하다 보니 자신들을 사회적으로 혜택받지 못한 계층으로 분류하는 것이다. 실제로 내 주변에는 열성적으로 정치인들을 비난하고 우리나라의 미래를 심히 걱정하는 개발자들이 많다. 그들은 삼삼오오 모여 깡그리 바꿔야 한다고 목에 핏대를 세워가며 성토한다. 하지만 세상은 우리가 아무리 애써가며 외쳐봐야 잘 바뀌지 않는다. 오히려 기운만 빠지게 될 뿐이다. 그러나 이러한 상황도 변할 때가 있다. 그건 우리가 바뀔 때다. 어떻게 보면 우린 정작 변해야 할 건 바로 자신이라는 걸 깨닫지 못한다. 항상 중요한 건 세상이 아니라 우리 자신인데도 말이다. 내 자신의 전환을 통해 내가 바라보는 세상은 달라질 수 있다는 점을 인식하고 있어야 한다.

　재부팅 reboot 한다는 것은 기계가 말썽을 부리는 상황이나 새로운 프로그램을 업그레이드한 경우에 껐다 켜는 행위를 말한다. 실제로 컴퓨터를 사용하다 보면 컴퓨터가 엄청나게 느려지거나 랙 lag 이 발생하는 경우 컴퓨터를 끄고 켜는 것만으로도 문제가 해결되는 경험을 많이 한다. 또한 재부팅은 시스템을 초기화하고 쓸데없이 할당된 메모리를 다시 회수하는 과정이기도 하다. 이 과정을 통해 컴퓨터는 복잡한 연산을 할 수 있는 공간을 확보함은 물론 구동하는 데 필요한 에너지를 충전한다.

가끔은 개발자들도 깔끔하게 재부팅되면 어떨까라는 생각을 해본다.

　프로그램을 작성하다가 막힐 때, 어려운 문제를 푸느라 머릿속이 복잡할 때, 상사와의 갈등으로 힘들 때 버튼 한 번 누르는 것으로 메모리를 확보하고 깔끔한 기분에서 다시 시작할 수 있다면 얼마나 좋겠는가?

　나 역시 인생에 블루스크린이 뜬 적이 여러 번 있다. 프로젝트에 투입되어 정신 없이 몇 달간을 뒤돌아보지 않고 앞만 보고 내달렸다. 하지만 아무리 노력해도 부족한 시간과 문제 상황들이 만들어 낸 부조화된 일상이 이어질 뿐이었다. 사람과 일 사이에서 점점 고갈돼 가는 에너지를 충전할 시간조차 허락되지 않는 현실의 암담함 속에서 지쳐갈 때쯤, 나에게 주어진 찰나의 여유는 잠깐 동안의 산책이었다. 점심을 먹고 잠시 거닌 산책길에서는 언제 피었는지 모를 꽃들을 볼 수 있었고, 따사로운 햇살도 전혀 짜증스럽지 않았다. 난 그 시간 동안 오감을 통해 전해지는 자연의 혜택으로 에너지를 충전했다.

  직장인들은 주로 주말을 이용해 재충전할 기회를 얻는다. 여행을 가기도 하고, 집에서 충분한 휴식을 취하기도 하고, 취미활동을 하며 각자 나름의 방식으로 충전의 기회를 갖는다.
  나 역시 보통의 주말은 여느 직장인들과 다르지 않았다. 하지만 이 같은 충전 방식은 너무도 일시적이라는 점에서 내겐 매력적이지 않았다. 그런 면에서 매일 할 수 있는 산책은 천천히 걸으며 그동안 보지 못한 생경한 풍경들을 볼 수 있음은 물론, 마음이 가라앉고 여유가 생기는 경험을 하게 한다. 온종일 잘 풀리지 않던 코드, 난해한 로직, 사람과의 관계에서 오는 복잡한 문제도 잠시 쉬면서 걷다 보면 기분전환도 되고 번쩍이는 영감이 떠오를 때가 많다. 이처럼 매일 같이 새로움을 느낄 수 있다면 얼마나 좋을까? 정해진 루트로 출근하고, 매일 똑같은 사람들과 얽혀 하루를 보내지만 그곳에서 그들이 매일같이 내게 신선한 기분을 전해줄 수 있다면 좋겠다는 생각이 든다.
  왜 나는 되풀이되는 일상에서 무슨 미련을 버리지 못해 허우적거리고, 하염없이 시계만 바라보며 시간만 지나길 바라고

있는 것인지.

"당신이 영혼의 눈으로 볼 때, 당신이 주목하는 모든 것은 진화와 영감 어린 창조를 촉진한다. 주의력을 깊게 사용할수록 당신은 더 많은 진실과 영성을 찾게 된다. 주의력과 주체가 당신의 본성, 즉 영혼이라는 사실을 깨닫고 당신은 더 큰 목적의식과 힘을 경험하게 된다. 심지어 당신은 이런 질문까지 던질 수 있다. "내 인식이 곧 내 삶을 창조하는 것은 아닐까?" 흥미롭게도 영혼은 무엇에 주의를 기울이면 그 자신의 모습만 보게 된다. 왜냐하면 영혼은 분리가 불가능한 무엇이므로 '영혼이 아닌 것'이라는 개념은 성립할 수 없기 때문이다. 따라서 당신이 영혼으로서 주의력을 사용할 때, 당신은 당신 자신과 그 대상 사이에 동질감을 느끼게 된다."

페니 피어스 《인식의 도약》

페니 피어스의 말대로 의식의 확장, 더 나아가 새로운 삶의 방식으로의 일대 전환이야말로 우리가 피할 수 없는 진실된 과제이자 축복이다. 이 과정에서 우리는 자신을 고차원의 영적인 존재로서 인식하고 주의력을 펼쳐나갈 때 진정한 인생의 주인으로 살아가게 된다. 그러려면 적극적으로 변환 과정에 동참하려는 의지가 필요하다. 변환 과정을 통해 행복의 길로 갈 수 있다는 것을 인정하고, 하나씩 전환해 나갈 때 변화해 가는 자신과 조우할 수 있는 것이다. 결국 나는 관점을 전환해야 함을 깨달았다. 세상을 바꾸려는 것보다 내가 바뀌는 것이 훨씬 쉽게 다가왔고, 세상이 바뀌길 바라만 보면 불만만 쌓여가는 내 자신을 발견할 뿐이었다.

현상을 보는 관점을 바꾸자 인식의 전환은 자연스럽게
따라왔다. 사물과 현상을 볼 때 주의력 있게 의미를 판단하는
버릇이 생겨났고, 무엇이든 허투루 보이지 않았다. 나는 다른
각도에서 삶을 바라볼 수 있는 인식의 도약을 맛봤다.

생각을 전환하다.

"Think Different" 스티브잡스가 애플의 광고에서 사용한
마케팅 용어다. 그는 이 광고에서 세상을 다르게 본 사람들이
결국 세상을 바꿨다고 소개한다. 세상까지야 바꾸지 못한대도,
다른 사람의 생각까지야 바꿀 수 없더라도, '나' 자신을 바꿀
수 있지는 않을까? 선택은 언제나 내가 했다. 내 일상을
학습중심에서 사색중심으로 바꾸자 그제야 나에게도 사람 냄새가
나는 것 같았다. 오늘도 우리는 선택의 순간에 놓여있다. 결국
생각을 전환하지 않는다면 어제와 똑같은 결과만 만들어 낼
것이다. 우리의 삶도 예외는 아니다.

패러다임을 전환하다.

최근 함수형 Functional 패러다임이 떠오르고 있다. 논지인즉,
그동안 사물의 속성에 기반을 둔 객체지향적인 관점이 우리가
생각하는 대로 프로그램을 만들 수 있다는 추상화 개념인
함수형으로 패러다임이 전환되고 있다. 말 그대로 사고의

전환이다. 고착화된 사고의 틀을 깨면서 코드는 더욱 간결해지고, 개발자들은 좀 더 자유롭게 생각을 코드로 풀어놓을 수 있게 됐다. 향후 인공지능의 발전으로 개발자들이 프로그래밍 시 겪게 되는 패러다임 전환의 속도는 더욱 가팔라질 전망이다. 이젠 정말 말과 글로 주문만 하면 컴퓨터가 알아서 판단해 실행하는 시대가 오지 않을까 싶다. 이런 시대에 발맞춰 개발자들도 새로운 언어를 익히는 것보다 좀 더 큰 흐름인 패러다임의 변화를 읽어내는 데 초점을 맞춰야 할 때다. 우리 생각의 패러다임에도 전환이 필요하다.

감정을 전환하다.

분노는 자기 자신을 공격하고, 우울은 춥고 얼어붙게 해서 생명은 어느덧 빛을 잃어간다. 불안과 걱정은 어수선한 상황에서 혼잣말을 많이 하게 하며, 슬픔은 겉으로 드러내놓고 숨기지 않은 슬픈 감정을 통해서 해결된다. 반면 용기는 받아들일 수 있는 마음이며, 행복은 스며들지만 기쁨은 달려든다. 우리는 환희를 보통 '벅차다'는 말로 표현한다. 생각해보면 언제나 나에겐 두려운 감정이 변화를 가로막았다. 어느 순간 나는 알게 되었다. 변화할 때는 두려운 감정을 즐겨야 한다는 것을 말이다.

시각을 전환하다.

　내 안의 반짝이는 보석도 내가 그것을 어떻게 보느냐에 따라 가치가 달라진다. 눈으로 보지 않고 마음으로 바라보면 통찰력을 얻게 되고, 항상 앞면만 보던 시선을 뒤쪽으로 옮길 때 사물의 슬픈 단면을 보게 되며, 시각을 자연으로 옮길 때 내가 사는 세상의 아름다움을 깨닫게 된다. 어느 순간부터 사물을 여러 각도에서 보고 있는 내 자신을 발견한다. 그리고 의도적으로 바로 갈 수 있는 길을 돌아서 가기도 하고, 지하철로 출근하는 길에는 천천히 걸으며 사람들이 나를 지나쳐 가는 걸 느긋하게 지켜보기도 한다. 그때마다 내가 느낀 건 '뭔가 새롭다'였다. 난 궁극적으로 세상을 보는 시각을 안으로 돌려 나를 중심으로 재편하고 싶다.

환경을 전환하다.

　편하고 느슨한 환경에서는 변화에 대한 필요성이 잘 발현되지 않는다. 힘들고 어려운 상황에서야 질긴 근성이 드러나고 새로움에 대한 갈망이 더해진다. 이때 단련된 인내와 끈기는 절실한 심정이 되어 나를 채찍질한다. 내 경우에는 그랬다. 그래서 그런지 변화를 생각할 때 나도 모르게 어려운 상황으로 나 자신을 밀어 넣는다. 그게 내가 변화하는 하나의 방법이다. 어려운 환경에 적응하며 달라지는 내 모습을 관찰하는 게 지루하고 익숙해져 버린 기존의 삶과 결별하는 하나의 방식이다.

관점을 전환하다.

　우리는 일과 떨어질 수 없는 존재다. 삶에서 일이 없으면 존재가 초라해지고 반대로 일이 과도하게 많아 삶이 치이기 시작하면 존재는 방황한다. 어떻게 하면 이 둘을 조화롭게 운영할 수 있을까? 어떻게 하면 일과 삶의 균형을 찾아 만족스러운 삶을 유지할 수 있을까? 이 난해한 질문에 대한 답은 사실 간단하다. 일에 대한 관점을 바꾸는 것이다. 하기 싫은 일이라는 관점을 바꿔 일을 사랑하는 것이다. 사랑하기 시작할 때 일은 욕심을 갖고 대하는 대상이 아니라, 관심을 두고 관리하는 대상이라는 점을 깨닫게 된다. 욕심을 가지면 잘하고 싶어지고 뜻대로 되지 않을 때 스트레스로 작용한다. 나는 그제야 이 원리를 이해하게 되었다. 사람 간에도 그렇지 않던가. 우리가 애정을 가지고 대할 때 그 사람의 존재 자체만으로도 좋아지게 되고, 그 사람에게 푹 빠져 깊어지게 된다는 것을 말이다. 물론 아무나 사랑할 수는 없다. 하지만 삶이 풍요로워지기 위해서는 누군가는 사랑해야 한다. 그리고 어느 한쪽이 일방적으로 희생만 해야 한다면 관계는 오랜 기간 유지되지 못한다.

직무를 전환하다.

　내가 하고 싶은 일들로 하나씩 전환한다. 하나를 선택한다는 것은 기존에 가진 하나를 버린다는 것을 의미한다. 그동안 힘만 들고 성과가 없던 일 하나를, 내가 죽도록 하기 싫어했던 일 하나를 내 인생의 태스크에서 덜어내 보자. 나는 생각한다. 조금씩 내가 좋아하는 일들로 내 주변이 가득 채워질 때 행복한 인생이지 않을까? 하루의 대부분을 회사에서 보내야 하는 직장인들에겐 이 말이 기약 없는 희망 고문으로 여겨질 수 있겠지만, 조금만 용기를 내보면 불가능한 것도 아니다. 작고 사소한 일부터 그 일에서 손 뗄 수 있도록 주의력을 기울여 보자. 반복되고 의미 없는 일을 개선할 수는 없는지 고민해보자. 이 모든 게 어렵기만 하고 한계가 찾아왔다면 기회를 봐서 현재의 직무를 전환하는 것도 한 가지 방법이다. 나는 희망한다. 일 자체가 기쁨이었으면 좋겠다고 말이다. 재미없는 일만 하기엔 우리 인생이 그리 길지 않다.

　자신에게 맞는 방법을 찾고 되도록이면 바로 실천으로 이어져야 한다. 내가 얻은 교훈은 언제까지나 재부팅을 미룬다면 결국 포맷을 해야 할 수도 있다는 것이다. 가능하다면 본인에게 맞는 직무로 전환해 일에서 보람을 찾고, 좋은 사람들과의 만남을 통해 기분을 전환하고, 삶을 대하는 태도를 바꿔 행복한 인생을 맞이하는 데 성공하길 바란다. 개발자들이 갈구하는 발상의 전환이 이런 것이 아닌가도 싶다. 우리가 그동안 생각해보지 못한 부분을 다르게 보는 것 말이다. 오늘은 기분전환 겸 맥주 한잔하고 싶은 날이다.

해결되지 않는 상황은 무한 재부팅만으로는 해결할 수 없다.
재부팅으로 해결되지 않는다면 잠시 코드를 빼두자.

삶의 문제를 디버깅하라

에러는 유익하다. 왜냐하면 에러는 우리가 무슨 일이 일어났는지 연구하고 뭐가 잘못되었는지 이해하게 이끌어주며 이해하는 과정에서 고칠 수 있기 때문이다.

앤디 헌트 《실용주의 사고와 학습》 中

1947년 9월 9일, 최초의 버그가 발생했다.

그 이후로 지금까지 개발자들은 버그와 사투를 벌이고 있다. 당시 미 군함의 계산식 프로젝트를 맡아 하버드에서 마크II 컴퓨터를 담당하던 한 여성은 컴퓨터가 멈춘 원인을 찾던 도중 컴퓨터 패널의 릴레이 사이에서 나방을 발견했다. 그녀가 바로 최초로 컴퓨터 오류의 원인으로 벌레[bug]를 발견한 그레이스 호퍼[Grace Hopper]다. 코볼의 창안자이기도 한 호퍼는 릴레이 사이에서 벌레가 발견된 사실을 컴퓨터 로그 노트에 기록했다.

08:00 활동 시작
10:00 활동 중단, 릴레이를 교환하다.

11:00 코사인 테스트 시작

15:25 멀티 덧셈기 테스트하다.

15:45 70번 패널(나방) 릴레이, 최초의 실제 벌레(버그)를 발견했다.

 이후 '버그'는 보편적인 컴퓨터 용어가 됐으며 프로그램 내의 오류, 즉 버그를 찾아내어 수정하는 작업을 디버깅 debugging 이라고 부르게 됐다. 개발자들에게 코딩만큼이나 친숙한 작업이 디버깅이다. 코딩을 하다 보면 결코 한 번에 완벽한 소스코드를 작성할 수 없음을 경험하게 된다. 결국 버그를 잡고 오류를 수정해나가는 끝없는 과정을 반복한다. 완성도 높은 프로그램이 얼마나 코딩을 잘했느냐가 아닌 얼마나 오류를 잡아냈느냐에 따라 결정되는 까닭은 바로 이 때문이다.

 "손 코딩, 눈 디버깅"이란 말이 있지만 나는 눈으로만 버그를 잡는 것을 선호하지 않는다. 내가 작성한 소스코드에 꼭꼭 숨어 아무리 눈으로 보아도 쉽게 발견하지 못하는 경험을 수없이 한 뒤로는 IDE에서 제공하는 디버깅 툴을 이용한다.

 IDE에서 제공하는 디버깅 툴은 사용하기도 쉽다. 디버깅 모드로 실행하고 의심 가는 부분에 중단점 breakpoint 을 찍고 프로그램을 실행한다. 그런 다음 코드를 한줄 한줄 실행해가면서 프로그램의 흐름에 위배되는 부분은 없는지, 변수에 잘못된 값이 들어가고 있지는 않은지, 논리 구조에 문제는 없는지 면밀히 살펴본다. 여기에선 프로그램 전체가 아닌 의심이 가는 부분을 선택해서 한 줄씩 본다는 것이 핵심이다. 이렇게 보다 보면 코드는 손에 잡힐 듯 정리가 되고 대부분의 문제는 겉으로 드러나게 된다. 그래서 나는 디버깅을 해보기 전에는 문제가 뭐라고 단정지어 말하지 않는 편이다. 이 과정은 마치 컴퓨터와 대화하는 것처럼 내가 의사가 되어 코드를 진단한다.

요즘은 내가 작성한 코드가 한번에 문제없이 잘 돌아가면 불안하다. 뭔가 숨겨진 오류가 있을 것 같고, 소스코드가 반영된 다음에야 발현되어 더 큰 문제로 되돌아올 것 같은 느낌이 나를 놓아주지 않는다. 그래서 결국 그 불안감을 이겨내지 못하고 겉으로 드러난 문제가 없어도 내가 짠 소스코드는 무조건 디버깅 과정을 거친다. 그래야 안심이 된다. 눈에 보이지 않은 문제를 확인함으로써 불안감을 없애고 스트레스를 줄인다.

이렇게 디버깅을 하다 보면 버그가 하나 둘 해결돼가듯 우리 인생의 문제도 디버깅된다면 얼마나 좋을까 생각해보게 된다. 이미 고착화돼 삶의 일부가 돼버린 묵은 버그까지도 디버깅을 통해 찾아낼 수만 있다면 좋겠다는 생각을 하게 된다.

간혹 디버깅하다 보면 도저히 문제가 없어 보이는데 원하지 않는 결과가 나오는 경우가 있다. 디버깅에서도 오류의 원인이 나타나지 않는다면 여간 곤혹스러운 일이 아니다.

많은 시간을 쏟아붓고도 문제가 해결되지 않으면 문제의 원인을 외부의 탓으로 돌리기도 한다. "이건 서버 쪽 문제일 거야" "데이터베이스에 문제가 있는 게 틀림없어" "라이브러리가 잘못됐나?" 하지만 결국 틀린 건 바로 자신이라는 것을 확인할 뿐이다. 컴퓨터가 쏟아낸 오류는 결국 다른 사람이 아닌 내가 코딩해서 만들어 낸 결과다. 그래서 디버깅도 버그를 만들어 낸 당사자가 한다. 개발된 프로그램에 버그가 많다는 것은 기획자, 설계자, 디자이너의 책임이 아닌 실제로 해당 프로그램을 개발한 개발자의 책임으로 돌아온다.

어느 순간부터 개발자들은 버그가 만들어지는 수많은 경우를 다른 개발자들과 공유하기 시작했다. 이로 인해 문제 해결을 위해 소모하던 시간은 줄어들고, 해결되지 않는 버그는 인터넷상에서 토론할 수 있게 됐다. 얼핏 보기에 우리는 버그를 정복해가는 듯 보인다. 하지만 그제야 정작 중요한 우리 자신의 버그는 어찌해야 할지 들여다보게 된다. 수많은 버그를 잡기 위해 야근을 해야 하고, 삶의 만족도를 떨어뜨리는 문제가 득실거릴 때 우리 삶에도 디버깅이 필요해 보인다. 디버깅을 통해 버그를 하나씩 잡고 시스템이 안정적으로 동작할수록 개발자의 삶에서도 이런 갈망이 더해진다.

하지만 우리 삶의 문제는 더욱 복잡해 보인다. 풀리지 않는 실타래처럼 얽혀 있으니 그것을 풀어가는 과정을 '인생을 살아간다'는 말로 표현한다. 인생의 문제는 명확한 해법이 없기에 답답한 것이다. 가끔은 다른 개발자들에게 해결하지 못한 소스코드의 버그에 대한 의견을 구하듯 다른 사람의 의견을 묻고 싶을 때도 있다. 하지만 민감한 개인의 문제는 타인과 공유하기 꺼려지고, 실존하는 삶의 문제는 다양한 현실적 상황들과 맞물려 조언만으론 해결하기가 어려울 때가 많다. 결국 삶은 기본적으로 스스로 디버깅을 통해 문제를 해결하거나, 같은 오류를 반복하며 살아갈 수밖에 없는 운명적인 것이다.

버그 없는 프로그램은 존재하지 않듯이 아무런
문제 없이 유지되는 삶은 존재하지 않는다.

인생을 살아가면서 피치 못해 겪게 되는 수많은 문제를 해결하지 않고 묵혀두면 그것이 쌓이고 쌓여 결국 더 크게 돌아온다는 사실을 깨닫게 된다. 그래서 우리는 문제를 회피하기보다 직시해야 한다. 그렇지 않으면 문제를 안은 채 살아온 대로 살아갈 수밖에 없다.

오스트리아 태생인 영국의 철학자 카를 포퍼 Karl Popper 는 "삶은 문제 해결의 연속이다."라고 말했다. 실제로 우리는 삶의 문제를 놓고 해결하기 위해 사투를 벌이며 살아간다. 삶에 있어

디버깅은 끊임없는 자기성찰이다. 내가 어디쯤 도달해 있는지, 목적지는 어디인지, 현재의 삶에 만족하고 있는지 가끔은 바쁜 걸음을 멈추고 돌아보자. '오류를 반복할 것인가, 아니면 한 번쯤 디버깅을 하고 오류를 제거하고 갈 것인가'는 우리가 선택할 수 있는 서로 다른 갈림길이다. 어느 쪽 길로 들어설지는 스스로 결정하겠지만, 결과는 명확하다. 오류가 제거되면 성장의 발판이 마련될 것이다. 생명체는 잘못된 부분을 수정해가며 끊임없이 진화를 거듭해왔다는 점이 이를 뒷받침한다. 진화하지 못한 생물체는 자연스럽게 도태되고, 진화에 성공한 생명체는 살아남는다. 그것이 냉혹한 생존법칙이다. 결국 우리는 인생의 디버깅을 선택이 아닌 필수 요소로 인식해야 한다. 사람은 문제를 인식하고 해결하며 진화해간다.

"자신이 진정 사랑에 빠질 수 있고 자신의 인생을 기꺼이 바칠 수 있는 멋진 문제 하나를 찾아보라고 권하고 싶다."

카를 포퍼

카를 포퍼의 말처럼 문제는 자신의 인생을 사랑하는 관심의 표현이다. 인생 전부를 걸고 그 문제를 풀기 위해 평생을 노력하는 사람을 누가 당해낼 수 있을까? 그런 의미에서 현재의 삶이 만족스럽지 않다면 우리는 문제를 회피하고 있는 것이다. 지금이라도 현재 내가 가진 가장 큰 문제를 찾기 위해 깊이 있게 들여다보고 자신에게 물어보자.

나는 삶을 디버깅하려는 적극성을 가지고 있는가? 그리고 나를 돌아볼 준비가 돼 있는가?

우리는 인생이 아무리 힘들어도 도망칠 수 없고 삶의 문제를 회피할 수 없다. 결국 삶은, 문제를 떼어 놓고는 설명할 수 없으며 문제 해결을 위해 산다는 것을 직시하자. 세상이 급격히 변하면서 우리가 다루는 소프트웨어는 점점 복잡해지고, 우리가 풀어야 할 삶의 문제 또한 까다롭다. 이제는 정말 눈으로 대충 문제를 짐작할 수 있는 시기는 지난 듯싶다. 짐작과 가정이 아닌 우리 몸으로 직접 확인한 실체만이 진짜임을 잊지 말고, 우리 인생도 적극적으로 디버깅을 해보자. 언제나 그렇듯이 개발자에게 눈에 보이는 벌레 bug 는 두려움의 대상이 아니었다.

삶은 문제 해결의 연속이듯, 개발자에겐 버그 퇴치 능력이 중요하다.
영혼을 송두리째 뒤흔들 멋진 버그가 하나 있다는 것은
인생을 바꿀 수 있는 가능성이 있다는 걸 의미한다.

개발자여, 그 버그를 디버깅하라.
결국 버그와 사랑에 빠져라.

기민한 삶의 방법론

성공하는 데 어려움을 겪는다면 실패하라. 어떤 스토리를 구현하는
세 가지 방법 중 어떤 것을 선택해야 할지 모르겠는가? 셋 다 해보라.
셋 모두 실패하더라도 분명 귀중한 교훈을 얻을 수 있다.

켄트 벡 《익스트림 프로그래밍》

소프트웨어 산업에도 성공적인 프로젝트
완수를 위한 개발 방법론이 존재한다.

  무릇 방법론은 무슨 일을 제대로 잘 해보자는 의도에서 만들어지며, 시간이 지남에 따라 보완되고 다듬어져 최적의 상태로 진화하는 성질을 띤다. 하지만 유독 소프트웨어 개발 업계에서만은 그 변화의 속도를 따라가지 못하는 듯싶다. 좀 더 효율적인 방법론이 나온 지 꽤 오랜 시간이 지났음에도 아직 전통적인 방법에서 벗어나지 못하고 있는 주변 프로젝트 상황을 볼 때 참으로 보수적인 환경에서 일하고 있다는 생각이 든다.

  전통적인 방법론의 대표적인 방식은 폭포수 waterfall 기법이다. 이 방식은 실제로 폭포가 떨어지는 모습과 같이 순차적으로

각 단계를 완수하고 다음 단계로 넘어간다는 의미에서 붙여진 명칭으로, 단계별로 수행하는 태스크를 사전에 정의해둠으로써 계획대로 프로젝트를 진행한다. 가시적으로 관리하기 쉽다는 장점도 있지만 특정 단계에 문제가 생기면 다음 단계로 넘어가지 못해 시간에 쫓기게 되고, 결국 프로젝트 막바지에 가서는 철야 작업을 할 수 있다는 한계가 있다.

실제로 프로젝트 막판에 얼마나 많은 밤샘 작업을 경험해야 했는지, 지금 생각하면 그 원인을 알 것 같다. 고객의 요구사항 변경에 제대로 대처하지 못하는 진행 방식, 개발이 완료되는 시점에 진행하는 테스트, 각 단계마다 작성해야 하는 형식적 문서에 들이는 시간과 노력, 그리고 미리 작성된 산출물들은 프로젝트 말미에 가서야 중간에 변경된 내용을 반영하느라 다시 별도의 시간을 들여야 했던 것까지. 가끔은 지극히 비효율적이라는 것을 알면서도 모두가 사용하는 방식이기에 의심하지 못했다.

이렇게 정의된 전통적 방법론은 건축 업계에서 사용하는 방법을 그대로 차용하면서 그 한계성을 띤다. 즉, 소프트웨어 개발은 요구사항 변경을 예측하기 어렵다는 유동적 측면과 진행 과정이 직접 눈으로 보이지 않는다는 비가시적 측면, 전혀 소프트하지 않은 소프트웨어 개발로 인해 어떤 돌발상황이 발생할지 예측하기 어렵다는 개방적 측면을 제대로 이해하지 못함으로써 기존의 절차 중심적 방법론을 대체하는 새로운 방법론이 필요해졌다.

그렇게 해서 탄생한 기법이 애자일 agile 방법론이다. 애자일 사상은 어차피 고객의 요구사항은 변경될 것이고, 처음부터 완벽하게 정의된 명세는 없다는 것을 인정하는 관대한 관점에서 시작한다. 실제로 프로젝트를 수행하다 보면 요구사항이 처음에 정의된 대로 진행되는 경우는 드물다. 대부분 처음과 완전히 달라진 상황을 경험하게 되며, 이러한 변화를 염두에 두고 개발하는 것과 아닌 것에는 큰 차이가 나게 마련이다.
즉, 이 방법은 지극히 형식에 얽매여 시간과 노력을 들이는 것의 비효율적 측면과 변화에 능동적으로 대처하지 못하는 전통적인 방법론의 특징에서 벗어나자는 지극히 유연하고 실용적인 움직임으로 보면 된다. 애자일이라는 용어 자체에 '날렵한', '민첩한', '기민한'이라는 뜻이 있으니 방법론의 태생적 의도를 쉽사리 이해할 수 있다.

이 방식은 소프트웨어 개발자들의 업무 문화에서부터 업무 방식과 작업 프로세스까지 바꾸고 있다. 나만 하더라도 프로젝트를 수행하면서 PL이라는 역할로 전반적인 작업 프로세스에 영향을 줄 수는 없었지만 가능한 범위 내에서 애자일 방법론의 일부 기법을 도입해본 적이 있다.

복잡한 개발 작업의 경우 동료 개발자와 짝 프로그래밍 pair programming 을 하면서 시간을 허비하는 불필요한 행위라는 부정적 인식을 거두도록 노력했고, 개발해야 할 전체 목록 백로그 은 무료 배포 툴인 Redmine을 이용해 진행 상황과 함께 공유했으며, 소스코드를 배포하기 전에 코드 리뷰를 통해 개발할 때 느낀 점을 회고할 수 있게 했다. 이로써 서로 아이디어를 주고받고, 상대방의 기술을 배우는 동시에 실수도 줄어드는 경험을 했다. 이 과정에서 습득한 내용은 다음 개발 주기에 반영함으로써 프로젝트 구성원의 의사까지 반영하는 식으로 진화해 간다. 게다가 구성원들의 반응도 좋다. 자연스럽게 커뮤니케이션이 늘면서 동료들의 상황에 관심을 갖게 됐고, 누군가가 겪고 있는 문제점에 대해서도 함께 고민하기 시작했다. 결국 직접 경험해보니 전통적 방법론은 일을 중심에 놓고 개발자들을 대한다면 애자일 방법론은 좀 더 사람을 중심에 두고 일하는 문화를 만들 수 있는 방법론이었다.

나는 애자일 방법론을 익히고 실제 현장에 도입해가면서 점점 그 매력에 빠져들었다. 그래서 현장에 도입할 수 있는 다른 기법들은 없는지 꾸준히 확인하게 됐다. 그리고 비단 소프트웨어 개발만이 아니라 내가 실천할 수 있는 뭔가 애자일스러운 것들은 없는지 고민하게 됐다. 물론 거기엔 삶을 대하는 방식과 태도라는 측면도 포함해서 말이다. 형식적이고 비효율적이라는 사실을 알면서도 예전 방식에서 벗어나지 못한다면 어쩔 수 없이 시간에 쫓기고 철야 작업을 해야 하는 프로젝트 상황과 다르지 않다는 생각을 하게 된 것이다.

"소프트웨어의 모든 것이 변한다. 요구사항은 변한다. 설계도 변한다. 비즈니스도 변한다. 기술도 변한다. 팀도 변한다. 팀 구성원도 변한다. 변화는 반드시 일어나기 때문에 문제가 되는 것은 변화가 아니다. 그보다는 변화를 극복하지 못하는 우리의 무능력이 문제다."

켄트 벡 《익스트림 프로그래밍》

《익스트림 프로그래밍》의 저자 켄트 벡은 애자일 기법 중 하나인 XP eXtreme Programming 를 설명하면서 이렇게 말했다. 나는 그의 말 중에서 마지막 문구가 가장 신경이 쓰인다. 과연 '변화가 찾아와도 극복하지 못하게 하는 우리의 무능력'한 측면은 무엇인지 생각하게 된다. 무엇이 변화를 가로막고 우리의 행동을 제약하는지, 무엇이 성공에 이르는 길을 무색하게 하는 것인지, 나는 그 원인을 찾아 개선하고 싶었다.

우리는 얼마나 많이 "안 돼", "위험해", "어려워"
라는 말로 자신을 제약하고 움츠리게 하는가?

  나는 그것이 실패를 두려워하는 우리의 모습이라고 본다. 충분히 할 수 있음에도 실패가 두려워 시도조차 하지 않는다. 이것 때문에 우리에게 준비된 삶의 무대에서 제대로 된 연기를 펼치지 못하고 있다.

  우리는 살아가면서 모두가 성공을 좇지만 성공이 실패와 연관돼있다는 점은 애써 외면하려 한다. 그러니 누군가가 실패했다고 하면 덮어놓고 위로부터 하고 본다. 그만큼 실패는 우리에게 고통스럽고, 처절하며, 뼈아픈 것으로만 인식된다. 하지만 나는 우리가 실패에 둔감해져야 한다고 본다. 실패를 좋아하는 사람은 없지만 실패가 두려워 시도조차 하지 않는다면 실패는 없을지 몰라도 빛나는 성공 또한 없다. 실제 개발자들은 문제를 푸는 재미에 푹 빠져 때론 복잡한 문제를 만들어 내기도 한다. 하지만 개발자들의 자신감은 이러한 시행착오를 통해 얻은 경험에서 나온다는 것에 나는 일종의 확신을 가지고 있다. 언제나 상황에 딱 들어맞는 해결책은 없었다. 끝없는 실수와 실패를 통해 보완해 갈 뿐이다.

  성공한 사람들에게 물어보라. 그들에게 어떻게 성공하게 됐느냐고 물어보면 처음엔 대부분 운이 좋았다고 대답한다.

그러곤 자신의 뼈아픈 실패담을 털어놓는다. 결코 그들은 성공을 당연한 것으로 여기지 않으며, 실패가 현재의 자리에 있게 했음을 강조한다. 우리는 성공한 사람들이 성공만큼이나 실패를 중요시하고 있다는 점에 주목해야 한다. 그리고 그들이 말하는 '단지 운이 좋다'라는 말 속에는 수많은 실패의 의미가 숨겨져 있음을, 단지 운이라는 우연은 실패를 받아들일 준비된 자에게만 찾아온다는 것을 지각해야 한다.

실패는 시도다. 인생은 수많은 실패를 위한 수많은 시도에 의해 완성된다. 나는 실패를 시도라고 하는 인식의 전환을 통해 우리가 끊임없이 도전하고 발전하길 바란다. 결국 인생에 실패는 없고, 무수한 시도만이 존재할 것이다. '얼마나 실패했는가?'라는 질문을 '얼마나 시도했는가?'라는 질문으로 대체해보자. 그럼 우린 좀 더 자유롭게 시도할 수 있을 것이다.

만약 실패를 권장하는 조직문화 속에서 일하고 있다면 운이 좋은 것이다. 마음껏 시도하고 동료들과 성과에 관해 이야기하자. 하지만 문제는 앞에서 말한 전통적인 방법론만을 끝끝내 고집하는 조직에 속한 경우다. 이때는 실패를 자유롭게 실험할 수 있는 환경이 아니기에 실수를 줄이는 것이 조직 내에서 자신의 입지를 흔들리지 않게 하는 처세가 될 수 있다. 나는 이 경우 애자일 방법론에서 소개하는 테스트 주도 개발 [TDD, Test-Driven Development] 기법을 사용하길 권한다. 즉, 실행에 앞서 검증용 테스트 코드를 작성해 파일럿을 진행해보라는 것이다. 사전 테스트는 자신의 의도대로 작성되었는지를 확인함으로써 실수를 줄이고 치명적 실패를 막는다. 결과적으로 이는 성공 확률을 높이고 문제에 대한 해결책을 찾는 데 도움될 것이다.

실패를 통해 배우자.

  실패함으로써 문제점을 분석하고 보완해 가면서 성공에 접근하는 방식을 배운다. 실제로 애자일 방법론도 수없이 지속해온 실무에서의 실패를 기반으로 탄생한 개념이다. 애자일 방법론이 유독 소프트웨어 방법론으로 큰 지지와 사랑을 받는 이유도 실패 속의 장점을 받아들여 발전한 경우이기 때문이다. 인생을 살면서 지금 내가 겪고 있는 고난, 어려움, 시련들은 나에게 무엇을 가르치려 한다는 것을 받아들여야 한다. 그리고 거기서 얻은 영감과 교훈을 통해 새로운 사람으로 거듭난다는 것을 깨닫는다면 한 차원 높은 단계에서 인생을 살게 될 것이다.
  실패도 겸허히 수용하는 태도, 그것이 실용적인 면을 표방하는 애자일스러운 삶의 태도가 아닐까. 아무리 좋은 솔루션도 받아들이지 않는다면 무용지물이지 않은가.

애자일 선언문(2001년)

- 개인과 상호작용을 절차와 도구보다 우선한다.
- 제대로 동작하는 소프트웨어를 포괄적인 문서화보다 우선한다.
- 고객과의 협력을 계약 협상보다 우선한다.
- 변화에 대응하는 것을 계획에 따르는 것보다 우선한다.

휴먼 프로그래머 선언문(2017년)

- 개인과 상호작용하는 것뿐만 아니라 자신과 더 많은 시간을 보낸다.
- 제대로 동작하는 소프트웨어뿐만 아니라 깊은 인생을 산다.
- 고객과의 협력뿐만 아니라 지속적인 관계유지를 위해 노력한다.
- 변화에 대응하는 것뿐만 아니라 당연한 것으로 여긴다.

왼쪽의 항목들도 가치가 있지만, 오른쪽 항목 없이는 의미가 없다.

(*책 마지막 페이지에 휴먼 프로그래머 선언문 전문 참조)

내 인생의 무한루프 체크

노동을 하지 않으면 삶은 부패한다. 그러나 영혼 없는
노동을 하면 삶은 질식되어 죽어간다.

알베르 카뮈

오늘은 특히나 벗어나고 싶은 날이다.

늦은 밤 어둑한 집 앞 골목길을 걷다 자연스럽게 동네 슈퍼로 발길을 옮긴다. 며칠간 이어진 밤샘 작업으로 몸은 이미 녹초가 됐지만 오늘은 소주라도 한잔 하지 않으면 쉽게 잠들 수 없을 것만 같다. 여느 프로젝트처럼 쉽게 끝날 것이라고 믿진 않았지만 상황이 생각보다 어렵게 돌아가자 다들 지쳐가는 기색이 역력하다. 프로젝트는 모두 이래야만 잘 마무리되는 것처럼 고착화된 모습에서 개발자의 힘든 일상이 겹쳐진다.

가끔씩 하늘마저 쳐다보지 않는다면, 한번 빠지면 헤어나올 수 없는 늪과 같은 현실에서 무한정 허우적대다 인생이 끝날 것만 같았다. 한번은 끝맺음을 맺고, 다시 새로운 시작이 있어야 각성이 될 텐데, 대학을 졸업하고 난 이후로 10년간 끝없는 질주를 해왔다. 직장생활이라는 건 마침표를 찍고 나가고 싶어도 당장 내일 밥 걱정에서 벗어날 수 없는 무한루프와도 같다.

프로그래밍에서 무한루프 infinite loop 는 한번 빠지면 계속 처음으로 되돌아와서 끝없이 같은 작업을 반복하는 구조를 말한다. 끝나지 않고 계속되기에 결국엔 메모리가 초과해서 시스템이 다운돼야만 끝난다. 개발자들은 이런 오류를 만들지 않기 위해 항상 체크하고 내가 짠 소스코드의 논리구조를 유심히 살핀다. 한번 발생하면 심각한 문제를 야기하는 무한루프는 항상 문제를 염두해가며 살아가는 개발자의 일상 속에도 심심치 않게 발현된다. 컴퓨터 앞에 한참 동안 멍하니 앉아있을 때, 하염없이 애꿎은 시계만 쳐다볼 때, 회의실 안에서조차 머릿속을 사로잡는 딴생각에 도무지 집중하지 못할 때, 문득 쳇바퀴 돌듯 반복되는 단조로운 일상 속에서 스스로가 바보 같다고 느껴질 때, 아무런 꿈도 새로움도 더는 느껴지지 않을 때, 그러면서도 다음날 다시 같은 시간에 일어나는 내 모습을 바라볼 때. 일상의 무미건조함과 영혼 없는 노동에 질식돼 간다고 요즘 들어 더 자주 느껴진다면 혹시 내가 무한루프에 빠진 것은 아닌지 의심해봐야 한다.

5장 변화

개발자는 끊임없이 반복과 싸운다.

문득 내 삶이 영원히 끝나지 않는 '시지프스의 형벌'과도 같다는 생각이 들 때가 있다. 그리스 신화에서 교활하고 못된 짓을 일삼던 코린토스 왕, 시지프스는 제우스 신의 노여움을 받아 무거운 돌을 짊어지고 정상까지 올라가야 하는 형벌을 받는다. 그러나 정상에 이르면 돌은 이내 아래로 굴러 떨어지고, 시지프스는 또 다시 돌을 짊어지고 정상을 향한 발걸음을 옮긴다. 어쩌면 우린 시지프스처럼 영원히 끝나지 않는 '가혹한 형벌'을 받고 있는지도 모른다. 그런 의미에서 알베르 카뮈 Albert Camus 의 "무용하고 희망 없는 노동보다 더 끔찍한 형벌은 없다고 생각해낸 신들의 생각은 일리가 있었다."라는 말은 가슴속에 와서 박힌다. 결국, 반복되고 희망이 없는 노동은 우리의 삶을 형벌 속에 가둬놓는다.

개발자들의 노동은 코딩하는 것에만 한정되지 않는다. 원치 않는 문서를 작성하고, 불필요한 회의를 하고, 상사의 보고자료를 작성하고, 때론 즐거워야 할 프로그래밍도 어떻게 보면 정해진 명세대로만 개발하는 반복된 코드의 나열이 될 수 있다. 시지프스의 단조로움에 빠져버린 삶의 부조화 속에서 허우적거리는 자신과 조우할 때면 무료한 일상 속에서 점차 지치고 나약해져 가는 모습을 발견한다. 너무 미리부터 열정을 소진해서인지 자꾸만 허무하고 일상의 물음에 적극적으로 응대하지 못하는 내 모습과 마주친다.

"오늘은 피곤해서일 거야."

평소보다 이른 잠자리에 뒤척이며 혼곤한 잠을 청해본다.

우리의 삶이 시지프스와 다르지 않다는 것을 깨달은 뒤로 어떻게 하면 무거운 돌을 가볍게 줄여볼까, 영원히 반복하는 행위를 그만둘 수 있을까를 궁리하며 형벌에서 벗어날 방법에 집중했다. 하지만 이내 가벼운 돌로 바꿔본들, 지금의 반복 대신 다른 행위를 반복하게 된다는 것을 확인할 뿐이었다. 실제로 시지프스에게 형벌은 무거운 돌을 짊어져야 하는 것도, 무한히 반복해야 하는 것도 아닌 그의 행위에 '아무런 의미도 부여되지 않는다'는 것임을 깨닫고 내 삶에 부여된 의미를 생각해 보게 된다. 어쩌면 삶 자체는 본래부터 무의미했기에 우리는 의미를 부여하며 삶을 살게 됐는지도 모른다. 시지프스는 자신에게 내려진 형벌을 절망으로 인식하지 않고, 오히려 자신이 하는 일에서 가치를 찾고 있지는 않았을까? 신들은 그에게 고통을 주고자 했지만 정작 시지프스가 현재의 일을 통해 삶에 당당히 맞서는 자신의 참모습을 발견했다고 한다면 과연 시지프스에게 돌을 옮기는 일이 형벌로만 남게 될까?

시지프스가 바위를 밀어 올리는 것처럼 쓸데없고 덧없는 일이 반복될 때 우린 어떤 선택을 할 수 있을까? 어쩔 수 없으니까 체념하거나 적당히 타협하는 것이 일반적이겠지만, 그런 현실에 저항하고 대립하며 불꽃처럼 타오르는 것, 현실을 다른 시선으로 바라보고 새로운 희망을 품는 것, 그것이 진정한 자유 정신이다. 그것이 현실을 돌파하는 진정한 힘이다. 결국 우리의 삶은 의지와 노력으로 얼마든지 극복할 수 있는 성질의 것이다.

　　영원회귀永遠回歸. 생生은 원의 형상을 띠면서 영원히 반복되는 것이고, 피안의 생활에 이르는 것도 환생還生해서 다음 세상에서 새로운 생활로 들어가는 것을 부정하고, 항상 동일한 것이 되풀이된다는 니체의 사상이다. 니체의 '영원회귀'에 따르면 죽음 이후에도 새로운 삶이 아닌 내가 그동안 살아왔던 삶이 생성과 소멸의 과정을 거치며 다시 반복된다는 것이다. 그 반복이 무한히 되풀이된다는 점에서 '죽으면 끝'이라는 백발이 지긋한 어르신들의 말과는 상충한다. 현실에서 힘겹다고 주저앉고, 다음 생에는 더 나은 삶을 바라는 것에서 희망을 찾곤 했던 내 삶에 경종을 울린다. 니체의 말대로라면 반대로 이번 생이 즐겁고 행복한 삶이었다면 다음 생에도 그 즐거움이 이어질 것이다.

현재는 과거의 종착점이 아니기에 우리의 노력
여하에 따라 얼마든지 달라질 수 있다.

　　실제로 니체는 현실의 삶에 존재하는 고뇌와 기쁨을 받아들이라고 한다. 또한 삶의 순간을 충실하게 살아가는 것에서 생의 자유와 구원이 있다고 한다. 결국 우리가 지금 이 순간을 다르게 보내야 하는 이유는 명백하다. 삶의 관점에서 본다면 영원회귀 사상은 우리의 삶을 능동적으로 선택하는 자유의지를 요구한다는 점에서 각성을 요구한다.

살아 있는 떨림을 느끼기 시작할 때 진정한 인생이 시작된다. 가끔 나는 책을 읽으며 그것을 깨닫는다. 어느 날 문득 자정 경에 읽은 하나의 문구에서 주체하기 힘든 강한 전율을 느꼈다.

"지금까지 이 세상이 돌아가는 동안 그 영원한 세월 내내 자신이 죽어 있었음을 갑자기 깨달았다. 지금 이 순간, 자신이 진정으로 살아 있음을 느낀 것이다."

《60초 소설》 저자, 댄 헐리

아이러니한 이 한 문장에서 나는 그동안 숨만 내쉬는 삶을 살고 있었음을 자각했고, 순간 강한 떨림의 신호가 발동되기 시작했다. 깊고 조용한 밤, 심장이 뛰는 소리가 들리고, 쉼 없이 이어지는 들숨과 날숨이 느껴진다. 그러고는 이내 살아 있음에 행복감이 밀려든다. 한번 찾아온 각성은 다음번에 좀 더 쉽게 발동된다. 달리기하고 숨이 턱밑까지 차오를 때면 온몸이 펄떡대고, 등산으로 땀에 흠뻑 젖으면 온몸의 땀구멍이 열린 듯 호흡이 세차지고, 음악을 들을 때면 귀로 듣기 시작해서 가슴으로 전해지는 감동에 흥분한다. 나는 점점 반복되는 일상에서 숨겨진 의미를 찾으며 희열을 느껴간다. 그동안 평범하게만 느껴졌던 일상들이 새롭게 다가오기 시작하고, 그 신비로움을 좇고자 나는 감각의 촉수를 더 높이 치켜세워 나간다. 마음에서 습관처럼 흘려보냈던 일상을 조금씩 낯설게 바라본다. 뭔가 큰 것을 바라는 것이 아닌, 다만 어제보다 조금 더 나은 오늘이길 희망한다. 간혹 그동안 익숙함에 젖어있던 생활 방식은 낯선 자극에 몸서리치지만 이내 다시 낯섦의 설렘에 환호한다. 삶은 이렇듯 생동하는 것이었다.

일상의 소중함은 그 평온이 깨질 때 절실히 와 닿는다.
　나에겐 매일 똑같은 평범한 일상이 누군가에게는 소중히 바라던 나날이다. 아무 일 없이 하루를 보낼 수 있다는 것, 그 사실만으로도 감사한 날이 될 때가 있다. 웃는 날이 많아야 기쁜 날이라 하지 않던가? 오늘을 덧없이 보내기에는 만끽할 설렘이 아쉽기만 하다. 특별한 일 없는 일상이지만 일부러라도 더 크게 웃어보고, 민낯 그대로의 삶을 즐길 수 있었으면 한다. 조금씩 자신감이 쌓여갈수록 인생의 온전한 주인으로 거듭날 것이다. 내 삶을 긍정하는 것은 누구도 대신해 줄 수 없는 나만의 의식적인 훈련이다. 긍정은 뜻하지 않는 삶의 즐거움을 이끈다.
　그동안 반복된 삶은 나에게 낭비되고 소모되는 시간이라고 인식됐다. 하지만 이 시간이 나에게 성찰의 시간이 되어준다는 것을 깨닫고는 새로운 길로 나아갈 힘을 얻는다. 영원히 회귀한다는 지루함보다는 무한루프 또한 즐거움이 될 수 있다는 하나의 깨우침을 얻는다. 어찌 보면 반복되는 일상은 변하지 않았지만 일상을 받아들이는 나는 이전의 내가 아니었다. 실제 그토록 찾아 헤매던 무한루프의 종료 조건은 바로 내 안에 있었다.

반복되는 무한루프는 깨기 위한 장치가 필요하다.
프로그래밍에서는 "break"라는 용어를 사용한다.
말 그대로 "깨다", "부수다"라는 의미를 지닌다.

무한히 반복되는 개발자의 일상에서도 깨기 위한 장치가 필요하다.
그건 "feel"이라는 용어다.
말 그대로 "느끼다", "감동하다", "깨닫다"라는 의미를 지닌다.

06

네 운명을 튜닝하라

론도 a단조, 이 곡을 치면서 하루를 시작해요.
햇빛이 나건, 비가 오건, 기분이 좋건, 울적하건, 매일 그날의 얘기를 들려줘요.
또 그게 다 인생이라고 말해요. 모짜르트의 비밀이죠.
나직하지만 체념이 절대 아니에요.

가만히 봐봐, 깊이 보고, 사랑해 봐, 그러잖아요.

드라마 「밀회」 中

"이렇게 살아야 하나?"

가끔씩 찾아오는 주체하기 힘든 감정들이 나를 초라하게 만들었다. 누구보다 열심히 살았다고 자부했지만 현실은 그리 만족스럽지 않았다. 가끔은 다 때려치우고 도망가고 싶다는 생각이 들기도 했다. 울컥 솟구치는 감정을 추스르고 현실을 직시할 때면 언제나 그 자리엔 비참한 내가 서 있었다. 정말로 운명은 스스로 개척할 수 있는 것일까? 태어나면서부터 내 의지와는 상관없이 결정된 것들이 많다. 대한민국의 국민, 한 가족의 장남, 금수저는 아니라는 사실. 그리고 그 안에 있는 '나'라는 존재는 기존의 고착화된 틀 안에서 개발자로 인생을 살아간다. 문득 바쁜 일상을 살아가다 보면 현실에 타협해가며 운명에 저항할 힘을 잃은 노쇠한 나귀처럼 끌려 다니는 모습과 마주칠 때가 있다. 내 의지와는 다르게 타고나 정해진 삶은 고통으로 점철돼 간다.

'월화수목금금금' 개발자들에게 흔한 말이다.
   평일은 잠든 아이들의 얼굴을 보는 날이고, 주말은 함께 보내지 못한 미안함으로 애잔한 날이다. 한창 프로젝트 오픈을 준비하며 하루하루를 힘겹게 보내야만 했다. 삶은 나에게 버거운 상대였으며, 매일같이 무사히 넘기길 바라는 나날이었다. 회의실을 개조해서 만든 창문조차 없는 공간은 환기가 되지 않아 개발자들은 비염과 기관지염, 두통을 호소해가며 힘겹게 일해야 했다. 당시 신입이었던 나는 대기업에서조차 이런 환경에서 일하고 있다는 점에서 놀라웠고, 이보다 더 열악한 환경에서 일하는 개발자들도 많다는 소리를 들었을 때 다시 한번 놀랐다.

   우린 이곳을 한번 들어가면 나오지 못하는 '골방'이라고 불렀다. 나는 하루 15시간씩 꼬박 이곳에서 감정을 숨긴 채 보내야 했다. 프로젝트의 분위기가 좋지 않았으니 누구 하나 웃을 수 없었다. 진행 상황을 보고하는 자리에서는 고성과 욕설이 난무하던 시기였다.

하루하루는 힘겨웠지만 프로젝트만 끝나면 괜찮을 거라고 스스로를 위로했다. 하지만 가혹하게도 힘겹게 시스템을 오픈한 뒤에도 문제를 해결해야 했고, 전 사업부로 적용하는 데 꼬박 3년의 시간을 더 보내야 했다. 지금 생각하면 다신 경험하고 싶지 않은 아득한 기억이다.

"어떻게 하면 추출 속도를 향상시킬 수 있을지 다들 아이디어들 내주세요."

프로젝트 리더의 주최로 시스템의 핵심 기능에 대한 속도를 개선하기 위해 개발자들이 회의실에 모였다. 시스템의 성패와도 직결된 중요한 부분이다 보니 다들 진지한 분위기로 회의에 임했다. 아이디어를 모으고, 로직을 분석해 최적의 개선안을 찾기 위해 노력했다. 수많은 제약과 종속관계까지 고려해야 하기에 한번 시작한 회의는 쉽게 끝나지 않았다. 결국 몇몇 아이디어는 파일럿 프로그램을 개발해 속도를 측정해보기로 하고 밤이 늦어서야 회의를 마칠 수 있었다.

가끔은 한자리에 모인 김에 현재의 근무환경은 개선할 수 없는지, 야근을 줄이고 좀 더 인간다운 생활을 할 수는 없는지 의견을 모으고 개선해보고 싶다는 생각이 들 때가 있다. 더 나아가 개발자들의 삶도 좀 더 인간답게 살 수는 없을까 해결책을 모색해보면 좋을 듯싶다. 사실 진정으로 필요한 건 시스템을 만드는 우리들의 삶도 튜닝이 필요하다는 것이다.

튜닝 tunning 이라는 용어는 '시스템이 최상의 상태로 동작하기 위한 조치'를 뜻한다. 즉, 서비스 품질을 높이고, 시스템을 안정적으로 운영할 수 있도록 취할 수 있는 적절한 방법을 찾아 적용하는 기술이다. 여기에는 코드의 생산성을 높이는 리팩터링, 로직 개선을 통한 애플리케이션 최적화, 쿼리 튜닝을 통한 처리속도 개선, 데이터베이스 성능향상을 위한 구조변경, 그 밖에 소스 빌드와 배포 자동화, 효과적인 개발 방법론 및 자동 테스팅 기법 도입 등이 포함된다. 그리고 한가지 중요한 활동을 추가하자면 '개발자 삶의 개선'이다.

튜닝은 기존의 것을 개선하려는 노력이며, 이를 통해 보다 나은 환경을 만드는 시도다.

그래서 시스템을 개선하는 것 이외에 좀 더 나은 업무 방식을 찾는 것도 튜닝이 되며 소프트웨어를 개발하는 개발자의 문화를 새롭게 조성하는 것도 튜닝의 영역에 포함된다. 여기에서 중점은 빠르게 변화하는 환경에 맞춰 개발자의 문화, 환경, 생활, 삶까지도 개선해 변화에 능동적으로 대처하자는 것이다. 실제 효율적인 지원 형태인 **DevOps** Development + Operation 가 탄생하면서 협업과 소통을 통한 발빠른 대응이 가능해졌고, 오픈소스 커뮤니티를 통한 자발적인 지식 공유는 배움의 속도를 빠르게 했으며, 애자일 방법론은 조직과 구성원들에게 새로운 사고방식을 제공하고 있다. 그 밖에도 각종 개발자 중심 문화를 만들기 위한 노력들이 시도되면서 개발자가 코딩에 집중하는 데 기여하고 있다. 이는 결국 개발자가 일하기 좋은 문화를 조성함은 물론, 높은 품질의 소프트웨어를 만드는 데도 도움을 줄 것이다.

개발자의 아모르파티

   소프트웨어 튜닝과 같이 우리가 삶을 개선하는 적극적인 방법이 아모르파티 amor fati 다. 이것은 "네 운명을 사랑하라"라는 니체의 사상으로, 그의 말에 따르면 인간은 언제까지나 운명에 농락당하는 무력한 존재만은 아니다. 운명은 누구에게나 필연적으로 주어지지만 묵묵히 수동적으로 따르기보다 긍정하고 받아들여 사랑할 수 있을 때야 비로소 본래의 창조성이 발현된다. 어쩔 수 없이 받아들이는 것이 아니라 현재의 고통까지도 긍정하고 진정으로 끌어안을 때 비로소 삶을 예찬할 수 있는 것이다. 이는 운명이라는 수레바퀴에 휩쓸리고 허우적댈 때 무너져 가는 삶을 일으켜 세우고, 결국 제대로 된 인생을 살아가는 방법을 깨우치는 것이다. 이따금 인생은 회피할 수 없는 굴레에서 벗어나고자 끊임없이 노력하는 과정이 아닐까 라는 생각이 든다.

   단연코 고통이 고통만으로 끝나서는 안 된다. 운명은 아무 이유

없이 누군가의 삶을 흔들어 놓지 않으며 고통이 인생의 전환과 소중한 교훈이 될 수 있다는 것을 나는 힘든 프로젝트를 통해 배운다. 내 경험에 의하면 고통스럽다는 이유로 술을 마시고, 자신을 학대할수록 돌아오는 건 다음날 숙취와 땅에 떨어지는 자존감뿐이라는 점이다. 삶은 불가항력적인 현재의 고통을 수긍하고 충분히 즐길 수 있을 때 비로소 깊어진다. 가끔은 가혹하리만큼 혹독할 수 있지만, 그럼에도 고통을 충분히 즐길 줄 아는 자세가 중요하다. 어차피 피할 수 없다면 받아들이자는 것이다. 고통도 우리 삶의 일부분이니 고통을 경험할 이 기회를 구태여 회피하지 말자는 것이다. 이별의 고통을 경험한 자가 진정한 이별을 논할 수 있듯, 지금 나는 인생의 소중한 경험을 하고 있는지 모른다.

결국 그토록 벗어나고 싶던 '골방' 프로젝트는 삶의 시련에 좀 더 당당하게 이겨낼 수 있는 지혜를 준 소중한 경험이 됐다. 신화학자 조셉 캠벨 Joseph Campbell 이 얘기했듯 우리가 삶을 통해 진실로 찾고자 했던 것은 '살아 있음에 대한 경험'이 맞다. 살아 있음에 전율하는 것, 삶의 경이로움을 체험하는 것, 삶이 주는 황홀경을 느끼는 것, 우리가 삶을 통해 우리 안에서 궁극적으로 찾아야 할 것은 바로 이것이었다. 니체가 철학을 펴기 위해 평생 자신의 삶을 실험의 장場으로 삼았듯, 적극적으로 자신의 삶을 쓰는 사람은 지고지순한 삶의 절정을 경험하게 될 것이다.

  아직도 내 주변엔 개발자로의 삶에 힘겨워하는 사람들이 많지만, 자기 일을 사랑하고 열정을 갖는 사람들은 그 속에서 의미를 찾아 나간다. 이 길로 들어선 계기가 우연이든, 운명이든 자신이 하는 일에 애정을 가진 사람은 현재를 당당하게 받아들인다. 몇 날 며칠을 고생한 버그를 잡으며 느낀 희열, 밤은 새웠지만 한 땀 한 땀 만든 코드가 일사불란하게 돌아갈 때 내 고생은 비로소 보상받는다. 개발자는 이런 희열을 잊지 않는 사람이다. 아니, 오히려 그들에게 그건 일이 아니라 즐거움 그 자체로 남는다. 나 또한 이 기억들은 내 인생에서 평생 잊혀지지 않는 소중한 기억으로 남겨질 것이다.

그럼에도 불구하고 운명을 사랑하는 것
그것이 운명을 튜닝하는 법이다.

내가 주인공으로 등장하는 내 인생이기에
계절의 변화처럼 거스를 수 없다면
자연스런 이 변화를 즐기기로 마음먹는다.

언제나 그랬듯 삶만이 내 최대 관심사다.

6장

성장

成長

[명사] 사람이나 동식물 따위가 자라서 점점 커짐
표준국어대사전

6장

01

암호화된 길을 가다

부유함이 구한다고 얻어지는 것이라면 채찍을 잡는 하인 노릇이라도
나는 사양하지 않았을 것이다. 그러나 구한다고 얻어지는 것이
아니기 때문에 나는 마음에 드는 길을 따를 것이다.

공자

"우리가 무슨 개발자예요. 회사원이지…"

  후배의 말에 나는 반박하지 못했다. 요즘 들어 내가 하는 일을
보면 틀린 말도 아닌 것 같다. 그냥 인정하고 받아들이기엔
뭔가 석연치 않은 기분이 들어 온종일 일이 손에 잡히지 않는다.
아니라고 부정해보지만 나는 언제까지 부정만 할 수 있을까?
현실에 치여 정체성을 잃어가는 사람처럼 느껴지는 것은 비단
나만의 생각일까? 왜 이 상황까지 오게 됐는지, 후배의 말이
수시로 떠올라 나를 괴롭힌다. 문서를 작성하느라 코딩할 시간은
없고, 직급이 올라가면 자연스럽게 개발에서 손 떼야 하는
분위기는 개발자로 남고 싶던 나를 힘들게 했다. 이대로 있으면
현실에 매몰되어 뚜렷한 능력 없이 시간만 보낼 것 같다는

기분이 들었다.

　이뿐만이 아니다. 원가 절감을 이유로 자행되는 각종 파행들은 개발자의 삶을 더욱 척박하게 하고(실제로 다수의 프로젝트를 동시에 수행하는 개발자들이 얼마나 많은가), 일정 압박에 치이고(누가 개발자들을 잠 못 들게 하는가), 고객의 인식부족(끊임없이 요구사항을 변경하며 개발자들이 방어적이라고 탓하는 고객들), 열악한 소프트웨어 환경(갑을병정의 기형적 하도급 환경 속에 자행되는 불공정거래), 일관성 없는 정부 정책(말 많던 소프트웨어 기술자 신고제와 정보통신부 해체 등), 보이지 않는 미래까지(대한민국 개발자의 실질 퇴직 연령은 도대체 몇 살인가). 넘어서야 할 산은 많아 보이고, 그럴수록 피폐해져 가는 자신의 모습을 애처로운 시선으로 바라볼 수밖에 없다. 나는 대한민국의 개발자로 살아가면서 절벽 위를 위태롭게 걷고 있다는 생각을 많이 하게 된다. 한 발만 잘못 내디뎌도 까마득한 낭떠러지로 떨어질 것만 같다.

　나는 지금이 개발자로서 갈림길이란 걸 어렴풋이 느끼고 있었다. 앞으로의 진로에 대한 고민에 잠을 설치는 날이 늘어갔고, 내가 배운 개발자로서의 여러 기술들도 더 이상 쓸모가 없게 되리라는 생각에 심한 우울 증세를 겪기 시작한 것도 이즈음이다. 아무리 발버둥 쳐도 현실을 타개할 돌파구는 보이지 않았다. 지금까지 걸어온 이 길을 놓지 않고 가는 것이 내가 할 수 있는 유일한 수단으로 여겨졌다. 그래서 이 길에 더 집착했는지도 모른다. 그래, 이건 애착이 아니라 집착이다. 현실과 타협하며 의무적으로 살아가야 하는 지금의 삶을 지속해야 한다는 것을 받아들였을 때, 나는 슬픈 삶의 열정을 느꼈다. 그래서였을까 나는 지금의 궁핍한 시간이 내게 어떤 의미를 전해주는지 찾고 싶었다. 이 과정이 초라한 현실을 극복하기 위한 실마리가 되어줄 것만 같았고, 아무리 풀려고 해도 풀리지 않는 나의 암호화된 길을 해독해줄 열쇠가 되어줄 것만 같았다.

암호화 encryption 는 데이터 전송 시 타인의 불법적인 접근 때문에 데이터가 손실되거나 변조되는 것을 방지하기 위해 데이터를 변환해서 전송하는 방법을 뜻한다. 즉, 전투에서 적군이 아군의 통신을 도청하지 못하도록 암호로 전송하는 방식과 유사하다. 결국, 중요한 것이 드러나지 않게 감추는 것이며, 너무도 소중한 것이 다른 누군가로부터 깨어질까 두려워 가장 깊숙한 곳에 숨겨둔 비밀스러운 것이다. 사람에게는 누구나 감추고 싶은 속마음이 있게 마련이고 이를 지켜내기 위해 스스로 고독에 빠져든다. 그 기밀성이 높을수록 유출되지 않도록 고도화된 암호화 기법이 적용되며 이를 지켜내기 위해 치러야 하는 고독의 대가 또한 혹독하다. 기밀을 위해서는 누구의 도움 없이도 홀로 감내해야 하는 부분이기에 스스로 이겨내야 하는 고독한 길이다.

그런 면에서 암호화는 보안을 위해 빠져든 고독이다. 지켜내고 싶은 것을 위해 자발적으로 고독에 침잠해 외롭고 축축한 길로 들어선다. 어떤 목적에 의해서 이 길로 들어서게 됐는지는 각자 사연이 있겠지만 우리는 자신의 삶 속에서 위대함을 끄집어내기 위한 공통의 목적이 있다. 그리하여 나는 누군가가 원대한 꿈을 품고 자신만이 해독할 수 있는 암호화 알고리즘을 짠다고 결심했다면 고요한 내면에 깊이 빠져들어 세상으로부터 이해받지 못한 고독을 이겨내라고 말하고 싶다.

 궁핍한 고독을 이겨낸 수많은 위인 중에서 나는 간디를 존경한다. '무저항 비폭력'을 내세우며 인도의 인권을 위해 앞장선 정신적 지도자였지만 그런 그도 처음부터 자신의 길을 걸어간 것은 아니다. 그 역시 현실적 궁핍의 피탈자였다. 영국에서 변호사 자격증을 취득하고 남아프리카 공화국으로 의뢰인을 만나러 가는 기찻길에서 그는 유색인종에 대한 차별을 몸소 경험한다. 그는 일등석 표를 가지고 있었음에도 마리츠버그 역에서 삼등실 칸으로 강제로 옮겨가도록 강압받았고, 이를 거부하자 결국 기차에서 쫓겨나고 만다. 추운 겨울 기차역에서의 혹독한 하룻밤이 그를 인권운동가로 만들었다.

"나는 나의 의무에 대해 생각하기 시작했다. 내 권리를 위해 싸울 것이냐,
인도로 돌아갈 것이냐?
(중략)
내가 당한 고통은 피상적인 것에 불과하다. 그것은 유색인종에 대한
차별이라는, 깊은 병의 한 증상에 지나지 않는다. 할 수 있다면, 나는 어떤
고통을 겪으면서도 그 병의 뿌리를 뽑도록 힘쓰지 않으면 안 된다."

간디 《간디자서전》

따지고 보면 성장하고 싶다는 열망은 무엇인가 궁핍하다는 현실로부터 나온다. 시련의 시기 없이 노력하지 않고도 이룰 수 있다면, 생각하지 않게 되고 현실을 변화시킬 추진력 또한 나오지 않는다. 다른 성공한 대가들처럼 궁핍은 나를 생각하게 했다. 어떻게 하면 삶의 무거운 짐을 떨쳐내고 가혹한 운명의 수레바퀴에서 벗어날 수 있을까? 어떻게 하면 지금의 내적 궁핍을 해결할 수 있을까? 치열하게 고민하고, 생각이 뒷받침될수록 힘겨운 현실을 벗어날 수 있는 창의력이 솟아올랐다. 결국 궁핍은 그것에서 머무르지 않고 각성의 단계로까지 이어져야만 위대한 도약이라는 종착지까지 이어질 수 있다. 간디가 마리츠버그 역에서 경험한 궁핍의 사건을 한낮 기분 나쁜 일로만 치부했더라면 그에게 대각성으로 가는 위대한 운명의 전환은 일어나지 않았을 것이다. 궁핍이 궁핍으로만 남으면 삶이 초라해진다. 살아가는 삶이 가련하게 비춰지고, 어떤 이념이나 목표 따위는 사라진다. 삶에 휘둘리고 휘청이며 생계를 위탁하는

삶만이 남는 것이다. 결국, 일은 단지 노동으로 비춰지고 고단함과 하루를 허무로 보낸 자책과 시름에 일찍 하루를 마감하기 위해 일찍 잠자리에 든다. 무언가 미래를 꿈꿀 수 없고, 할 수 있다는 용기조차 나지 않는 시간들이 나에겐 개발자의 삶을 살면서 느낀 궁핍의 시간이었다.

주위에 롤모델로 삼고 싶은 선배가 있는가? 현재의 자리에서 비전이 보이는가? 하는 일이 즐겁고 보람을 찾을 수 있는가? 전문성을 키울 수 있는 일을 하고 있는가? 단순 반복 업무가 아닌 새로운 것을 배울 수 있는 기회가 주어지는가? 이 질문에 대해 모두 '아니오'라고 답한다면 우리는 궁핍한 현재를 보내고 있는 것이다.

나는 현재를 바꾸고 싶었다.

남들이 만들어 놓은 프로세스에서 벗어나 나만의 시스템을 설계하고 싶었다. 남들이 만들어 놓은 시스템은 세월을 벌어줄 수는 있어도 그들이 정해 놓은 제도와 구조 속에서 나는 사라지고 없다. 내가 구축한 시스템은 나만의 세계이며, 내가 중심이고 주인공이 되는 세상이다. 결국 내가 느낀 것은 무언가에 불만족하고 바꾸길 원한다면 그에 맞는 행동을 취해야 한다는 것이다. 코딩이든, 글쓰기든 키보드를 두드려야 결과가 나온다. 매일 실천의 결과물이 차곡차곡 쌓여야 한다. 무수한 체크인

수만큼이나 개발자의 노력을 대표하는 지표는 따로 없고, 좋은 코드를 만들기 위해 매일 투자하는 시간의 합은 훌륭한 프로그래머의 발판이 되어주며, 끊임없이 프로세스를 고치기 위해 고민한 흔적들은 자신의 가치를 높이기 위한 노력의 증표다. 오직 규칙적인 성실의 힘만이 우리가 도약할 수 있는 발판이 되어준다.

"어디로 가고 있는지 모르고 있다면, 결국 가고 싶지 않은 곳으로 간다."

오기 베라

　결국 중요한 것은 가장 자기다운 길을 찾아 각자의 모험을 떠나는 것이다. 사람마다 존재는 고유하다. 개발자들도 각자 성향이 다르고 추구하는 가치 또한 다양하다. 그래서 탐험의 방식에는 서로 차이가 날 수밖에 없다. 그럼에도 가장 자기다운 방식으로 삶의 물음에 답할 수 있는 사람들만이 인생의 전환에 성공할 수 있다는 점에서는 변함이 없다. 우리가 살아가면서 마주치는 무수한 사건 중에는 간디의 마리츠버그 역 사건과 같은 운명적 사건도 있게 마련이다. 하지만 어느 날 갑자기 찾아오는 우연한 사건을 그냥 지나치지 않고 무언가를 깨닫고 전환으로 인식할 수 있는 것은 순전히 개인의 몫이다. 이런 사건은 예고 없이 찾아오기에 우리는 평소 우연한 계기가 나에게 운명적 사건으로 다가올 수 있게 준비해야 한다. 어떻게 보면 불확실한 미래지만 받아들일 준비가 된 사람에게는 운명적 사건도 필연처럼 다가온다. 그때부터 정신적 각성의 효과는 우리의 삶을 이끌며 발휘될 것이다.

    누구나 지독하게 꿈꾸고 노력하면 그 꿈의 주인공이 될 수 있다. 중요한 것은 한계를 극복하고 내게도 비범함이 숨겨져 있음을 인정하고 받아들이는 것이다. 그리고 때론 절벽에서 뛰어내릴 수 있는 무모함을 선택하자. 이것만이 꿈을 이루기 위한 요결이다. 그것이 결국엔 내 안에 숨겨진 날개를 찾는 일이다. 위대한 역사 가운데 무모하지 않은 도전 위에 구축된 것이 어디 있던가. 현실에 굴복하지 않는 펄떡이는 날것 그대로의 꿈, 꿈도 구체화하고 실천하지 않으면 한낱 추억거리에 불과하다는 것을 나는 깨닫는다.

    자기 혁명의 법칙은 간명하다. 조금은 무모해 보일지라도 자유를 위해 진력을 다해 갈구하고, 아직 도달하지 못한 꿈을 위해 차근차근 담금질하는 노력하는 삶이면 된다. 이 과정에서 스스로에게 끊임없이 질문을 던지고 답을 찾아 나서야 한다. "나는 무슨 일을 하는가? 의미 있는 삶을 살 것인가?" 비록 그 길이 만족스러울지는 알 수 없지만 후회나 미련은 남기고 싶지 않다.

어느 개발자 이야기

떠남은 고난이라 한다.
나의 존재를 버리는 것이라 여긴다.
너무 위험하다고 말한다.

하지만
이만큼의 용기 없이 성취도 없다.
자신의 세계에서 맘껏 웃고, 떠들고, 사랑하고, 슬픔과 고통을 함께하는
가슴 떨리는 경험 또한 없다.

결국
떠남은 영웅 여정의 시작
항상 장밋빛 미래의 약속은 아니나
가슴 떨리는 흥분이 있어
진정 세상에 내가 있음을 느낀다.
나는 개발자라는 직업이 좋다.
일상을 코딩하고
세상의 무한한 알고리즘을 발견하고
시스템을 만들어 결국 나만의 세계를 창조한다.
드디어 내게도 날개가 돋아난다.

프로그래머, 디벨로퍼로!

하고 싶은 것을 통해 우리는 유일한 자가 될 수 있다. '하고 싶은 일'은
다짐이 없어도 우리를 늦게까지 깨어 있게 하고, 새벽에 일어나게 한다.
그 일을 위해서는 다른 일을 포기하게 만든다. 그것은 떠나 있으면
그리워지는 그런 것이다. 우리는 그것을 찾아야 한다.

구본형

어느 여름날 눈을 떠보니 해가 뜨지 않은 고요한 새벽녘이었다. 아직 아침이 오지 않았기에 좀 더 자기 위해 뒤척였지만 정신은 더욱 또렷해질 뿐이었다. 결국 자리를 박차고 일어났지만 할 일이 없었다. 할 일이 없다는 것이 슬픔을 줄 수 있다는 것을 나는 그때 깨달았다. 그 날 이후, 나는 뭐라도 해야 한다는 강박관념에 사로잡혔다. 지금 이대로 내 인생이 무의미함으로 흘러가게 내버려 두는 것은 내 삶에 대한 모독이라는 생각이 들었다.

나는 왜 엄연히 프로그래머란 직업을 가지고 있음에도 할 일이 없다는 생각이 들었을까? 새벽에 일어나서 당장에 할 수 있는 일로 현재의 직업이 떠오르지 않은 건 일이 전해주는 만족감과

일을 좋아하는 정도와 관련된 것은 아닌가 싶다. 나는 그날 이후로 내가 하고 싶은 일의 정의를 이 질문에 답하는 과정에서 구하게 됐다.

문득 새벽에 일어나 하고 싶은 일이 있는가?

  나는 개인적으로 프로그래머란 단어를 좋아한다. 용어가 주는 세련된 맛도 있지만 왠지 모를 전문성이 느껴진다. 같은 물건을 사도 겉으로 근사하게 포장된 물건이 가치 있어 보이듯이 나는 개발자도 영어식 표현인 디벨로퍼로 불리는 게 좀 더 우아하게 느껴져서 좋다. 더욱이 영어로 풀어 보면 디벨로퍼는 '발달'하고 '성장'하는 사람이란 뜻이니 내가 추구하는 가치지향적 용어로도 더할 나위 없다. 그렇다. 개발자는 개발하는 사람이다. 시스템과 소프트웨어를 개발하고 그로 말미암아 자신을 개발한다. 나는 모호하게 혼용되는 프로그래머 programmer 와 개발자 developer 의 차이를 나만의 방식으로 정의하고 싶었다. 의미를 세워둠으로써 도달할 수 있는 직업적 한계를 명확히 하고 싶었다.

  결론적으로 프로그래머는 코딩을 하고 그 일을 업으로 삼는 직업적 개념으로, 디벨로퍼는 직업을 뛰어넘어 스스로를 성장시키고 개발하는 관점에서 바라보고 싶다. 우선, 단지 직업적 의미에서 보는 시각은 밥벌이에 한정된 의미가 강하다. 지금 당장 코딩을 좋아하고 일에 보람이 있다고 말하면서도 떠날 때가 되면

뒤도 돌아보지 않고 그 일을 그만둔다. 그리고 다시는 고생스러운 이 일을 생각하고 싶지 않다고 말한다. 결국 직업적 사명감이 부족하고, 일이 주는 의미가 밥벌이 이상 되어 주지 못한다.

  반면 디벨로퍼는 평생 그 일에 매달릴 수 있는 사람이다. 자신이 하는 일을 발전시켜 평생의 필살기로 키워 갈 수 있는 의지가 있다. 그들에게 당장 급여가 많고 적음은 문제가 되지 않으며, 꿈을 위한 과정이라면 마땅히 고통의 시간을 참고 이겨낼 준비가 돼 있다. 또한 이곳에 자신이 가진 재능을 모두 쏟아붓고 싶은 사람이다. 그들은 결국 회사를 뛰어넘어 스스로를 고용하는 법을 깨닫게 될 것이다. 평생 고용 보장이라는 약속이 깨어진 사회에서도 이런 사람들은 불안해 하지 않는다. 오히려 새로운 기회를 발견하고 자신의 비즈니스를 펼칠 원대한 계획을 세운다. 그들은 그저 생존만을 위한 삶이 중심이 될 때 우리의 삶은 비참해질 것이라는 걸 알고 있다.

  어느 햇살 좋은 날, 문화 예술의 도시 통영에 간 적이 있다. 그리고 일정상 그곳에서 전혁림 미술관에 들렀다. 나는 평소 미술품에 조예가 깊은 것은 아니었기에 좋은 작품을 보면서도 큰 감흥을 느끼지 못하지만 의무적으로 미술관을 돌았다. 그러곤 일행을 따라 발길 가는 대로 2층 계단을 올랐다. 하지만 그곳에서 작가와 한평생을 함께한 낡은 도구들을 보는 순간

발길이 떨어지지 않는 강한 전율에 멈춰 서야만 했다. 얼마나 오랫동안 사용했던지 물감통엔 덕지덕지 물감이 붙어 있었고, 그가 직접 제작해 사용한 것으로 보이는 붓들은 휘어지고 낡아 군데군데 수선한 흔적이 엿보인다. 또한 몇만 번이나 사용했는지 자연스럽게 작가의 손에 맞게 닳은 도구들은 그가 얼마나 이 일에 치열했는지를 보여준다. 노령임에도 자기 일에 오랜 열정을 불어넣은 작가의 흔적은 도구 곳곳에 묻어나 후대에까지 그의 정신을 느끼게 한다. 비로소 난 그가 그린 그림 전부를 제대로 느낄 수 있었다. 누가 시키지 않아도 그는 이 일이 그가 해야 할 일임을 알고 있었을 것이다. 그리고 누구도 대신할 수 없음을 알고 자신의 소명을 묵묵히 받아들였다. 그는 결국 일을 통해 스스로를 빛나게 한 사람이다.

 그 후로 나는 무슨 일이든 잘하고 싶다면 꾸준히 오래 하자는 교훈을 얻었다. 대충 할 일이면 시작하지 않았고, 보기에만 좋은 유행을 좇는 일에는 더욱 손을 대지 않았다. 결국 나에게 끊임없이 물어보게 되었다. 이 일을 정말 좋아하는지, 평생 이 일을 하며 살고 싶은지, 평생 이 일을 하며 살 수 있는지 말이다. 나는 천직은 평생을 함께할 배우자를 찾듯 공을 들이고 정성을 다해 발견하는 것이라 생각한다. 그러니 당연히 찾기 어렵고 찾은 후에도 키우기 힘들다. 작은 나무가 거목이 되려면 우직함과 시간이 필요하다. 그 지루하고 노역이 필요한 일에 나를 온전히 맡겨둬야 하니 누구나 할 수 있는 일이 아니다.

디벨로퍼가 추구하는 목표란 '그 일'을 위해 평생을 노력하는 것이다.

말 그대로 내 인생 모두를 통째로 그 일에 바칠 수 있는 사람이다. 나는 시간을 들여 숙련되고 나이가 들수록 이치를 깨달아 자신을 거듭나게 하는 그런 일을 찾고 싶었다. 그 결과, 현재 하고 있는 프로그래머라는 직업이 나이를 먹어도 평생에 걸쳐 지속할 수 있는지, 평생 하고 싶은 일인지 지속적으로 자문하게 된다. 우리나라의 여건상 코딩만으로는 평생 이 일을 할 수 없겠다는 판단이 서자 현재 하는 일을 평소 좋아하는 다른 분야와 접목해보기도 하고, 업계의 트렌드를 파악하고 미래에 각광받을 분야를 예측해 적용해보기도 한다. 실제로 IT와 인문학을 접목해 쓰인 이 책도 하나의 결과물이며, 현재 진행하는 프로젝트에서도 데이터 분석 기법을 도입해 의미 있는 데이터를 만들어 내는 작업을 병행하고 있다.

결국 평생의 직업을 찾는 일은 지금 하는 일에 촉각을 곤두세워 표면에 드러나지 않은 일의 핵심을 파악하는 것에서부터 시작된다. 전문가는 이 핵심을 집요하게 물고 늘어지는 사람이다. 그리하여 자신만의 언어로 해당 분야를 표현할 수 있는 사람들이라면 전문가라 인정받을 것이다.

미국의 과학자이자 정치가인 벤자민 프랭클린 Benjamin Franklin 은 50년 동안 매일 같은 기도를 했다고 한다. 그는 무엇을 그리도 간절히 구했을까?

"전능하사 만물을 주관하시는 주님, 저를 인도해 주십시오. 저에게 제가 진정으로 바라는 것이 무엇인지 알아낼 수 있는 지혜를 허락해 주십시오. 이 지혜가 저에게 명하는 것을 실천할 수 있도록 저의 결심을 더욱 강하게 만들어 주십시오. 저를 향한 당신의 끝없는 사랑에 대한 보답으로 제가 다른 사람들에게 보내는 진심 어린 기도를 허락해 주십시오."
벤자민 프랭클린

나는 천직을 찾는 어려움을 그의 기도문을 통해 배운다. 그만큼 천직을 찾는 일은 간절히 구해야 하는 일이다. 그러하니 천직을 천복 天福 이라고 하지 않던가? 하늘이 내려준 자신의 소임을 다하는 일이니 그리 말해도 전혀 어색하지가 않다. 또한 나는 이 기도문이 주는 의미를 간절히 구하면 이루지 못할 것이 없다는 말로 해석한다. 무릇 가장 자기다운 일을 찾아 나설 때의 마음가짐은 이와 같아야 한다고 여긴다. 인생에 대한 진실한 태도는 하늘까지도 감동시키기 마련이다. 나는 끊임없이 갈망하고 구하고 있는가? 천복을 찾기 위해 이 정도의 열정을 쏟을 수 있는가? 신념을 가지고 열정을 가진 사람의 모습은 언제라도 아름답다.

프로그래머는 자신의 필살기를 개발해 디벨로퍼로 넘어가야 한다고 생각한다. 그리고 이 흐름은 물 흐르듯 자연스럽게 연결돼야 한다. 당장의 밥벌이를 책임지고 있는 현 단계를 무시하고 건너뛸 수 없으며, 조금씩 준비하고, 준비를 끝마쳤을 땐 모든 애증을 끊어내듯 단칼에 그만둘 수 있어야 한다. 그 전까지는 균형이 중요하다. 당장에 밥벌이를 책임지는 지금 내 직업과 미래에 가질 직업 간의 중간 지점에서 끊임없이 연구하고 조율해가며 미래를 도모할 수 있어야 한다. 무릇 위대한 일은 기다림과 숙성의 과정을 거치기 마련이다.

물론 그 과정이 쉽지만은 않을 것이다. 커다란 바위가 나타나면 돌아가고 때로는 높은 산을 넘어서야 할 수도 있다. 재능이 부족하면 땀과 열정으로 메워야 할 것이다. 그래서 단순히 힘만 든다면 오랫동안 지속하지 못할 거라고 여긴다.

나는 내가 선택한 일을 즐길 수 있으면 좋겠다는 생각을 한다. 내가 하는 일이 나에게 놀이가 될 수 있다면 더할 나위 없이 그 일을 진심으로 즐기면서 할 수 있으리라. 좋아하는 일에 한번은 푹 빠져라! 인생의 주체자로서 한 번쯤은 자신이 좋아하는 일에 전부를 써보고 가자.

개발자여, 디벨로퍼로!

디벨로퍼! 꿈을 만드는 자.
나도 꿈을 가질 수 있다는 것에 감사하며,
그 깊이 있는 일을 나는 항시 생각한다.
개발자를 구원하고 나를 구원하는 일
한평생의 족적을 남길 위대한 일에 시간과 열정을 쓰며,
휴먼 프로그래머, 휴먼 디벨로퍼를 꿈꾼다.

마우스 대신 펜을 들다

당신의 마음을 믿어라!
당신이 경험한 인생에 대한 확신을 키워라!
뼛속까지 내려가 자기 마음의 본질적인 외침을 적어내라!
내면의 목소리를 믿는 법을 체득한 뒤 글을 쓰면
그것이 사업상의 서류든 연애편지든 박사논문이든
그 안에는 상대방의 마음을 움직이는 에너지가 실리게 된다.

나탈리 골드버그 《뼛속까지 내려가서 써라》 中

"나가면 치킨집이나 차려야겠다."

개발자와 치킨집은 무슨 상관이 있길래, 걸핏하면 치킨집 운운하는 걸까? 누가 정말 개발자 관두고 치킨집 차려서 부자라도 된 걸까? 치킨집만이 개발자의 미래인가? 이 소리를 하도 많이 들어서 이런 생각까지 해본 적이 있다. 하지만 결국 그만큼 개발자들의 미래가 암담하다는 소리겠지… 이런 생각이 들자 현실이 안타까워졌다.

천직으로 여겼던 개발자를 그만두면 무슨 일을 할 수 있을지 생각해봤다. 사실 학창시절부터 이것 말고는 생각해본 게 없었다.

내가 좋아하는 일이고, 이만하면 취직도 잘한 편이니 이곳에서 천상 개발자로 남고 싶었다. 나에게는 개발자로서 키우고 싶은 꿈이 있었다. 한국은 외국에 비해 머리가 희끗희끗한 개발자들이 없다는 것을 알고서는 나이가 들어서도 프로그래밍에 손을 놓지 않고 뚝딱하면 결과물을 쏟아내는 소프트웨어 장인으로 남고 싶었다. 후배들이 어려워하는 문제에도 간단히 솔루션을 제시할 수 있는 존경받는 개발자가 되고 싶었다. 세상물정 모르는 신참내기 개발자는 이 꿈을 반드시 이루고 말겠다는 굳은 신념을 가지고 있었다.

그런 내가 왜 글을 쓰고자 했을까?

매일 같이 야근을 해야 하는 힘겨운 개발자의 삶은 그나마 견딜 수 있었다. 그건 보람과 미래가 있다면 충분히 이겨낼 수 있는 일이다. 사실 나를 힘들게 한 건 꿈을 가질 수 없는 현재의 구조와 프로세스다. 회사에 입사한 후 몇 번의 SI ^{System Integration} 경험을 했고 5년 넘게 줄곧 운영업무를 담당했지만, 돌아보니 내 경력은 짧은 이력 몇 줄이 전부였다. 중간에 좀 더 경험을 할 수 있는 기회가 없었던 것은 아니지만 대기업에서 프로젝트를 하다 보면 어딜 가나 비슷하다는 사실을 깨닫고 옮겨 다니는 것을 그만뒀다. 실제로 몸만 축나지 배울 수 있는 건 많지 않았다. 동일한 아키텍처 설계에 똑같은 프레임워크를 사용하고 개발환경 역시 매번 같다. 달라지는 게 있다면 함께 일하는 사람들에 따른 분위기와 일하는 방식이다.

  나처럼 열정이 많던 선배도 결국 여기에 계속 있을 거라면 몸이라도 편한 게 낫다고 충고한다. 몸까지 축나면 이 생활도 못하게 되니 건강이라도 챙기라는 염려의 말로 이해된다. 이곳을 떠나야겠다고 생각하지 않은 건 아니었다. 이왕이면 더 늦기 전이어야 한다는 생각이 들었다. 하지만 우리나라의 소프트웨어 업계 전반을 생각할 때 어디를 가나 비슷할 거라는 생각이 나를 망설이게 했다. 게다가 나도 모르게 체득된 노예근성이 현실에 맞설 용기를 앗아갔다.

  뜨거운 물이 채워진 비커에 개구리를 넣으면 개구리는 바로 뛰쳐나간다. 하지만 서서히 끓어 오르는 비커 안 개구리는 나갈 생각도 못 하고 끓는 물에서 죽음을 맞는다. 난 비커 안에서 죽음을 기다리는 개구리였다. 뛰쳐나갈 수 있었음에도 현실에 안주하며 아무것도 하지 않는 꿈을 잃은 개구리였다.

  이곳의 시스템들은 기대 이상으로 탄탄하게 구성돼 있다. 하나의 시스템은 다른 시스템과 사슬처럼 연결되어 하나의 망으로 구축된다. 망은 흡사 커다란 원처럼 생겼다. 원 안에서는 서로 유기적으로 움직이고, 데이터는 끊임없이 이동한다. 문제는 어느 한 곳에 말썽이 발생했을 때다. 그럼 개발자가 나서서 해결한다. 그 원 안의 한 부분이 되는 것이다. 시스템의 생명이 끊어지지 않게 개발자가 수리공 역할을 하는 것이다. 이것은 내가 보아온 시스템을 운영하는 담당자들의 모습이다. 너무나 뚜렷한 틀이 만들어져 있어 기존의 틀에서 벗어나기가 어렵다. 결국 반복되는 일을 할 수밖에 없는 구조이며, 매뉴얼대로만 하면 되는 일이다. 결국 너무나 견고하게 체계화된 시스템 안에서는 개발자가 창조적인 것을 누리기 힘들다.

어떻게 보면 암담한 현실이지만 환경 탓만 할 필요는 없다. 회사에 남는 것도, 떠나는 것도 누구의 강요도 아닌 스스로 결정할 문제다. 회사가 책임져 줄 일도 아니고, 곁에 있는 동료들은 더더욱 아니다. 우리는 현실을 직시할 필요가 있다. 변화에 있어 중요한 점은 늦었다고 생각한 지금이 변하기 위한 최적의 시점이라는 것이며, 이는 불변의 법칙과도 같다. 나는 다른 곳이 아닌 내가 일하고 있는 바로 이곳에서 현실적인 답을 찾고 싶었다. 근본적인 문제점을 꿰뚫고 안타까운 현실을 타개할 나만의 안전망을 구축하고 싶었다. 미래에 대한 불안감, 개발자로서의 안타까운 현실을 미래의 후배 개발자들에게 전해주고 싶었다.

'글쓰기만 한 것이 없다.'

내 문제를 깊이 있게 바라보고, 하고 싶은 말은 눈치보지 않고, 다른 사람에게 좋은 영향까지 줄 수 있는 방법으로 글쓰기만 한 것이 없다고 생각했다. 모든 것이 그렇듯 처음이 쉽지 않다. 하다 보면 더 잘하고 싶어지고, 그러다 보면 공부하고 연구하게 된다. 그 분야에 조예가 깊어지는 것이다. 개발자들은 문제를 파고들어 해결하는 성격의 직종에 있다 보니 이미 경쟁력은 충분히 갖춘 셈이다.

내가 직접 경험한 글쓰기의 매력은 정말 무궁무진하다. 우선, 글쓰기는 발산의 성격이 강하다. 내면에 켜켜이 쌓인 응어리들을 풀 수 있는 좋은 기회를 제공한다. 나는 글쓰기를 통해 내 안에 있는 자신과 진실된 만남을 가진다. 주제는 정해져 있지 않다. 내가 쓰고 싶은 게 그날의 주제가 된다. 행복도 좋고, 사랑도 좋고, 나는 누구인가도 좋다. 물론, 개발자와 연관된 일상의 모습도 될 수 있다. 그날 보고 듣고 느낀 내용을 가감 없이 써내려가다 보면 자신의 삶을 반추하게 되고 결국 자신을 더 잘 이해할 수 있게 된다. 처음부터 누군가에게 보여준다는 거창한 계획보다는 나에게 쓰는 편지 형식의 글이면 좀 더 쉽게 접근할 수 있다. 되도록 매일 쓰면서 내 안의 나와 조우할 수 있는 만남의 횟수가 중요하다. 횟수가 쌓이면 다음 단계는 글 속에서 발견하게 될 것이다. 내 욕망이 이끄는 대로 하는 것이 중요하다. 결국 글쓰기도 욕망을 찾기 위한 하나의 좋은 수단이다.

그리고 미래에 대한 불안감에서 벗어날 수 있다. 내가 개발자의 삶이 힘겨웠던 건 후배들에게 미래를 제시해줄 수 없다는 것이었다. 이 길로만 올곧게 가서는 답이 보이지 않았다. 결국 현실에 함몰되어 옴짝달싹 못하게 된다. 실제로 그렇게 조용히 떠나는 선배들의 뒷모습을 많이 봐왔다. 나는 글쓰기만큼 훌륭한 자기계발은 없다고 본다. 글감을 찾기 위해 일상을 들여다보고, 책을 쓰기 위해 공부한다. 글감이 되는 소재는 일상에서 찾지만 설득력을 얻고 범용성을 확보하기 위해서는 해당 분야 전문가들의 의견을 반영해야 한다. 책을 읽고 깨달은 내용을 내 삶에 끌어옴으로써 나만의 철학을 세울 수도 있다. 뭔가를 많이 알기 때문에 책을 쓰는 것이 아니라 모르는 것을 배우기 위해 책을 쓴다는 것은 중요한 시각 차이다. 배운 이론을 체계화하고, 내 삶에 적용해 삶이 변모하는 것을 지켜보며 삶의 지평이 넓어지는 것을 경험할 수 있을 것이다. 내 경우에도 조금씩 알아가는 지혜들을 정리하면서 그것들이 차츰 쌓여 뚜렷해지고 형체를 이루는 것을 보며, 막연한 미래에 대한 희망의 불씨를 볼 수 있었다.

또한 글쓰기는 지루한 일상을 메워주는 탈출구가 됐다. 나는 반복되는 일상에서 끊임없이 재미를 찾는 직장인에게 글쓰기가 충분한 매력을 줄 수 있다고 본다. 여기서는 단지 글쓰기 자체의 즐거움만을 의미하지는 않는다. 일상에서 글감을 찾고, 글쓰기 모임을 통해 새로운 사람들을 만나는 모든 과정이 이제껏 경험해보지 못한 세상이었다. 매일 지나치는 길에서 새로운 것을 발견하고, 평범한 일상이 이야깃거리가 될 수 있다는 발상은 무척이나 신선한 것이다. 새로운 사람을 만난다는 건 또 어떠한가? 다른 삶을 살아왔지만 같은 꿈을 꾼다는 것은 큰 동질감을 가져온다. 함께 가는 길은 외롭지 않다. 서로의 꿈을 독려하고 그들의 글을 읽으며 각기 다른 삶을 살아온 그들의 족적을 알게 된다. 서로 다른 직종의 사람들과 어울리며 같은 꿈을 꾸어봤는가? 한번 해 볼 만한 일이다. 진정 삶의 즐거움으로 다가온다.

마지막으로 글쓰기가 매력적인 이유는 꿈과 연결될 수 있다는 점이다. 나는 내가 쓴 책을 읽고 한 줄기 위로를 얻어가는 사람들의 모습을 상상하면 마음이 환해지는 기분이 든다. 내가 고민한 발자취를 따라오다 생각의 갈림길에선 자신의 길을 개척해갈 것이다. 현업에서 당당히 자신의 길을 개척해가는 그들의 모습은 얼마나 황홀한 전경인가? 매일 지겹도록 봐왔던 평범한 일상에서 벗어나 도약의 발판을 마련하는 그들의 모습은 얼마나 아름다운가? 그들은 결국 자신이 한 일이 무의미한 일이 아니었음을 깨닫게 될 것이다. 예나 지금이나 책은 그 분야의 전문성을 인정하고 전문가라는 칭호를 부여한다. 고로 한 권의 책을 쓴다는 것은 평범함에서 비범함으로의 진입을 의미한다.

처음부터 책을 쓴다는 거창한 목적이 아니더라도 꾸준한 글쓰기는 분명히 개발자의 삶을 변화시킬 힘을 가지고 있다.

평범한 개인의 미시사는 개인이 정리하지 않으면 유실되며,
유용한 지식도 어딘가에 정리해두지 않으면 사라진다는 생각으로
접근해보자. 기록은 삶의 잃어버린 흔적들을 내 삶에 들여올
것이다. 결국 자신의 관심 영역을 넓히고 새로운 일에 도전하는
것이 더 훌륭한 개발자가 되기 위한 길임을 깨닫게 될 것이다.
그래서 나는 내 안에 깊숙한 곳을 들여다보는 이 순간이 좋다.

개발자여,
마우스 대신 펜을 들어라.
펜도 마우스만큼 강력한 무기다.
자신을 위해 두 시간을 써라.
삶의 명세를 확인하고 자신에게 메모리를 할당하라.
열정으로 꾸준히 써라.
자신의 문제를 디버깅하고 솔루션을 찾게 될 것이다.
너의 이야기를 써라.
타인의 요구사항이 아닌, 자신의 요구에 부응하라.
사라져가는 일상에 덤프를 뜨고 영혼을 불어넣어라.
내 책을 써라.
진실된 자신과 접속하고 생업의 의미를 발견하리라.
결국엔 내일을 향해 써라.
인생을 코딩하고 자신을 구원할 것이다.

04

개발자 철학을 세우다

우리 자신이 되는 것, 우리가 할 수 있는 일을 하는 것, 이것이 삶의 유일한 목표다.

스피노자

나는 누구인가?

이 질문을 들으면 나는 항상 당황한다. 나 자신이 낯설게 다가오기 시작하고, 결국, '나는 나지… 뭐 별거 있나?' 이런 식으로 서둘러 생각을 정리한다.

사실 이 질문에 답을 하는 것이 철학의 시작이라고 한다. 그래서 철학은 어렵다. 한마디로 너무 진지한 학문이다. 그리고 무엇보다 철학은 몰라도 사는 데 지장이 없다. 내가 생각하는 철학자는 삶을 어렵게 사는 사람들이다. 일상의 흔하디 흔한 것들에 의미를 부여하고 거창한 이유를 대가며 존재의 이유를 꼬치꼬치 캐묻는다. 그리고도 성에 차지 않아 미치광이가 되기도 하는 사람들이 내가 바라본 철학자들의 모습이다.

고등학교 때 이과를 선택하고 대학에서는 전산학을 전공한 나는 사실 문과에 대해서는 문외한이다. 그리고 살면서 하등의 이득이 되지 않는 무관심의 대상으로 분류했다. 나의 관심 대상은 대체로 전도유망해서 취직이 잘 되는 것들과 제대로 밥벌이를 할 수 있는 기술과 전문직종이었다. 컴퓨터는 관심이 가는 분야기도 했지만 위에서 말한 분류에 포함된다는 점에서 나에게 매력적인 대상이었다.

"그래! 모름지기 남자란 기술을 배워야지."
전공을 택했을 때 부모님께서는 내가 선택한 길을 반기셨다. 강요를 하신 것은 아니었지만 하물며 부모님께서도 좋아하는 길을 가게 됐으니 아들로서 내가 선택한 길에 당당했다. 우리 시대에는 기술이 남자 구실을 할 수 있는 단편적 수단으로 여겨졌다. 하지만 한편으로는 이렇듯 대놓고 기계를 다루는 학문이 종용되던 시기의 문제점이 지금에 와서 발현되고 있다는 생각이다.

"선배님, 저랑 술 한잔 해요."
평소 말수는 적지만 뜻이 잘 맞는 후배가 먼저 술자리를 요청할 땐 마음을 단단히 먹고 가야 한다. 이땐 십중팔구 무슨 일이 있는 것이 분명하다. 자못 심각한 표정의 후배는 심각한 내적 갈등을 겪고 있었다. 보통 이때 겪는 고뇌는 일에서 받은 스트레스보다 심각한 것이어서 내가 쉽사리 조언을 전하기 어렵다. 그래 넌 컴공을 전공했지…

왜 유독 개발자들은 감정에 지배받고 외부의 환경 변화에 취약한 걸까? 또, 인간관계에서 받는 스트레스를 극복하지 못하고 자신의 욕구보다는 타인의 시선을 의식하며 살아가는 걸까? 이공계는 기계를 사람보다 더 주된 관심 대상으로 삼는 학문이다 보니 이과생들이 사람의 관계나 감정에 서툴고, 더욱이 인문의 본질이라 할 수 있는 자신의 행복에 대해 무관심해지기 쉬운 것이 우연이 아닌 듯하다. 물질만 생각하는 사람과 사람을 연민으로 대하는 사람이 어떻게 동일한 시선으로 삶을 바라볼 수 있겠는가? 사람은 무엇을 중심에 두고 사느냐에 따라 각기 다른 인생을 산다. 결국 이 부분은 우리도 본질을 망각할 수 없는 인간이라는 점에서 한없이 안타까움으로 다가온다.

암담한 현실에서 벗어나기 위한 시도로, 가치 있는 삶에 대한 동경에서… 어떻게 보면 이것들이 내가 철학적 사유를 하게 된 시초가 아니었나 싶다. 나는 언젠가부터 밀려드는 의문에 시달려야 했다. 나는 먹고 살기 위해 태어났나? 좀 더 의미 있는 일을 할 수는 없을까? 앞으로 개발자로서 어떻게 살아가야 하나?

이대로 살다간 의미 없는 삶으로만 기억될 것 같다는 생각이 나를 괴롭혔다. 결국 근거 없는 불안에 시달려야 했고, 작은 유혹에도 바람에 나부끼는 갈대처럼 흔들렸다.

그렇게 평생 나와는 무관하게 담쌓고
살 것 같던 철학을 접했다.

그 뒤로 몇 명의 철학자를 알게 됐고, 그들 중 일부의 입장을 지지하며, 그들의 생각을 차용해 나만의 철학으로 정립하고자 애썼다. 아니, 그것은 철학이 되지 못하고 나만의 생활원칙으로 남을 수도 있다. 나 같은 평범한 사람이 철학이라는 무거운 담론을 입에 담는 것조차 어떻게 보면 가당치 않다. 하지만 그럼에도 내가 용기를 낸 것은 나의 철학으로 세상을 바꿀 수 없을지는 몰라도 내 인생은 바꿀 수 있을 거라는 일말의 희망이 일었기 때문이다.

"삶은 살아남기 위한 것이 아니라 지배하기 위한 것이다."

니체의 말이다. 나는 그의 어떤 말보다 이 말을 좋아한다. 이 말을 들으면 지금도 가슴이 뛴다. 실제로 이 말은 내가 철학을 세우는 데 큰 영향을 주었다. 그 뜻을 좀 더 깊이 살펴보면 '살아남기 위한 삶'은 흔해빠진 평범한 삶, 평생 밥벌이에 매여 구걸하는 삶을 의미한다. 반면 '지배하는 삶'은 나만의 세계를 만들어 사는 주체적인 삶의 모습이다. 그는 내가 여태껏 지켜내기

위해 노력했던 가치들을 부정하며 살라고 한다. 위험하게 살라고 하며, 위험이 없는 삶을 경멸한다. 그리고 초인Übermensch이 되라고 추동한다. 그가 말한 초인은 현재에 충실한 사람이며, 온몸을 던져 자신이 좋아하는 것을 찾아 끊임없이 노력하는 사람이다. 어쩌면 다소 충동적이고 거친 그의 말들은 내 마음속을 충동질했다. 그렇다. 철학은 천착된 우리 삶의 문제를 사유하고 들여다보자는 것이었다. 양이 아닌, 질적인 삶의 가치를 더하자는 것이다. 밖으로 향해 있는 눈을 자신에게 돌려 내면의 소리에 귀를 기울이자는 것이었다.

사람들은 자신이 믿고 싶은 것만 믿으려고 한다. 불편한 진리 앞에서는 귀를 닫으려고만 한다. 하지만 기존에 자리잡고 있는 것들과의 불화 없이는 새로운 진전이 있을 수 없다. 불안을 감내할 용기가 필요하다. 용기 없이는 지금처럼 삶을 힘겹게 받아들이며 살아갈 수밖에 없다. 한 번쯤은 인생을 건 혁명이 필요하다. 나는 "인생을 혁명할 수 있다."라는 말을 좋아한다. 존경하는 분의 말이지만 오롯이 내 가슴에 남아있으니 이젠 나의 목소리도 될 수 있다. 역사는 문명사회에만 있는 것이 아니다. 크고 거창한 게 아니라는 말이다. 무릇 평범한 나 같은 사람에게도 역사는 만들어지고 역사의 변곡점이란 것이 존재한다. 내 삶을 지배하고자 하는 적극적인 구애, 그것이 내가 철학하는 방식이다.

철학은 내게 끊임없이 질문한다.

 그 답을 찾는 과정이 내가 철학을 가장 잘 배우는 방법이다. 알면 알수록 철학은 우리의 삶과 밀접하게 연결돼 있다는 생각을 하게 된다. 따지고 보면 프로그래밍도 문제를 해결하는 철학을 담고 있다. 인간의 생활에서 필요한 것들, 풀어야 할 문제를 소프트웨어로 개발하는 것이다. 이렇듯 나에게 철학은 눈에 보이지 않는 것들을 현실 속으로 데려오는 과정이다. 간혹 어떤 질문의 답은 평생 구하지 못할 수도 있겠다는 생각이 들 정도로 난해하다. 하지만 철학이 없어서 평범한 인생에서 벗어날 수 없겠다고 생각하면 허투루 여길 수 없다. 실제로 자신의 철학 없이 위대해진 사람이 어디 있단 말인가?

 제멋대로 할 수 있는 세계를 하나 가지는 것, 자신의 길이 되어주는 개발자의 길에 흔들리지 않는 신념과 확신을 갖는 것, 삶의 방향을 잡아주는 나침반 하나 들고 가는 것을 가능하게 하는 것이 철학을 세우는 것이다. 여전히 과학은 눈부시게 발전하며 우리 삶의 진보를 가져오지만, 철학이 있어야 인생의 의미를 찾고 진정한 삶의 진보를 이룰 수 있다는 것을, 철학을 생각해야 생존 그 이상의 것을 동경하게 된다는 것을 나는 비로소 이해하게 되었다. 그리고 이내 내 삶을 이끄는 능동적 주체자로 거듭날 수 있겠다는 자신감을 얻는다. 그리해 항상 당당한 인생을 갈구하는 개발자라면 인생을 빌드(구축)하는 멋진 컴파일러(철학) 하나 찾아보라고 권하고 싶다.

개발자 개똥철학

첫째, 인생은 개척하기 위한 것이다. 개발자의 삶을 개발하자.
둘째, 주변에 편하고 익숙한 것을 찾아보고 그것들과 결별하자.
셋째, 호기심을 갖고 질문에 질문을 거듭하자.
넷째, 시스템의 품질보다 삶의 품질인 행복에 집중하자.
다섯째, 실패를 두려워하지 않는 용기로 도전하자.
여섯째, 자신이 바라는 삶의 패턴을 정의하라.
일곱째, 목표를 설정하고 미래를 대비하라.
여덟째, 실천만이 철학을 현실로 구체화한다.
아홉째, 문제를 타개할 나만의 방법론을 설계하라.
열째, 결국 해답은 나에게서 구하라.

단명한 개발자의 평생 소명을 찾다

인간의 삶은 불안을 떨쳐내고, 새로운 불안을 맞아들이고,
또 다시 그것을 떨쳐내는 과정의 연속이다.

알랭 드 보통

개발자는 전문직이고 기술만 있으면
평생을 일할 수 있다고들 말한다.

　하지만 내가 아는 대부분의 개발자는 갑자기 일자리에서 쫓겨
날 수 있다는 불안감에 시달리는 평범한 직장인이다. 자신이
입사한 지 얼마 되지 않은 주니어 개발자이기에 아직 걱정이
없다고 말한다면 다른 종류의 불안에 관해 이야기해보자. 내가 짠
소스에 심각한 오류가 숨어 있고 시스템에 치명적인 타격을 주고
있다면? 누가 봐도 불가능해 보이는 일정 안에 개발을 끝마쳐야
한다면? 고된 SI 프로젝트를 끝마치고 조금 쉬려고 할 때 다른
프로젝트로 투입되기로 결정됐다면? 쉽게 풀리지 않는 고난도
기술 문제에 봉착했다면? 상사와의 갈등으로 고민하고 있다면?
자신의 현재 지위에서 밀려나게 된다면?

이와 같은 내부적 불안감 외에 외부적 불안감, 즉 급격한 변화 역시 개발자들에게는 불안 요인이다. 그들은 변화의 중심에 서 있지만 자칫 뒤처질 수 있다는 불안감에 시달린다. 많은 개발자는 IoT, 인공지능, 로봇, 자율주행, 가상현실 등 다가오는 미래를 준비하는 기술을 위해 헌신하고 있지만 그렇지 않은 개발자들은 소외되고 있다는 기분을 느낀다. 자칫 자신이 몸담은 분야가 구시대적인 유물이 되어버린다면 어떻게 해야 할까? 소프트웨어 영역의 광범위함을 생각할 때 변화에 속하지 못한 개발자들의 불안감에는 이유가 있어 보인다.

이렇게 보면 불안으로부터 자유로운 사람이 어디 있을까 싶다. 나에게 스트레스를 주는 상사 역시 윗선으로부터 실적에 대한 압박에 시달리며, 업무 혹은 후배와의 인간관계에서 스트레스를 받는다. 어떻게 보면 불안은 우리가 살아가면서 피치 못하게 맞닥뜨려야 하는 숙명과도 같은 존재다.

**개발자로 나이를 먹어갈수록 내게 가장 큰 불안은
회사를 떠나고 나서의 삶이었다.**

개발자라는 직업을 오래 할 수 없겠다는 생각이 들자, 나는 극도의 불안감에 시달려야 했다. 어디로 가야 할지 방향을 잃은 여행자처럼 머뭇거렸다. 그만큼 직장이라는 울타리가 주는 안정감에서 벗어난다는 생각은 끔찍했다. 회사는 힘들

땐 벗어나고 싶은 곳이지만 행여 멀어질까 불안에 떨게 하는 곳이기도 하다. 실제로 중년의 나이에 갑자기 회사를 나가야 한다면 느끼게 되는 중압감은 엄청나다. 더욱이 특별한 준비 없이 인생의 후반부를 맞이해야 한다면 그 중압감은 더할 것이다. 사람은 뭔가 할 수 있는 게 없다고 느껴질 때 가장 큰 불안을 느낀다. 짙은 안갯속처럼 앞이 보이지 않는 두려움, 무엇을 해야 할지에 대한 막막함, 공허한 인생이 될 것 같은 무력함, 가장으로서 역할을 할 수 없을 것 같은 공포를 개발자들도 느낀다.

힘들게 SI 프로젝트를 하다가 안정감을 꾀해 운영업무로 전환했다. 그 뒤로 5년이 넘는 시간이 흘렀다. 그동안 업무는 익숙해졌고 시스템이 안정적으로 돌아가기 시작하자 내 생활도 따라서 안정화됐다. 하지만 한편으론 시스템에 가해지는 변화가 크지 않다 보니 기술적으로 새롭게 접할 수 있는 기회 또한 많지 않았다. 실제로 난 어느 순간부터 이곳에서 더는 배울 것이 없다는 것을 알고 있었음에도 떠나지 못했다. 요즘 들어 지금의 안정은 불안한 안정이라는 생각이 많이 든다. 안정감에 익숙해지면 익숙해질수록 벗어나기 힘들다. 아니, 벗어나지 않으려고 나도 모르게 애쓰고 있는 모습을 발견하게 된다. 새로운 것에 대한 도전과 모험심이 사라지자 성장할 기회 또한 사라졌다.

나는 안정과 불안 사이에서 끊임없이 줄다리기를 하고 있었다.

  그러던 중, 이 책을 쓰면서 부서 전배신청을 했다. 동시에 다시 개발 부서로 이동했다. 내가 먼저 의사를 전달했음에도 막상 날짜가 다가오자 불안하고 심적 압박이 커졌다. 내가 여태껏 쌓아놓은 모든 것들이 일순간에 무너지는 듯한 느낌을 받았으며 밀려드는 불안감에 불면증까지 찾아왔다. 내성적인 내게 새로 사람을 만나야 하는 부담감, 익숙한 근무 환경을 떠나 새로운 현장에서 처음 접하는 비즈니스 로직을 다뤄야 한다는 중압감은 그만큼 떨쳐내기 쉽지 않은 것이었다. "이젠 야생으로 돌아가야겠구나." 원래 있던 자리로 돌아가는 것인데도 왜 이리도 힘든 홍역을 치르고 있는 것인지, 아마도 나는 안정에 길들여져 있었던 것 같다.

  "스스로 내린 결정인가요?" "시간이 지나면 후회할 거야", "꼭 그래야만 해?" 이전 부서를 떠나면서 많이 들은 말이다. 물론 잘할 거라고 응원해준 동료들도 있었지만 대부분의 사람들은 걱정스런 눈빛을 보냈다. 그리고 실제로 내가 떠나기 며칠 전 작별인사를 할 때는 "나도 옮기고 싶은데 가서 괜찮으면 말해주세요."라는 의사를 전했다. 나는 그때 그들의 모습에서도 불안한 내 모습을 엿본 것 같은 묘한 기분이었다. 아니 그들의 모습은 불안한 내 모습이었다. "이들도 나와 같은 불안을 느끼고 있구나. 나만의 문제는 아니었구나!"

아마도 내가 떠나면서 남아 있는 사람들은 더 큰 불안에 시달려야 할지도 모른다는 생각이 들자, 불안감을 애써 숨긴 채 그들 앞에서 당당한 척했던 내 모습에 미안해졌다. 그래서 내가 겪은 빈곤한 감정 상태를 인정하고 그때 느낀 심경을 있는 그대로 밝혀 두고 싶다. 지금에서야 말하지만, 당시 나는 수많은 의심과 싸워야 했다.

내가 한 선택이 맞는 걸까? 단지 충동적인 결정은 아닌가? 가서 잘하지 못하면 어떡하지? 내 도전이 후회로 끝나지는 않을까? 하루에도 몇 번씩 생각이 꼬리를 물고 이어져 나를 괴롭혔다. 그리고 처음에 가졌던 원론적인 고민들이 다시 떠올랐다. 실제로 난 복잡한 마음에 어찌할 바를 모르고 있었으며 새로운 것에 대한 도전은 나를 극도로 긴장시켰다.

사실 이미 부서이동을 한 지금도 나는 이 질문들에 명쾌하게 답할 수 없다. 하지만 막상 경험해본 지금에서야 말할 수 있는 것은 있다. 생각보다 해볼 만하다는 것, 직접 부딪치지 않고 걱정하는 것만으로는 문제가 해결되지 않는다는 것, 그리고 현재는 예전보다 막연한 두려움에서 가벼워졌다는 것을 꼭 밝혀 두고 싶다.

그러고 보면 살아가면서 예측할 수 없는 불확실성에 모두 대비하며 통제할 수 있었던가 싶다. 실제 인생에서 나에게 확실히 정해진 길이 있었던가. 우리는 피치 못하게 불안을 안고 살아가는 존재다. 불안과의 동행은 지극히 자연스러운 삶의 양태다.

옛 성인의 말씀 중에 "장애 속에서 해탈을 얻는다."라는 말이 있다. 또한 불가에서 수행을 하는 데 방해가 되는 열 가지 장애를 엮은 《보왕삼매경》에서는 "세상살이에 곤란이 없기를 바라지 말라."고 일깨우며 "근심과 곤란으로 세상을 살아가라."라고 한다. 실제 불확실한 인생의 여정은 고난을 수반하며 이는 낯선 곳을 여행하는 것과 같다. 여행을 뜻하는 'travel'의 어원은 고통, 고난을 뜻하는 'travail'이다.

초행길에서 불안감을 느낀 적이 있다. 어디로 가야 할지 모르겠고, 낯선 사람들이 나를 지나쳐 갈 때면 두려운 마음마저 들었다. 한참 동안 발도 떼지 못하고 한자리에 머물러 있었다. 시간이 꽤 지난 후에야 그대로 있을 수 없어 용기를 내어 움직이기 시작했다. 불확실성을 받아들이는 순간, 나는 여행이 주는 자유로움을 온전히 만끽할 수 있었다. 발길 가는 대로 갔고, 쉬고 싶은 곳에 앉아 한참의 여유를 즐겼다. 나는 그제서야 제대로 된 여행을 하게 된 것이다.

불안하다는 것은 새로운 가능성을 내포한다.

  실제로 길이 끝나는 곳에서 우리의 진짜 여정이 시작된다. 불안을 진정으로 즐기는 방법은 스스로 새로운 길을 만들어 가는 것이다. 잘 닦여진 길대로 따라만 가다 보면 거기에 나의 길은 없다는 것을 깨닫게 된다. 정해진 길이 없어야 자신만의 길을 만들 수 있다. 물론 항상 위험을 감수하며 모험을 떠나라는 것은 아니지만 자신이 현재 머무르는 곳에서 불안한 마음이 멈추지 않는다면 그 신호를 외면하지 말라는 것이다. 그것은 강력한 신호다. 인생의 주인으로서 책임을 다할 수 있는 신호이고, 지루한 반복에서 벗어나 여태껏 가보지 않은 미지의 세계를 가게 되면서 느끼는 흥분과 설렘의 신호이며, 인생을 제대로 쓰고 싶다는 열망에 휩싸인 신호이다.

  그렇다. 단연코 다른 사람의 길 위에 나의 길은 없다. 처음엔 작고 초라하겠지만 내가 만드는 길 위에서 제대로 살고 있다는 위안이 들 때 나는 내 선택에 후회하지 않을 것이다. 그래서 우리는 다른 사람과 비교하며 현재 보잘것없는 내 모습에 자책하는 마음에서 벗어나야 한다. 우리는 "왜 나만 제자리인가?"라며 다른 사람이 비친 거울 속에서 끊임없이 남과 자신을 비교하며 스스로를 불행에 빠트린다. 하지만 사회가 요구하는 가치는 변한다. 현재 내가 지향하는 가치들은 급격한 시대의 변화에 따라 조만간 사라질 수 있다. 결국 내 주관

없이 사회가 정한 기준에 따르다 보면 또 다른 형태의 불안에 시달리게 된다. 남들이 바라보는 평판으로부터 자유로워야 나를 중심에 두고 볼 수 있다. 결국 우리가 속한 집단에서 어떻게 보이느냐가 아닌, 내 마음속에 비친 내 모습이 어떻게 보이느냐가 더 중요하다. 내가 바라는 성공을 스스로 정의하고 느끼는 불안마저도 누군가가 추구하는 가치와 비교하지 않게 된다면 불안은 점차 옅어질 것이다.

요즘 들어 내가 느끼는 가장 큰 두려움은 내가 할 수 있는 일이 없을지도 모른다는 걱정보다는 해야 할 일들을 그냥 지나쳐 버리는 것은 아닌가 하는 우려스러움이다. 이 생각으로 가득 찰 때 나는 나도 모르게 집중하게 된다. 그리고 무언가를 실행한다. 어떻게 보면 이것은 또 다른 형태의 불안감 표출일지 모르겠으나, 이전과 다른 점은 현재의 나는 불안을 이용한다는 점이다. 아니 그냥 그렇게 여긴다. 이 생각만으로도 불안과 잘 지내고 있다는 안심이 든다.

결국 불안을 삶을 살아가는 하나의 과정으로 여길 수 있다면 우리의 삶에서 좀 더 당당해질 수 있지 않을까 싶다. 이를 위해서 우리는 불안을 두려움의 대상이 아닌, 삶의 일부분으로 받아들여야 한다. 불안은 피해갈수록 삶이 초라해진다. 내가 느끼는 불안은 '불안에서 기인한 불안'임을 인식할 때, 우리가 가는 길이 즐거운 여정이 되고 흥분과 기대로 가득 채워질 것이다. 실제 우리의 제2의 인생길 역시 이렇게 만들어진다. 비록 개발자로서의 생명이 단명일지라도 그것이 인생의 끝을 의미하지는 않지 않은가. 인생 제2막은 불안을 발판 삼아 당당히 소명이 이끄는 길로 가리라. 그 길이 보이지 않아도 기대되는 이유는 바로 이 때문이다.

모든 게 결정된 장밋빛 미래보다 흔들리는 불안을 택하겠다.
불안은 또 다른 시작
불안 뒤에 기회가 조용히 따라온다.
개발자의 길이 불안하다면 그곳에서 기회를 찾아라.
어찌 알겠는가.
초라한 오솔길이 내가 찾던 바로 그 길이었음을…

에필로그

내가 선택한 길

우리는 동요하고 있다. 하지만 그것 때문에 불안해 하거나 새로 얻은 것을
포기할 필요는 없다. 게다가 우리는 낡은 것으로 되돌아갈 수도 없다.
우리는 이미 배를 불태워 버리고 말았다. 용감해지는 수밖에 없다.

니체

    책을 쓰면서 니체의 이 말에서 많은 위안을 얻었다. 실제로 나는 배를 불태우고 돌아갈 길이 없었다. 사실 예전으로 돌아갈 생각도 없다. 이 책을 쓰면서 참 많은 것들이 변했다. 불타는 갑판 위에서 바다가 두려워 뛰어내릴 엄두를 내지 못하던 평범한 개발자는 모든 걸 건다는 각오로 운명과 당당히 맞섰다.

    나는 이미 루비콘 강을 건넌 것이다. 이 말은 율리우스 카이사르가 로마법을 어기고 불가피하게 목숨을 내놓아야 하는 상황에서 "이미 주사위는 던져졌다."라고 외치며, 루비콘 강을 건넌 데서 유래한다. 이후 카이사르는 로마의 공화정을 무너트리고 황제가 되어 로마 제국이 번영하는 토대를 마련한다. 즉, "루비콘 강을 건넜다."는 것은 이미 돌아갈 수 없는 강을

에필로그

건넜으며, 돌이킬 수 없는 불전불퇴의 의미를 지닌다.

  이 책이 그 결과물이다. 나는 이 책을 쓰기 위해 모자란 재능을 피와 땀으로 채웠다. 매일 자신을 실험의 대상으로 삼았고, 개발자로서의 일상은 내가 주인공이 되는 무대가 되어 주었다. 그 과정에서 나는 인생의 환희를 경험하며 한번 맘껏 살아보고 싶다는 희망을 품게 됐으며, 우리의 길은 정해져 있지 않고 다양하다는 것을 깨달았다.

  지금 이 순간 프로젝트 하나를 끝낸 기분이다. 홀가분하고 뿌듯하다. 고로 이 책은 나를 위한 책이다. 나는 이 책을 쓰면서 그 어느 때보다도 더 많이 생각했고 관찰했고 실험했으며 창조해냈다. 개발자의 삶에서 느꼈던 창조에 대한 갈증을 비로소 이 책을 통해 해갈할 수 있었다. 이 책은 그 프로젝트의 최종 산출물이다.

  책을 쓰면서 느낀 점들이 많다. 그중에서 다음 세 가지는 독자들께 전하고 싶다.

  첫째, 내가 몸담고 있는 IT 현장도 지극히 인간적이고 인문적이라는 사실이다. 컴퓨터와 대화하는 시간이 많아 인간적인 면과 인문적인 면이 극히 부족할 것이라고 여겼던 건 기우에 불과했다. 많은 IT 요소는 인문과 극적으로 연결되어 세상의 이치를 담고 있었다. 그런 면에서 사물과 사물, 사물과

사람의 연결을 넘어서 모든 것들이 연결되는 초연결 시대가
맞다. 나는 실로 오묘한 이 실험의 과정을 즐겼다. 한 세계를
탐구하고 정복하면 그다음 세계를 찾아 나섰다. 그 과정은 나에게
교훈을 주었고, 한편으론 흥분을 안겨줬다. 그리고 중요한 사실
하나를 발견했다. 그것은 바로 그 연결고리의 중심은 항상 내가
돼야 한다는 점이다. 우리가 '자아'라고 부르는 나는 누구도
아닌, 스스로 인정받고 보호받아야 하는 존재임을 나는 이 책을
쓰면서 알게 됐다. 자기주도적인 삶이 쉬운 건 아니지만 자아
불안의 시대에서 우리는 소중한 자신을 지켜내기 위해 끊임없이
노력해야 한다.

　둘째, "가장 중요한 것은 바로 길 위에 있었다."라는 니체의
말처럼 우리가 몸담고 있는 현장에 답이 있다. 현재의 삶이
불만스럽고 고달프다 해서 현실에서 도피하듯 피해간다면 문제는
영원히 해결되지 않는다. 오히려 경제적 어려움, 나약한 자기
실체를 발견했다는 자괴감에 더 힘든 일상을 보내게 될 것이다.
현재 자신의 문제를 깊이 들여다보고 겨냥하는 과정이 필요하다.
직장생활 때문에 어쩔 수 없다고 투덜대며 하루를 채우기보다는
현실을 타개할 구체적이고 현실적인 대안을 마련해보자. 지금
생각해보면 지난 10년은 한순간이다. 왜 난 그때 고통을 술로
위로하려 했고, 몸이 따르지 않는 쉬운 말로써 상황이 나아지길

바랐던가. 그렇게 허무한 10년을 보내고 나니 같은 방법으로는 효과가 없다는 사실을 깨달았다.

  나는 기존과는 다른 차별화된 방법이 필요했고, 그 마음으로 글을 쓰기 시작했다. 그런 면에서 이 책은 나에게 도전이고, 남들과 다른 차별성을 만들어 주었다. 즉, '휴먼 프로그래머'라는 기존에 없던 새로운 분야에 전문가로서의 길을 모색하게 된 것이다. 나는 앞으로 이 일에 많은 시간과 공을 들일 계획이다. 개발자들의 다양한 활로를 개척할 것이고, 기계보다 인간이 우선시되는 개발자 문화를 만들기 위해 노력할 것이다. 쓰고 나니 참으로 원대한 계획이다. 물론, 걱정이 들지 않는 것은 아니다. 그 과정에서 이 책을 쓸 때와 마찬가지로 방황은 멈추지 않을 것이고, 수많은 의심과 싸워야 할 것이다. 하지만 따지고 보면 정말 멋진 일이다. 나는 비로소 삶의 다른 면을 볼 수 있는 시선을 갖게 된 것이다. 뿐만 아니라 새로운 프로세스 하나도 갖게 됐다. 책을 쓰는 내내 갈고닦았고, 글을 쓰고 창작하는 매력에 흠뻑 빠져들었다. 나는 이 경험을 잘 활용할 계획이다. 이 책이 세상에 나오는 순간 내가 가졌던 모든 의구심이 사라졌듯, 난 앞으로도 이 책의 정신을 계승하며 희망의 전범으로 남고 싶다. 나도 누군가에게 힘이 되고, 어딘가에 쓰일 수 있다는 것, 그것은 내가 살아가는 존재의 이유가 되어준다.

마지막으로, 세상 그 어떤 것보다 삶이 우선이다. 철학자 탈레스는 살아 생전 고대 그리스의 7현인 중에서도 가장 위대한 사람으로 꼽힌다. 그런 그가 어느 날 우주의 이치를 탐구하며 하늘을 보고 걷다가 웅덩이에 빠지고 만다. 그 뒤로 사람들은 현실의 문제에 어두운 사람을 가리킬 때 그의 일화를 떠올린다.

나는 책을 쓰면서 개발자의 현실적 문제에 집중하고자 했다. 우리 주변의 비인간적이고, 본질에서 벗어나며, 관계를 어렵게 하는 일들을 관찰했다. 그리고 삶에 대해 생각했다. 결국 인생의 목적은 즐겁고 행복한 삶, 그 자체다. 다른 것들은 부수적이다. 그래서 우리는 삶이 어떻게 흘러가든 기쁨과 행복 안에서 사는 삶을 택해야 한다. 그것이 진정한 살아있는 삶이다. 그저 반복과 노력의 연속으로만 채워진 삶이라면 결국 지치고 만다. 그런 면에서 삶의 흥분과 떨림이 있는 길보다 현실적인 것은 없어 보인다. 나 역시 생계를 위해 직장인이 됐고 월급을 받아 생존한다. 앞이 보이지 않아 이 길로 가야 하는 게 맞는지 수없이 고뇌한다. 그때마다 변덕이 심한 내 머리가 나를 흔들어 놓지만 가슴이 이끄는 삶을 택하면 후회가 덜하다는 것을 깨달았다. 목적에 치여 발 밑의 행복을 등한시해서는 안 된다.

서두에도 밝혔지만 이 책은 펄떡이는 대한민국 개발자들을 위한 책이다. 힘든 여건 속에서도 묵묵히 자신의 소임을

에필로그

받아들이고, 땀과 열정을 쏟는 그들이 있기에 세상이 멋지게 돌아간다. 나는 우리의 인생이 좀 더 인간적이길 바라는 마음에서 이 책을 썼으며, 그들에게 내 마음이 전달됐으면 한다. 부디 이 책이 대한민국 개발자들의 삶에 한 줄기 빛이 되고, 세상을 보는 눈이 확장되길 감히 바라며 마무리한다.

Thanks to,

책을 쓰면서 즐거웠다. 나는 내가 좋아하는 일에 내 시간을 마음껏 썼다. 그 시간들이 모여서 한 권의 책으로 탄생하게 됐으니 더할 나위 없이 기쁜 일이다. 하지만 이 책은 나 혼자만의 노력으로 세상에 나온 것이 아니다. 이 책을 쓴 건 나지만 아내는 세 명의 아이들을 위해 인생을 썼다. 아내의 헌신이 없었다면 이 책 또한 없었으리라는 것을 감히 말하고 싶다. 이 지면을 빌려 아내 선미와 세 딸 윤서, 유빈, 유원에게 사랑한다는 말을 전하고 싶다. 그리고 나를 낳아주신 부모님. 요즘 들어 부모님 생각만 하면 눈시울이 붉어진다. 항상 큰 아들을 걱정하시는 부모님은 내게 있어 헌신 그 자체다. 나이가 들수록 부모님의 존재가 애잔하다. 이 책이 출판되기 전까지 책을 쓴다는 사실을 부모님께 비밀로 부치기로 했다. 책이 세상에 나오면 가장 먼저 가슴에 안겨드리고 싶다.

Thanks to.

나에겐 두 분의 부모님이 더 계신다. 장인 장모님이다. 아내는 "우리 아빠 너무 말 많지?"라며 내 기분을 살피지만 나는 장인어른의 말씀이 좋다. 그 말씀은 대부분 나에 대한 염려의 말이다. 인생 선배로서의 말, 나는 그걸 잘 안다. 유독 막내 사위를 예뻐하시는 장모님께는 사랑한다는 말로 대신하겠다. 이 말이면 충분히 내 마음이 전달될 것임을 잘 알기 때문이다.

그리고 정말 감사한 분이 있다. 항상 내게 깨우침을 주시는 인생의 스승님이 있어 세상의 밝은 면을 볼 수 있게 되었다. 이분과는 평생 좋은 사제지간이자 친구가 될 것이다. 이 책의 말미에 감사하다는 말을 꼭 전하고 싶었는데, 이렇게 남길 수 있게 되어 다행이다. 오병곤 사부님 감사합니다.

마지막으로 이 책의 출판을 위해 물심양면으로 도와주신 루비페이퍼 식구들께 감사의 말을 전한다. 어려운 출판업계 상황 속에서도 내게 용기를 주고 저자를 믿어준 이분들이 있었기에 이 책이 멋진 모습으로 세상에 나올 수 있었다. 이 장을 빌어 한창훈 대표님, 이인호 팀장님, 이희영 팀장님께 깊은 감사의 인사를 드린다.

엄태형 드림

휴먼 프로그래머 선언문

우리는 소프트웨어를 개발하며, 자신의 길을 당당히 가면서 인간의 향내가 풍기는 더 나은 세상을 만드는 방법을 찾아가고 있다. 이 작업을 통해 다음을 가치 있게 여기게 됐다.

- 개인과 상호작용하는 것뿐만 아니라 자신과 더 많은 시간을 보낸다.
- 제대로 동작하는 소프트웨어뿐만 아니라 깊은 인생을 산다.
- 고객과의 협력뿐만 아니라 지속적인 관계 유지를 위해 노력한다.
- 변화에 대응하는 것뿐만 아니라 당연한 것으로 여긴다.

왼쪽의 항목들도 가치 있지만, 오른쪽 항목들 없이는 의미가 없다.

세부지침(프랙티스)

- 우리에게 최우선 가치는 자신의 삶과 행복임을 잊지 말고, 그것을 중심으로 산다.
- 비록 인생의 후반부에 들어섰다고 해도 늦었다고 단념하지 말고 적극적으로 변화에 동참한다. 변화에 있어서 나이의 제약은 존재하지 않는다.

- 자주 자신을 되돌아본다. 그 주기는 짧으면 짧을수록 좋다.
- 프로젝트를 함께하는 사람과의 관계를 소중히 하며, 상대방의 단점보단 강점에 주목한다.
- 자신이 신념을 가지고 추진한 일은 믿음을 잃지 않고 지속적으로 실천해 나간다. 결국, 성취될 것임을 의심하지 않는다.
- 함께 일하는 사람과의 소통을 멈추지 않는다. 관계에서의 문제는 결국 대화로 풀어야 한다.
- 내가 느끼는 삶의 만족도가 제대로 된 인생을 살고 있다는 가장 중요한 척도다.
- 인생을 통째로 바칠 원대한 꿈을 꾸자. 그리고 포기하지 말고 끝끝내 키워나가자.
- 내 안에 잠들어 있는 비범함을 찾아라. 인생을 살아가면서 때론 무모한 용기가 필요하다는 것을 인정하자.
- 단순한 반복은 인생을 황폐하게 만든다. 항상 일상에서 새로움을 추구하고 가치를 발견하자.
- 인생의 목적은 자신의 욕망에 솔직해지는 것임을, 결국 그것을 따르는 것이 삶의 본질임을 인정하자.
- 삶은 실패를 통해 배운다. 우리는 실패할 자유가 있음을, 실패가 없으면 위대한 성공 또한 없음을 받아들이자.

애자일 선언문을 휴먼 프로그래머에 맞춰 각색했음을 밝혀둡니다.

그럼에도 불구하고 너무나 인간적인
대한민국 개발자로 산다는 것

초판 1쇄 2017년 9월 5일

지은이 엄태형
발행인 한창훈
발행처 루비페이퍼

등록 2013년 11월 6일 제 385-2013-000053 호
주소 주소 경기도 부천시 원미구 소향로 143 1118호
전화 032 322 6754
팩스 031 8039 4526
홈페이지 www.RubyPaper.co.kr
ISBN 979-11-86710-17-3
바코드 9791186710173 13000

편집 이희영
디자인 MCR
표지 디자인 디자인랩 공상공작

이 책은 저작권법에 따라 보호받는 저작물이므로 무단 전재와
무단 복제를 금하며, 이 책 내용의 전부 또는 일부를 이용하려면
저작권자와 루비페이퍼의 서면 동의를 받아야 합니다.

책값은 뒤표지에 있습니다.

잘못된 책은 구입하신 곳에서 바꾸어 드립니다.